다산의 윤리학

| 지은이 |

이영경(李永慶)

경북대학교 사범대학 윤리교육과를 졸업하고 같은 대학원에서 석사와 박사 학위를 받았으며, 현재 경북대학교 사범대학 윤리교육과 교수로 재직하고 있다. 주요 저술로는 『율곡의 윤리사상』, 『한국사상과 마음의 윤리학』, 『인성교육의 철학적 성찰』(공저), 「퇴계 수양론의 윤리교육적 의미」, 「율곡사상에서 삶과 죽음의 문제」 등이 있다.

다산의 윤리학

찍은 날 2017년 2월 20일 · **펴낸 날** 2017년 2월 27일
지은이 이영경 · **펴낸이** 김상동 · **펴낸 곳** 경북대학교출판부
출판등록 1973년 10월 10일 ㉣97호 · **주소** 대구광역시 북구 대학로 80
전화 053-950-6741~3 · **팩스** 053-953-4692 · **이메일** press@knu.ac.kr
홈페이지 http://knupress.com
ISBN 978-89-7180-461-2 93190
* 정가는 뒤표지에 있습니다. 파본은 바꾸어 드립니다.

다산의 윤리학

이영경 지음

다산의 사상은 관념적인 윤리학이 아니라, 가치
실천적인 윤리학이다. 다산의 사상이 실천적 윤리학으로
규정되고 의미가 성찰될 때, 그의 학(學)은 오늘날 우리
사회에서도 아름다운 인간의 길을 열어 갈수 있도록 하는
창신(創新)의 동력이 될수 있을 것이다.

경북대학교출판부

목 차

책머리에

조선의 유학(儒學)은 본질적으로 윤리(倫理) 문제에 대한 사유체계라고 규정하는 것이 정확하다고 필자는 생각한다. 조선의 유학자들은 형이상(形而上)의 문제나 물질의 문제에 초점을 두는 것이 아니라, 일관되게 그리고 집요하게 '인간의 가치로운 인격 형성과 삶의 윤리적 문제'에 몰입해 왔다. 조선의 대표적인 사상가인 퇴계나 율곡의 사상에서 우리는 그 특성을 명확하게 파악할 수 있다. 이러한 조선 유학의 윤리사상적 논의 전통은 다산 정약용에 이르러서 학적(學的) 완결성이 구축되었다.

다산 정약용은 그간의 유학사상의 논의 과정에서 함축적으로, 또는 간접적으로 전제한 윤리학적 논의의 핵심 명제 즉 윤리적 행위 주체의 요건, 윤리적 행위의 책임성, 선악의 개념, 덕의 본질 등과 같은 윤리적 개념과 의미를 명시화하고 정합적으로 구축하였다. 이 점에서 다산은 조선 유학의 윤리학적 토대를 정립한 '윤리학자(倫理學者)'라고 평가될 수 있다. 즉 다산은 조선 유학사에 있어서 '윤리학(倫理學)'이라는 개념의 의미를 정확하게 이해하고, 이에 입각하여 윤리학적 사유를 체계화한 선도적인 사상가라고 규정될 수 있다.

필자는 다산의 학문적 특성이 윤리 문제에 대한 엄밀한 사유체계에 있다고 인식하고 그의 윤리학을 탐구하려는 뜻을 가지게 되었다. 이에 필자는 다산의 윤리학에 대해 세부 주제별로 연구하여 그 성과를 발표하고, 다시 수정·가필하였다. 그리하여 이 책은 다산이 논구하고 있는 인간의 본성에 대한 입론, 성선의 문제에 대한 논증 방식의 문제, 마음의 본질에 대한 윤리적 입장, 마음의 도덕적 자율성과 책임의 문제,

윤리적 덕에 대한 인식과 판단, 마음의 도덕적 자유의지와 결정론적 양상의 문제, 정의(正義) 문제에 대한 윤리적 입장, 인격 형성론과 윤리 교육의 특성 그리고 불교사상에 대한 윤리적 입장 등을 탐색하고 그 의미를 해명하는 연구 체제를 갖추게 되었다.

조선의 윤리학자 다산은 단지 윤리학적 개념을 구축하는 데 머무는 것이 아니라, 실제로 '참된 인간으로 살아가기 위한 실천학으로서 윤리학'을 정립하려고 하였다. 따라서 다산의 사상은 윤리적 인간 형성과 가치로운 삶의 구현 문제에 투철한 실천윤리적 사유체계라고 할 수 있다. 즉 다산의 사상은 관념적인 윤리학이 아니라, 가치 실천적인 윤리학인 것이다. 다산의 사상이 실천적 윤리학으로 규정되고 의미가 성찰될 때, 그의 윤리학은 오늘날의 우리 사회에서도 아름다운 인간의 길을 열어 갈 수 있도록 하는 창신(創新)의 동력이 될 수 있을 것이다.

감사드립니다.

2017년 2월

청년 사탑(師塔)과 함께, 이영경

연구의 방향과 맥락

다산(茶山) 정약용(丁若鏞, 1762~1836)의 사상은 윤리적 가치, 윤리적 존재, 윤리적 행위, 윤리적 책임성, 선과 악, 덕, 도덕적 자율성 문제 등을 정밀하게 논하고 있는 윤리적 사유체계라고 할 수 있다. 따라서 필자는 다산의 사상을 '윤리학'이라고 규정할 때 다산학의 특성이 가장 잘 드러날 수 있다고 생각한다. 이러한 인식하에서 본 연구에서는 다산의 사상을 윤리학의 기본 개념과 논의 구조를 중심으로 분석하고 해명하려 하였다. 본 연구에서 다루고 있는 9개 주제의 탐색 방향을 각 장별로 개괄하면 다음과 같다.

제1장

'성선론(性善論)의 논거·논증과 실천윤리적 특성'에서는 다산의 성선론을 분석하였다. 그간 학계에서는 다산의 성론을 기호설(嗜好說) 중심으로 규정하고, 이에 대해 연구하는 경향이 뚜렷하였다. 다산이 성을 기호(嗜好)라고 분명하게 규정하고 있고, 이 성기호설은 주자학의 성론과는 매우 차별적이라는 점에서 성기호설에 대한 연구는 자연스러운 경향이라고 하겠다. 그러나 성기호설 연구에 몰두하는 과정에서 다산 심성론의 또 다른 중요 초점이 부각되지 않는 문제가 있음을 필자는 발견하게 되었다. 필자는 다산 심성론의 근본 입장은 성선론이라고 규정해야 하며, 이에 대한 본격적인 연구가 필요하다고 인식하였다. 다산의 성선론 탐구에 있어서는 입증해야 할 중요한 초점이 있는데, 그것은 그의 성선론의 논의 맥락과 특성 그리고 기호와 성선의 관계적 의미와 모순적 양상을 해명하는 것이다. 다산은 명확하게 그리고 다양하게 성선론의 입장을 표명하고 있으며, 또한 맹자의 성선론을 전범(典範)으로 수용하고 이것이 왜 유가적 성론의 정론(正論)이 되는지를 강조하고 있다. 다산이 주장하는 성선론의 핵심은, 성선은 기호의 맥락에서 이해할 때 맹자의 성선론의 의미를 정확하게 드러낼 수 있다는 것이다. 다산은 인간의 성이 선하다는 것을 천명하고 이를 증명하기 위해 다양한 시도를 하였는데, 필자가 보기에 이러한 다산의 시도는 크게 성공적이지는 못했다. 그리하여 필자는 본 장에서 다산이 주장하는 성선론의 논증 방식에 문제가 있다고 보고, 이에 대해서도 문제 삼았다. 이러한 논의를 통해서 필자는 다산이 성선론을 강조한 것은 실천윤리에 초점이 있음을 포착하고 이에 대해 탐구함으로써 다산의 성선론의 실천윤리적 의미를 해명하였다.

제2장

'선악(善惡)의 가치적 특성과 위선(爲善)의 문제'에서는 다산이 견지하는 선악에 대한 입장과 선을 행하는 문제에 대해 탐색하였다. 다산은 인간을 '윤리적 존재'로 규정하고, 윤리적 행위를 설명하는 데 있어서 선악 문제를 핵심 초점으로 삼아 논하고 있다. 다산이 논한 선악 문제는 그간 학계에서는 논의되지 않은 연구 주제였는데, 필자는 윤리학적 관점에서 다산의 사상을 탐색하려는 연구 방향에 따라 그의 선악에 대한 입장에 관심을 두고 윤리사상의 특성을 분석하고자 하였다. 다산이 다루고 있는 선악 문제의 주요 범주는 인륜(人倫)의 덕으로서의 선, 인성(人性)과 물성(物性)의 차이로서의 선, 그리고 주자학과 불교사상에 대한 비판의 초점에서 제기하는 선악의 문제로 집약될 수 있다. 선악의 문제를 바라보는 다산의 관점은 명확한 이원론의 입장이라는 점을 필자는 해명하려고 했다. 그리고 다산의 성론의 가치론적 입장인 성선(性善)과 마음에서의 선악의 갈등 문제를 언급하는 그의 입론이 관계적이고 도덕 실천적인 맥락에 서 있음을 탐구하였다. 이를 통하여 다산의 선악론은 철저하게 실천윤리적인 의미가 있는 논제임을 구명하였다. 다산은 모든 존재 가운데서 오직 인간만이 윤리적인 존재이므로 선악에 대해서 인식할 수 있다고 주장한다. 그리고 인간은 항상 마음속에서 선과 악에 대해 갈등하는 양상을 나타내고 있으므로 마음은 일종의 선과 악의 교전(交戰) 상태에 있다고 보고 있다. 이것은 선에 대한 인간의 불안정성을 의미하는 것이라기보다는 인간의 윤리적 판단과 행위에 있어서 도덕적 자율성과 관련되는 양상이라고 필자는 해석하면서, 선악의 문제에 대한 다산의 입론은 성의 비결정성(非決定性)과 실천성이 주요 토대로 구축되어 있다고 보았다.

제3장

'덕(德)의 실천과 윤리 문제'에서는 유교 윤리학의 본질적 개념인 덕을 다산이 어떻게 이해하고 있는지를 해명하려고 하였다. 다산은 덕의 문제에 대한 주자학의 입장을 비판하면서 덕 윤리학의 입장을 주장하는데, 그의 논변의 핵심은 철저하게 실천적인 문제의식을 중심으로 유학의 가치와 덕을 인식하는 것이라고 할 수 있다. 다산은 특히 덕이 인간의 본성에 선천적으로 갖추어진 실체적(實體的) 덕이라고 보는 주자학(朱子學)의 덕론이 사실상 윤리적으로 무용(無用)하며, 맹자의 덕에 대한 입장을 잘못 이해한 오류라고 강조한다. 이러한 다산의 입장을 주목하면서 본 장에서는 다산이 심성에서의 덕의 특성을 어떻게 설명하고 있고, 덕의 선천성(先天性)과 후천성(後天性)의 문제를 어떻게 구명하고 있으며, 또한 윤리적 존재인 인간의 자기 완성에 있어서 덕은 어떠한 실천적 의미가 있는지를 분석하였다. 그리고 다산의 덕 윤리학의 핵심이라고 할 수 있는 '서(恕)'와 '자(慈)'의 윤리적 의미에 대해서 탐색하고, 덕 실천론의 의미가 가지는 사회적 맥락에 대해서 분석하고자 하였다. 이러한 논의를 통해서 본 장에서는 다산의 덕론이 가진 실천윤리적 특성과 관계 중심적인 의미를 논했다. 그리고 다산의 덕론이 인간의 윤리적 자기 책임성을 토대로 한 실천적 덕론임을 밝히고, 이는 곧 인간을 윤리적 존재로 정초하는 중요한 입론이 되고 있음을 탐구하고자 하였다.

제4장

'인심도심론(人心道心論)의 윤리적 특성'에서는 유가적 심론의 핵심 주제인 인심과 도심의 문제를 다룬다. 다산의 경우에도 인심도심의 문제는 그의 마음의 본질에 대한 이해와 수양론의 주요 개념으로 자리한다. 다산의 인심도심론은 그의 윤리학적 사유 특성을 명확하게 드러내는 입론인데, 본 장에서는 다산이 인심과 도심의 관계를 갈등적으로 보는 관계 양상과 그 의미를 탐색하면서 이 맥락이 주자학의 그것과는 어떻게 다른지를 분석하였다. 그리고 다산의 욕구 긍정관이 인심도심의 문제에서 어떻게 작용하고 있는지를 해명함에 있어서 윤리학의 근본 개념인 악의 문제와 관련하여 논하였다. 또한 솔성(率性)과 천(天)을 중심에 두고 구축되는 도심의 윤리적 의미와 도심 보존을 위한 수양 방법에 대해서도 탐색하였다. 다산의 윤리사상의 핵심은 마음 문제를 중심으로 구축되고 있다고 할 수 있다. 특히 다산은 도심을 통하여 인간과 상제(上帝), 인간과 인간, 인간과 물(物), 인간과 윤리 등의 문제를 풀어 가고 있다는 점은 그의 윤리사상이 도심을 핵심으로 구축되고 있음을 보여 준다. 본 장에서는 이러한 도심의 윤리학적 특성과 의미를 해명하는 데 논의를 집중하였다.

제5장

'자유의지론(自由意志論)의 문제와 윤리적 특성'에서는 다산의 마음에 대한 입론의 특성이라고 할 수 있는 자유의지의 문제를 논점으로 삼고 있다. 다산은 주자학의 심론이 맹자의 심론을 올바르게 전승하지 못하고 있다는 입장을 취한다. 즉 다산은 주자가 맹자의 심론을 잘못 이해하여 마음의 자유의지를 부정하고 있다고 비판한다. 다산은 자신의 심론은 자유의지를 인정하는 것인 데 반해, 주자의 심론은 사실상 자유의지가 인정되지 않는 결정론적(決定論的)인 입장이라고 생각한 것이다. 다산이 자유의지론의 문제를 제기한 것은 조선 유학의 전개 과정에서 중요한 의미를 갖는다. 이것은 그간 퇴계(退溪)와 율곡(栗谷) 등의 주자학자들의 심론에서 숨겨져 있었던 자유의지의 문제를 표면화하고, 그들의 논점의 문제점을 밝힌 것이라는 점에서 유학의 윤리사상 전개 과정에서 새로운 전기(轉機)라고 할 수 있다. 이와 같은 맥락에서 본 장에서는 주자학적 심성론을 비판하는 다산의 논점들을 검토하고 그의 논의의 정합성과 정밀성을 탐색하려고 하였다. 이 과정에서 주자학적 심성론을 비판하는 다산의 논리가 결함 없이 온전하게 타당성을 유지하고 있는지를 따져 봄으로써 그의 심론에 함의된 문제점을 분석하려 하였다. 그리고 다산이 주자학적 심성론을 결정론적이라고 비판하면서 제시하고 있는 그의 자유의지론의 입론의 윤리적 특성이 무엇인지를 해명하고자 하였다.

제6장

'도덕적 자율성과 상제(上帝)의 문제'에서는 윤리학의 핵심 주제인 도덕적 자율성의 문제를 정면으로 다루었다. 다산의 심성론, 수양론, 덕론, 행위론 등은 일관되게 도덕적 자율성이라는 인간의 자유로운 가치 판단과 실천의 특성을 중심으로 구축되고 있다. 즉 다산은 인간의 윤리적 존엄성을 강조하고, 윤리적 행위 문제를 논함에 있어서 도덕적 자율성 문제를 중핵으로 삼고 있다. 본 장에서는 다산이 제시하는 인간의 도덕적 자율성의 특성을 검토하면서 인간에게 도덕적 자율성을 부여한 근거가 되고 있는 상제의 존재에 대해서 주목하고 그 의미를 해명하고자 하였다. 그간 다산의 상제론에 대해서는 다양한 평가들이 상존(常存)해 왔는데, 특히 도덕적 자율성을 강조하는 다산사상에 있어서 상제가 인간의 도덕적 행위를 주재·감시·처벌한다는 그의 입장은 상당한 문젯거리가 되어 왔다. 본 장에서는 이 문제들을 중심적으로 해명하려고 하였다. 과연 다산의 윤리사상에서 상제는 인간의 도덕적 자율성을 강화하는 의미를 가지는지, 아니면 제약하는 의미를 가지는지를 중심 논제로 삼아 그 윤리적 의미를 밝히려고 하였다. 즉 인간의 도덕적 행위의 동기, 도덕적 수양과 실천이라는 윤리학에서의 핵심 논점들을 상제와 관련하여 분석했다. 이를 통하여 다산의 윤리사상에서 핵심적 가치인 도덕적 자율성이 타당성을 확보하고 있는지를 논하고자 했다.

제7장

'수양론(修養論)의 특성과 윤리교육적 의미'에서는, 다산의 윤리학 체계에서는 인간을 윤리적 존재로 규정하고, 윤리적인 가치 판단과 덕의 실천 문제를 중심으로 실천적 수양론을 전개하고 있는 점을 논의의 주제로 삼고 있다. 그리고 인간이 윤리적 주체로서 자기를 인식하고 반성하며 실천하는 수양론을 윤리교육 문제를 중심으로 탐구하려고 하였다. 즉 본 장에서는 다산이 모색하고 지향한 인격 형성을 위한 자기 수양의 방법과 의미를 탐색하고자 하였다. 이를 위해서 다산의 인격 수양의 목적으로 제시되고 있는 성인(聖人)의 특성, 수양의 근거, 행사적(行事的) 수양 방법의 특성을 중심으로 윤리교육의 측면에서 가지는 수양론의 구조와 윤리적 의미를 해명하고자 하였다. 다산에게 있어서 수양의 지향 목표인 성인은 행사(行事)에서의 인(仁)의 실천을 온전하게 하는 자를 의미한다. 성인은 마음의 자율적인 능력을 적절하게 발휘할 수 있는 자로 규정된다는 점에서 다산의 윤리학의 특성인 도덕성 자율성이 부각되고 있다. 다산의 수양론 체계는 기본적으로는 주자학의 수양 방법과 개념적으로 일치하는 것들이 많다. 그러나 다산은 자신의 사상이 공자(孔子)와 맹자(孟子)의 실천유학의 정신을 주자학보다 더 정확하고 의미 있게 반영하고 있다고 생각하는 입장에 서면서, 주자학의 수양론 개념을 비판한다. 이러한 다산의 수양론의 특성은 현대 윤리교육의 목표와 방법론에 있어서 중요한 의미를 제시하고 있다고 인식하고 이에 대해서 탐색하려고 하였다.

제8장

'정의론(正義論)의 윤리적 특성'에서는 「흠흠신서(欽欽新書)」와 「목민심서(牧民心書)」를 중심으로 다산이 개진하고 있는 정의(正義) 문제를 논하였다. 학계에서 수행되어 온 다산의 사회윤리사상에 대한 연구 가운데 그의 법의식에 대한 연구가 적지 않으나 정의의 문제에 대한 입장을 분석한 연구는 거의 없었다는 점에 주목하고 본 장에서는 그의 정의사상을 초점으로 삼았다. 조선이라는 국가는 신분사회의 특성을 가지므로 일정한 사회적 불평등과 부정의(不正義)가 상존하고 있었다. 다산 역시 기본적으로는 조선 사회의 불평등 구조를 인정하는 입장에 서 있다. 그러나 다산은 그 불평등 구조로 인해 사회의 부정의(不正義) 문제가 심각해지면서 하층민들의 인간적 존엄이 상당히 저해되고 있다고 지적하고 이 문제를 개선하기 위해 정의론을 주장했다. 본 장에서는 다산의 정의론의 사상적 특성과 윤리적 의미를 해명하기 위해서 생명(生命), 공정(公正), 인륜(人倫)이라는 논점을 중심으로 그의 정의론을 분석하였다. 비록 분명한 제약이 있기는 하지만 다산은 인간의 존엄성과 이에 기초한 인간의 가치를 각성하고 인권(人權)의 문제에 상당한 의미를 부여하고 있었다. 본 장에서는 다산의 정의론에 대한 연구를 통해서, 그가 개인의 권리 문제에 대해 자각하면서 사회의 지배 권력으로부터 소외된 사람들의 기본적인 가치와 권리를 강화하려는 '애민(愛民)의 정의론'을 주장하고 있다고 규정하였다. 또한 다산의 정의론은 인(仁)과 의(義)의 조화를 추구하고 있다는 점에 대해서도 해명하려고 하였다.

제9장

'불교사상 비판의 논점과 윤리적 특성'에서는 불교에 대한 다산의 윤리적 입장을 해명하고 있다. 다산의 불교론에 대한 연구가 학계에서 어느 정도 수행되어 왔으나, 여전히 그가 불교를 비판하면서 반(反)불교적인 입장에 서 있었는지, 아니면 불교를 적극적으로 지지한 친(親)불교적 입장에 서 있었는지는 명확하게 결론 나지 않고 있다. 본 장에서는 다산이 불교사상에 대해서 어떠한 윤리적 입장을 가지고 있었는지를 분석하고자 하였다. 다산의 불교관에 대한 그간의 연구들에서는 불교사상을 주제로 삼아 이를 심층적으로 논한 것이 결여되어 있다. 따라서 필자는 이 점에 주목하면서 다산의 '불교사상'을 중심적인 연구 주제로 삼으려 했다. 이에 본 장에서는 불교사상에 대한 다산의 윤리적 입장을 탐색하면서, 그의 사상의 불교 비판론적 특성을 해명하는 한편, 불교문화에 대한 친화적인 입장도 해명하였다. 본 장에서는 불교 심성론과 선악의 문제, 불교 수양론과 행사의 문제, 불교 윤리관과 유교윤리라는 세 가지 초점을 중심으로 다산의 불교 비판적 윤리사상을 탐색하려 했다. 이 세 가지 초점은 다산의 불교사상 비판의 핵심적인 논점이라고 할 수 있다. 다산이 불교사상 자체를 독립적으로 비판하는 대목은 그의 저술에 비교적 적으며, 대체로 성리학을 비판하는 과정에서 불교윤리사상이 보조적(補助的)으로 거론되고 있다는 점도 그의 불교 비판적인 윤리사상의 중요한 특성이라고 할 수 있다. 전반적으로 불교사상에 대한 다산의 비판은 상당히 철저하고 분명한 반면에, 불교문화와 불교역사에 대해서는 비교적 긍정적으로 대하는 경향이 있는데, 이러한 일견 모순적으로 보이는 양 측면에 대해서도 논증적으로 해명하고자 하였다.

제1장

성선론(性善論)의 논거·논증과 실천윤리적 특성

제1장

성선론(性善論)의 논거·논증과 실천윤리적 특성

성론의 양상과 성선 • 성선의 선험적 논거 • 성선의 경험적 논증 • 성선의 실천윤리적 특성 • 성선론의 윤리적 의미

다산(茶山) 정약용(丁若鏞)의 심성론에 대해 논구함에 있어서 그간 연구자들이 집중적으로 주목해 왔던 초점은 '성기호(性嗜好)'와 '마음의 권능(權能)'의 문제라고 할 수 있다. 그러나 다산이 인간 심성의 가치를 논함에 있어서 명확하게 그리고 다양하게 주장한 것은 성선론(性善論)이다. 이 점에서 다산의 성선론이 연구의 중심 주제가 되지 못하고 있는 것은 극복해야 할 문젯거리라고 할 수 있다. 엄밀하게 본다면, 다산의 성기호론의 토대는 성선론이라고 할 수 있다. 왜냐하면 그가 말하는 기호는 바로 선한 성의 기호를 의미하기 때문이다. 즉 성선의 토대에서 구축된 것이 다산의 성의 기호적 특성인 것이다.

다산에게 성선론은 인간의 본질과 행위의 윤리적 특성을 드러내는 데 있어서 핵심적인 토대를 구축하고 있다. 다산의 사상을 '윤리학(倫理學)'이라 명명할 때 그의 학의 성격을 견고하게 드러내는 것이 바로 성선에 대한 입장이라고 할 수 있다. 따라서 다산의 성선론에 대한 탐구는 그의 윤리학의 본령을 해명하는 데 있어서 근본적인 가치를 가진다. 특히

성선론은 맹자(孟子), 주자(朱子), 퇴계(退溪) 등의 유가(儒家)사상을 관통하는 핵심적인 주제이며, 다산이 상당히 논쟁적으로 다루고 있는 주제라는 점에서 각별히 주목해야 할 필요가 있다.

본 장에서 수행하고자 하는 다산의 성선론에 대한 연구의 핵심은 그가 제시하고 있는 성선론의 선험적인 논거와 경험적인 논증의 양상에 대한 분석이다. 성은 선천적으로 품부된 특성이므로 그 증명 여부가 난제라고 할 수 있다. 성선을 주장하는 입론 상에는 성선을 증명하려는 논의가 이루어지고 있는 경우가 많다. 그러나 어느 누구도 문제점을 제기하지 못할 정도로 명징하게 성선을 증명하는 것이 쉽지 않다. 그러므로 성선의 실제적인 증명은 그 완결성을 확보하는 데 어려움이 있다(이는 물론 성악설(性惡說)의 경우라도 마찬가지이다). 이러한 문제점을 깊이 인식하였기에 다산은 더욱 풍부하고 다양하게 성선론의 선험적인 논거를 제시하려고 하고, 경험적인 논증을 시도함으로써 그의 성선론의 타당성을 증명하려고 노력 하였다. 본 장에서는 다산의 이러한 성선론의 증명이 정합적인지를 물어 들어갈 것이다. 그리고 그의 성선론의 윤리적 특성에 대해서 해명할 것이다.

1. 성론(性論)의 양상과 성선(性善)

다산이 인간의 심성을 분석하면서 가장 기본적으로 전제하는 것은 '성이 선하다[性善].'는 명제이다. 이 점에서 다산은 성에 관한 맹자적 전통을 굳건하게 견지하는 유가(儒家)라고 규정할 수 있다. 다산은 인간의 성이 선하다는 것을 인간과 다른 생물을 비교하면서 설명한다.

> 성에는 삼품(三品)이 있다. 초목(草木)의 성은 생(生)이 있지만 지각(知覺)이 없고, 금수(禽獸)의 성은 이미 생과 지각이 있다. 사람의 성은 생과 지각이 있으며, 또 영명(靈明)하고 선(善)하다. 상중하의 세 등급은 결단코 같지 않다.[1]

인간의 본성이 선하다는 것은 다른 생물과 판연히 다른 점이고 또한 변경 불가능한 명제임을 주장하고 있다. 오직 인간에게만 영명(靈明)함과 선(善)함이 주어져 있다는 것이다. 즉 인간은 근본적으로 여타의 생명체와는 다른 특성을 지닌 존재라고 다산은 인식하고 있으며, 인간의 특성은 가치적·윤리적 문제와 관련되어 있음을 밝히고 있다. 인간이 가진 영명과 선은 신묘한 지혜와 가치적 특성을 의미하는 것으로서, 이것들은 인간 아닌 다른 존재에게는 없는 인간의 고유성이라고 그는 규정한 것이다.

주자학자(朱子學者)들은 일반적으로 맹자의 성선적 입론에 근거하여 인성의 선함을 인정하는 경향이 있다. 다산 역시 맹자의 성선론을 중심으로 인성의 가치적 문제를 논한다는 점에서 '인간의 본성이 선하다.'고 규정하는 그의 입장은 외견상 주자학자들의 견해와 다른 것 같지 않다. 그러나 다산은 인간의 심성 문제를 논하는 주자학자들의 견해를 분명하게 비판하고 있는데, 그것은 대체로 그들의 입론이 윤리적 관점에서 정밀하게 성찰되지 않은 부정확한 사변(思辨)임을 지적하는 것들이다. 다산이 주자학자들의 성론에 대해 비판하는 논점은 구체적으로 두 가지로 정리될 수 있다. 그것은 '기질의 윤리적 의미'와 '성의 본체적

---

1 『與猶堂全書2』, 권4, 「中庸講義補」: 性有三品, 草木之性, 有生而無覺, 禽獸之性, 旣生而又覺, 吾人之性, 旣生旣覺, 又靈又善, 上中下三級, 截然不同.(이하에서 『與猶堂全書』는 『여전』이라고 줄임.)

성격 여부'로 요약할 수 있는데, 이와 관련하여 주자학자들의 성론을 비판하면서 제기한 다산의 입론은 그의 심성론의 핵심을 이루게 되며, 이는 성선의 문제와 접연(接連)되어 있다.

먼저 주자학자들의 성론에 대해 비판하는 다산의 논점 두 가지를 중심으로 그의 성론을 분석해 보면 첫째, 다산은 기질에 윤리적 의미를 부여하는 주자학자들의 입론을 문제 삼는다. 즉 다산은 선유(先儒)들이 기질(氣質)의 청탁(淸濁)을 선과 악의 근본으로 삼는 것은 잘못이라고 비판한다. 기질이 인간의 도덕성에 영향을 미치는가 그렇지 아니한가 하는 문제에 있어서 다산은, 주자나 율곡과 같은 주자학자들과는 분명 다른 입장을 취하고 있다. 기질이 인간의 어짊[賢]과 어리석음[愚]에 어느 정도 영향을 미친다고 볼 수는 있으나, 기질의 청탁(淸濁) 여부가 인간의 도덕성 문제를 좌우하는 데 의미 있는 관련성이 있을 수 없다는 입장이다.[2] 즉 기질은 인간이 품부받은 성의 도덕적 특성과는 무관하다고 다산은 인식하는 것이다. 이는 곧 인성(人性)과 물성(物性)을 확연하게 구분하는 그의 논지와 직결된다.

> 인간의 성은 곧 인간의 성이고, 개·소의 성은 곧 금수의 성이다. 본연의 성을 논함에 있어서, 인간은 도의(道義)와 기질(氣質)을 합하여 하나의 성이 된 것이 본연이고, 금수는 기질의 성만 있는 것이 또한 본연이다.[3]

다산은 인간만이 유일하게 '윤리적 존재'라고 단언한다. 즉 그는 동물도 인간과 마찬가지로 기질을 선천적으로 부여받았으나, 인간과 달리

2 『여전2』, 권9, 「논어고금주」: 氣質能使人慧鈍, 不能使人善惡有如是矣.

3 『여전2』, 권6, 「孟子要義」: 人性卽人性, 犬牛之性, 卽禽獸性. 至論本然之性, 人之合道義氣質, 而爲一性者, 是本然也, 禽獸之單有氣質之性, 亦本然也.

도의를 갖지 못하므로 윤리적 존재가 될 수 없다고 본다. 인간과 동물의 본성이 다르다는 다산의 입장은 일차적으로 기질에 대한 주자학자와 다산의 해석 차이에서 비롯된다. 다산의 성론에 함축된 이러한 논점은 인간을 '기혈적(氣血的) 존재'로 바라보기보다는 '윤리적 존재'로 이해하려는 입장이 부각된 것이다. 다산은 기질을 선악과 연관 짓는 송유(宋儒)의 관점이 인간의 도덕적 삶을 전혀 담보하지 못하는 오류라고 규정한다.

> (악에) 빠지는 것이 자신으로부터 연유한다면 그것을 구제할 방법이 있다. 그러나 천으로부터 품부받은 기질로 인한 것이라면 벗어날 방법이 없으므로 사람들이 어찌 자포자기(自暴自棄)하여 비천한 하류(下流)로 돌아가는 것을 감수하지 않겠는가.[4]

기질은 사람을 지혜롭고 둔하게 할 수는 있으나 결코 선하거나 악하게 할 수 없다는 것이 다산의 일관된 주장이다. 그리고 무엇보다 선천적으로 결정되어 있는 기질로 인해 인간의 선악이 결정된다면, 인간이 악을 하지 않으려는 노력이 어떠한 성과도 거둘 수 없다는 것이다. 이 점에서 다산은 기질과 선악에 관한 송유들의 입론이 인간의 도덕적 삶을 위한 수양을 담보하지 못하므로 인간을 윤리적 존재라고 규정할 수 없다는 입장을 취하는 것이다.

이에 기질이 아닌, 기호(嗜好)로서의 성이야말로 모든 인간에게 보편적으로 부여된 성향이라는 입장에 근거하는 다산은, 『논어(論語)』의

---

4 『여전2』, 권6, 「맹자요의」: 陷溺由己, 其救有術, 氣質由天, 其脫無路, 人孰不自暴自棄, 甘自歸於下流之賤乎.

'성상근습상원(性相近習相遠)'에 대한 해석에서 "덕을 좋아하고 악을 부끄럽게 여기는 성은 성인(聖人)이나 범인(凡人)이 모두 같은데 이 때문에 본래 서로 가깝다고 한다."[5]고 주장한다. 다산은 인간의 성은 누구나 예외 없이, 보편적으로 선하다는 입장을 취하고 있다.

다음으로 주자학자들의 성론에 대해서 비판하는 다산의 또 다른 논점을 중심으로 그의 성론을 분석해 본다. 이는 위에서 제시한 바대로 '성의 본체적(本體的) 성격 여부'의 문제와 관련되어 있다. 다산은 이 문제에 대해 다음과 같이 말한다.

> 성이란 대체(大體)를 온전히 가리키는 말이 아니라 대체 가운데 있는 그 좋아하고 싫어하는 이치를 잡아서 별도로 하나의 이름을 정한 것이다.[6]

'성은 대체가 아니다.' 이것이 성의 본질에 대해서 다산이 말하고자 하는 핵심이다. 성이 대체가 아니라고 지적하는 것은, 맹자가 말하는 사덕(四德)을 성에 갖추어진 도덕적 실체로 간주하는 주자학자들의 입론에 대한 반박이다. 다산이 보기에 성을 대체라고 규정하는 주자학자들의 관점은 인간의 본성을 고정적이고 불변적인 실체로 간주하는 오류를 범하고 있다. 즉 다산은, 주자학자들이 인간의 도덕성[善]은 선천적으로 결정되었다고 강변하는 것으로 이해한다. 이러한 일종의 주자학적 '본성 결정론'은 다산이 성론에서 가장 경계하고 부정했던 입론이다. 다산의 입장은 "성이란 기호(嗜好)와 염오(厭惡)로 이름을 정한 것"[7]이라

---

5 『여전2』, 권15, 「논어고금주」: 好德恥惡之性, 聖凡皆同, 以此之故, 本相近也.
6 『여전2』, 권15, 「논어고금주」: 性也者, 非大體之全名, 乃就大體之中, 執其好惡之理而別立一名.
7 『여전2』, 권15, 「논어고금주」: 性也者, 以嗜好厭惡而立名.

고 할 수 있다. 즉 마음의 좋아하고 싫어하는 이치만을 성이라고 규정할 수 있으므로 하나의 실체로 고정되거나 확정된 본체를 성이라고 이름할 수 없다는 것이 다산의 주장이다. 이러한 그의 주장은 '성은 기호이다[性嗜好].'라는 명제로 집약되며, 이는 곧 주자학에 대립하는 그의 성론의 핵심이 된다. 다산은 성, 대체, 본체 등의 개념에 대해서 다음과 같이 정의하고 있다.

> 옛 경전에서는 허령(虛靈)함의 본체로 말하면 대체(大體)라고 하고, 대체가 발현하는 것으로 말하면 도심(道心)이라고 하고, 대체가 좋아하고 싫어하는 것으로 말하면 성(性)이라고 한다. '천이 명(命)한 것을 성(性)이라고 한다[天命之謂性].'는 것은 천이 사람이 태어나는 처음에 허령한 본체 중에 덕을 좋아하고 악을 부끄러워하는 성을 부여한 것을 말하는 것이니, 성을 본체라고 이름할 수 있음을 말하는 것이 아니다.[8]

다산은 천이 인간에게 선천적으로 부여한 것 중에서 본체라고 지칭할 수 있는 것은 대체(大體), 즉 마음의 허령한 본체 외에 다른 어떤 것이 있을 수 없다는 입장이다. 그런데 마음은 '허령(虛靈)한' 속성을 가진 실체로 규정될 뿐, 선이나 악으로 결정된 실체가 아니라는 점에서는 가치적인 측면에서 불변적인 고정체를 의미하지 않는다. 다산은 성을 '마음의 기호'라고 규정함으로써 확정되고 불변적인 실체 개념으로 이해하지는 않지만, 전제적으로 분명하게 인정하는 것은 '성은 선하다.'는 성선(性善)의 입장이다. 어떻게 보면 다산은 주자(朱子)나 율곡(栗谷)과

---

8 『여전2』, 권15, 「논어고금주」: 其在古經, 以虛靈之本體而言之則謂之大體, 以大體之所發而言之則謂之道心, 以大體之所好惡而言之則謂之性, 天命之謂性者, 謂天於生人之初, 賦之以好德恥惡之性於虛靈本體之中, 非謂性可以名本體也.

같은 사상가보다 인간의 성선을 더 분명하게 주장한 사상가로 간주할 수 있다. 왜냐하면 다산이 기질의 문제를 본성의 선악 문제와 직결시키지 않은 것은 인간 본성의 선함을 강고하게 견지하기 위한 것으로 볼 수도 있기 때문이다. 이는 주자학자들의 경우에 본성이 선한 인간이 악을 행하게 되는 이유를 설명함에 있어서, 선천적으로 품부받은 기질의 청탁수박(淸濁粹駁)이 인간 본성에 미치는 영향을 거론하는 것을 상기하면 명확해진다. 주자학적 이론체계에서 기(氣)는 가치적으로 악을 할 수도 있는 계기가 되므로, 기질지성(氣質之性)은 인간 본성에서 악을 초래하는 원인적 요소로 작용할 수 있다. 이 점을 고려하면, 다산의 인간 본성론이 더욱 강고한 성선의 논지를 견지하고 있다. '성은 기호이다.'라고 규정하는 다산의 관점은, 성을 '선을 즐기고 악을 미워하는[樂善惡惡] 기호', '선을 즐기고 더러운 것을 부끄러워하는[樂善恥汚] 기호' 등으로 이해하는 입장인데, 곧 성의 본질은 선을 지향하는 경향성을 가지고 있다는 것이다. 이 점에서 보더라도 다산 성론의 근본적인 전제는 '성은 선하다.'는 것이며, 이 경우에 다산이 말하는 성은 기호로서의 성이며, 그 성이 선하다 함은 마음의 경향성으로 선을 부여받고 있다는 것이다. 성선에 대해 다산은 다음과 같이 규정한다.

> 선할 수도 있고 악할 수도 있는 것은 재(才)이고, 선하기는 어렵고 악하기는 쉬운 것은 세(勢)이고, 선을 즐기고 악을 부끄럽게 여기는 것은 성(性)이다. 이 성을 따라서 어김이 없으면 도(道)로 나아갈 수 있기에 성선(性善)이라 한다.[9]

9 『여전1』, 권16, 「自撰墓誌銘」: 可善可惡者才也, 難善易惡者勢也, 樂善恥惡者性也. 率此性而無違, 可以適道, 故曰性善也.

다산에게 성선은, 선을 할 수도 있고 악을 할 수도 있는 자유로운 의지를 가진 마음이 낙선치악(樂善恥惡)하는 경향성을 의미한다. 이 경향성은 마음의 기호이며, 선한 것이다. 이 점에서 다산은 "만약 성이 본래 선과 악을 겸하고 있다면 어찌 성을 따르는 것을 도(道)로 삼을 수 있겠는가?"[10]라고 말한다. 성이란 고정되고 확정되어 있는 어떤 것이 아니라, 도덕 주체의 가선가악(可善可惡)하는 자기 의지 상황에서 인간다움을 이루어 나가는 것이라는 점이 다산의 성론에 자리하는 성선의 핵심 맥락이라고 할 수 있다.

2. 성선의 선험적(先驗的) 논거

다산은 인간의 본성이 다른 동물들의 본성과 다르다는 입장을 견지하면서 인성의 선을 거론한다. 그는 인성의 선함은 선천적으로 주어진 것이므로 불변적인 특성을 가진다고 본다. 그렇다면 다산은 성선론의 선험적인 논거, 즉 인간의 본성은 천부적으로 선하다는 근거로 무엇을 제시하는가? 이와 관련하여 다산은 '천명(天命)의 성(性)'과 '기호(嗜好)'에 대해 다음과 같이 말한다.

> 천명의 성 또한 기호로 말할 수 있다. 사람의 배태(胚胎)가 이루어지면 천은 거기에 영명(靈明)하고 무형(無形)한 본체를 부여하니, 그것은 선을 즐기고 악을 미워하며, 덕을 좋아하고 더러운 것을 부끄럽게 여기는데, 이를 성이라 하고, 성선(性善)이라고 한다.[11]

---

10 『여전2』, 권6, 「맹자요의」: 若性之爲物, 本兼善惡, 則烏得率性以爲道乎.
11 『여전2』, 권3, 「中庸自箴」: 天命之性, 亦可以嗜好言, 蓋人之胚胎旣成, 天則賦之以靈

인간의 낙선오악(樂善惡惡)하고 호덕치오(好德恥汚)하는 성은 천명의 성이며, 그것은 기호로서의 본체라고 설명된다. 천부적인 기호는 선험적인 도덕적 경향성으로서의 성이다. 다산이 성, 즉 기호라고 지칭하는 것은 본래 두 가지로 이해된다. 그 하나는 영지(靈知)의 기호이며, 다른 하나는 형구(形軀)의 기호이다. 형구의 기호는 인간의 소체(小體), 즉 몸으로부터 비롯되는 기호인데, 이는 인간다움의 본질로 간주되는 선의 기호를 의미하는 개념이 아니다. 다산은 영지의 기호를 인간의 대체(大體), 즉 마음의 영명함의 기호로 이해한다. 다산은 '꿩의 본성은 산을 좋아한다.'는 등의 '눈앞의 즐거워함[目下之耽樂]'과 '벼의 본성은 물을 좋아한다.'는 등의 '필경의 생성[畢竟之生成]'을 예로 들면서 인간의 기호를 설명한다. 꿩이 그러하고 벼가 그러하듯이 사람들은 낙선오악(樂善惡惡)하고 호덕치오(好德恥汚)하는 기호에 따라 마땅히 선(善)을 쌓고 의(義)를 하면, 마음이 거리낌이 없고 편안해진다는 것이다.[12] 이렇게 다산은 천명으로서의 성은 천부적으로 마음에 갖추어진 선한 본유적인 기호로 이해한다.

다산이 성을 마음의 기호로 본다는 점에서 낙선오악(樂善惡惡)하고 호덕치오(好德恥汚)하는 기호는 마음의 속성이다. 그렇다면 성의 선함을 주장하는 다산의 논점에는 필연적으로 기호의 선, 즉 성의 선을 담보할 수 있는 마음의 특성이 전제되어 있다고 보아야 할 것이다. 이 점에 주목하면서 다산이 주장하는 성선의 선험적 논거로서의 마음의 특성에 대해 검토하기로 한다.

다산은 마음의 기호로서 낙선오악(樂善惡惡)의 성을 언급하지만, 천

明無形之體, 而其爲物也. 樂善而惡惡, 好德而恥汚, 斯之謂性也, 斯之謂性善也.

12 『여전2』, 권2, 「心經密驗」 참조.

(天)은 이미 인간에게 '선을 할 수도 있고 악을 할 수도 있는[可善可惡]' 권능(權衡)을 부여했지만, 또 한편으로는 '선을 행하기는 어렵고 악을 행하기는 쉬운[難善易惡]' 형구(形具)를 부여했다고 주장함으로써[13] 마음의 권능(權能)을 가선가악(可善可惡)하는 것으로 이해하고 있다. 이 마음의 권능은 자유의지, 즉 마음의 자율적 도덕 실천 능력이라고 할 수 있다. 이러한 성과 권능을 가지는 마음의 본체와 작용은 구체적으로 어떻게 설명될 수 있는가?

다산은 마음의 영명한 본체를 대체(大體)라고 표현하기도 하는데,[14] 이 대체는 낙선오악(樂善惡惡)의 선한 경향성을 가진다. 다산은 이 영명성에 대해서, "인간의 대체(大體)에는 생명이 있고 지각이 있으며 다시 영명의 신묘한 작용이 있다. 그러므로 만물을 다 받아들여 놓치는 것이 없으며, 온갖 이치를 추구하여 다 깨달을 수 있으며, 덕을 좋아하고 악을 부끄러워하는 것은 양지(良知)에서 나온다."[15]라고 말한다. 즉 마음의 영명성은 온갖 이치를 깨칠 수 있는 도덕적 인식 능력이다. 이 영명성은 형구적(形軀的) 욕구와 무관한 마음의 순수함이 온전히 보존되어 있는 바탕을 말한다. 다산은 영명성이 온전히 갖추어진 마음을 형용하여 '영명한 마음'으로 지칭하고 있다. 이 영명한 마음에 대해 금장태는 '선과 악으로 결정되기 이전의 주체요, 이(理)나 기(氣)로 환원될 수 없는 인간 존재의 고유한 생명체'[16]라고 표현하고 있다. 그러나 엄밀하게 말하면, 이 마음의 영명성은 '선을 인식하고 지향할 수 있는 밝은 성향'

---

13 『여전2』, 권2, 「심경밀험」: 天旣予人以可善可惡之權衡, 於是就其下面, 又予之以難善易惡之具.

14 『여전2』, 권6, 「맹자요의」: 大體者, 無形之靈明也, 小體者, 有形之形軀也, 從其大體者, 率性者也, 從其小體者, 循欲者也.

15 『여전2』, 권15, 「논어고금주」: 人之大體旣生旣知, 復有靈明神妙之用, 故含萬物而不漏, 推萬理而盡悟, 好德恥惡, 出於良知.

16 금장태, 『다산실학탐구』, 소학사, 2001, 89쪽.

이라고 이해하는 것이 합당하다.

또한 다산은 "솔성(率性)하는 것을 도(道)라고 한다. 그러므로 성이 발한 것을 도심(道心)이라고 한다."[17]는 관점에서 선을 따르는 마음, 즉 도심을 인심과 비교하면서 그 의미를 제시한다.

> '도심유미(道心惟微)'는 내가 말한 성기호이다. '천명지위성(天命之謂性) 솔성지위도(率性之謂道)'는 도심을 말하며, 맹자의 '인지소이이어금수자기희(人之所以異於禽獸者 幾希)'의 기희(幾希)는 도심의 은미함을 말한 것이다. 성이 선을 좋아하는 것은 비록 천이 부여한 천성에 근본하고 있으나 물욕(物欲)에 가리게 되어 도심의 존재는 아주 미세하니, 이는 오직 군자만이 살필 수 있다.[18]

자신의 욕망을 이기고, 하지 말아야 할 것을 하지 않는 것은 곧 도심의 발함이다. 그러나 도심은 은미하다. 성은 결정성(決定性)이 아니라 기호이므로 경향성이다. 낙선오악(樂善惡惡)의 기호가 발출되는 마음인 도심은 은밀하고 섬세하다. 그러므로 영명함을 드러낼 수 있도록 하는 데 있어서 주의를 기울여야 한다. 다산은 도심이 있기에 성선을 실천하는 것이 가능하다는 입장에서 도심의 중요성을 강조한다.

> 도심이 있으므로 선악을 잘 분별할 수 있고, 덕을 좋아하고 악을 부끄러워할 수 있어서, 마침내 살신성인(殺身成仁)하는 데까지 이르는데, 이것이

17 『여전2』, 권3, 「중용자잠」: 率性之謂道, 故性之所發, 謂之道心.

18 『여전2』, 권2, 「심경밀험」: 道心惟微者, 吾之所謂性好也, 天命之謂性, 率性之謂道, 斯之謂道心也. 孟子曰人之所以異於禽獸者幾希, 幾希者微也, 性之樂善, 雖根於天, 賦而爲物欲所蔽, 存者極微, 唯君子察之.

> 맹자가 말하는 이른바 성선(性善)의 본질이다.[19]

도심은 인간이 선을 인식할 수 있고, 덕을 지향할 수 있는 마음이며, 인(仁)을 실천하는 것을 가능케 하는 마음이다. 말하자면, 도심은 선의 인식·지향·실천을 이룰 수 있는 도덕적 마음을 의미한다. 따라서 모든 인간에게 도심이 있다는 것은 곧 인간이 선하다는 증거라고 할 수 있다.

다음으로, 다산의 성선론에서 '본성에 도의(道義)가 있다.'는 그의 주장을 살펴보자. 다산은 "본연의 성을 논함에 있어서 인간은 도의(道義)와 기질(氣質)을 합하여 하나의 성이 된 것이 본연이고, 금수는 기질의 성만 있는 것이 또한 본연이다."[20]라고 주장한다. 여기서 다산이 '본연'이라는 표현을 하는 데서 알 수 있듯이 그는 기본적으로 기질지성과 본연지성을 구분하여 실체적으로 규정하는 이해 방식에는 부정적인 입장인데, 이 점에 대해 다음과 같이 설명하고 있다.

> 본연지성과 기질지성이라고 하여 두 개의 본체로 확고히 나누는 것은 착오로 보인다. 하물며 성이란 대체(大體)를 온전히 가리키는 말이 아니라 대체 가운데 있는 그 좋아하고 싫어하는 이치를 잡아서 별도로 하나의 이름을 정한 것이니, 이는 두 가지나 세 가지로 지칭할 수 있는 것이 아니다.[21]

본연지성과 기질지성이라고 이름하고 각각의 개념을 규정하는 것은,

---

19 『여전2』, 권15, 「논어고금주」: 以其有道心, 故能明別善惡, 又能好德而恥惡, 終以至於殺身而成仁, 此孟子所謂性善之本也.

20 주 3 참조.

21 『여전2』, 권15, 「논어고금주」: 本然之性, 氣質之性, 磊磊落落, 確分二體, 恐亦有差舛者, 何況性也者, 非大體之全名, 乃就大體之中, 執其好惡之理而別立一名, 斯又非可以指之爲二三者也.

두 개의 성이 독립적인 실체로서의 특성을 지니는 것처럼 오인케 하여 인간의 성이 마치 하나가 아닌 것처럼 여겨질 수 있다는 것이다. 다산이 언급하고 있듯이 인간의 본성은 도의와 기질이 합하여져서 하나의 성이 된 것이다. 그리고 도의는 인간 본성의 선함을 담보하는 선험성이라고 할 수 있다. 그에 따르면 선천적으로 부여받은 기질의 특성은 도덕적 선악과 무관한 것이기 때문이다. 다산은 성선의 선험성을 담보하는 논거로 도의를 제시하고 있다. 즉 기질을 중심으로 인간의 선천적인 선함을 주장하려는 것이 아니라, 본연의 선성이 확고하게 인간에게 주어져 있다는 입장을 취하고 있다. 이 점에서 다산의 성론은 인간의 도덕적 선천성을 강하게 긍정하는 것이라고 할 수 있다.

3. 성선의 경험적 논증

본성이란 그 자체가 경험되기 이전의 고정적인 속성을 말하는 것이며, 이는 후천적·경험적인 노력에 따라 변하지 않는 본질적 속성을 의미한다. 다산은 본성의 선함이라는 선험성을 입증하기 위해 경험적인 논증들을 다양하게 시도함으로써 자신의 심성론의 타당성을 확보하려고 한다. 그렇다면 다산이 성선의 선험성(先驗性)을 입증하려는 목적하에 여러 경험적인 논증을 시도하는 데 있어서 문제점은 없는지 검토해 보자.

인간에게 낙선오악(樂善惡惡)의 기호가 있음을 경험적으로 확인할 수 있다는 다산의 주장은 주로 선한 일을 하거나 악한 일을 했을 때 표출되는 심신(心身)의 반응과 태도를 중심으로 전개되고 있다. 이 점에서 다산은 인간의 마음과 몸은 매우 상관적이고 묘합적이라는 점을 인정한다. 즉 인간은 '신형묘합적(神形妙合的)인 존재'로 이해될 수 있다는 것이다. 이에 대한 다산의 경험적인 논증은 다음과 같다.

> 신형묘합(神形妙合)은 몸의 비척(肥瘠)과 관련된다. 마음이 넓으면 몸에 여유가 있지만 욕심이 많으면 눈동자가 흐리고, 마음에 아름다움이 있으면 얼굴이 부드럽게 되고 등으로 펴져 나가며, 마음에 부끄러움이 있으면 식은땀이 흐르며 얼굴이 붉어지게 된다. 이는 모두 신형묘합의 분명한 증거이다.[22]

다산이 '욕심이 눈동자를 흐리게 할 수 있다.'고 언급한 것은, 악의 계기가 될 수 있는 욕심으로 인해 몸이 반응하는 연계성을 인정한 것이다. 그에게서 몸은 마음의 상태를 드러내는 것, 마음의 선악을 표현하는 것 등으로 이해된다. 마음은 숨겨진 내면의 동력이며, 몸은 현상적인 실체이다. 따라서 다산은 마음의 작용과 상태가 몸을 매개로 표출된다고 본다.

한편으로 다산은 몸, 그리고 몸의 욕구를 마음의 낙선오악(樂善惡惡)하는 경향성을 방해하거나, 이에 대항하는 요소로 이해하기도 한다. 이는 인간의 악을 설명할 때 유가들이 취하는 전통적 입장이라고 할 수 있다. 그러나 다산은 한편으로는 몸의 욕구를 온전한 악의성(惡意性)으로 이해하지는 않는다. 즉 주자학자들처럼 '존천리알인욕(存天理遏人慾)'이라는 명제를 엄격하게 제기하는 방식으로 읽지 않는다는 것이다.[23] 오히려 다산은 이러한 기(氣), 몸, 욕구에 대한 인식의 전회를 요청한다. 그러나 다산 역시도 한편으로는 인간에게 초래되는 악의 계기를

22 『여전2』, 권5, 「맹자요의」: 神形妙合, 肥瘠相關, 心廣則體胖, 慾盛則眸眊. 美在中則睟面而盎背, 愧在內則汗出而色赧, 皆神形妙合之明驗也.

23 『여전2』, 권1, 「大學公議」: 存天理遏人慾, 其機其會, 在於人與人之相接.

몸이나 몸의 욕구에 두는 유가적 전통의 선상에 서 있는 것이 사실이다. 이러한 다산의 입장은 몸의 욕구로부터 비롯되는 인심을 도심과 대립시키는 맥락에서 볼 수 있다. 이에 대해 다산은 말한다.

> 사람이 사람되는 까닭은 덕을 좋아하고 악을 부끄러워함이니, 이것이 천명이고 본성이다. 오직 그 몸이 가두어서 선을 가로막고 악에 빠지는 도구가 되기 때문에 인심이 그 사이에 멋대로 발동하여 도심이 빠져들게 되는데, 이것이 어찌 본성이겠는가.[24]

몸의 욕구로부터 비롯되는 인심에 의해 선한 본성이 해쳐지는 것은 본성에 따르는 것이 아니다. 다산이 몸의 욕구에 대해 경계하는 것은 사실상 주자학자들의 입장과 다를 것이 없다. 다산 역시 선한 본성의 마음과, 악으로 경도될 수 있는 몸의 욕구에서 발출되는 마음을 대척점(對蹠點)에 두면서 선과 악의 대립적 양상을 지적하고 있다. 이 점에서 인간의 성선을 경험적으로 증명하려는 다산의 논지는, 인간의 몸의 욕구를 반성하고 비판하는 방식으로 전개되고 있다.

한편 다산이 성을 기호로 보면서 그 선성을 경험적인 맥락에서 증명함에 있어서, 동물과 식물을 예로 든 것을 적지 않게 볼 수 있는데, 그것은 다음과 같다.

> (가) 사람은 선을 즐기고 악을 부끄러워하며, 도를 위해 수신(修身)하는 것이 본연이요, 개는 밤을 지키고 도둑을 보고 짖으며 더러운 죽을 먹고

24 『여전2』, 권15, 「논어고금주」: 人之所以爲人者, 以其好德而恥惡, 此天命也, 此本性也, 惟其形軀相囿, 爲沮善陷惡之具也, 故人心得橫發於其間, 而道心爲之陷溺, 是豈本性也哉.

짐승을 쫓는 것이 그 본연이다. 소는 멍에를 지고 짐을 실으며 풀을 먹고 되새김질하고 뿔로 치받는 것이 본연이다. 사람과 동물은 각각 하늘의 명을 받았고, 이 받은 천명은 바꿀 수가 없다. 소는 사람이 하는 일을 억지로 할 수가 없고, 사람은 개가 하는 일을 억지로 할 수가 없다. 이는 형체가 다르기 때문에 서로 통할 수 없는 것이 아니라, 그 부여받은 이(理)가 원래 다른 까닭이다.[25]

(나) 보리의 성향은 오줌을 좋아하니 오줌으로 그것을 기르면 잘 자라서 비육하게 되고, 오줌으로 기르지 않으면 시들고 마르게 된다.[26]

(다) 사람의 성은 선을 좋아하기 때문에 선으로 길러 나가면 마음이 호연하고 강대해지고, 선으로 기르지 않으면 초췌하고 쇠잔해진다.[27]

이렇게 동물과 식물을 예로 들면서 인간의 성선을 증명하는 것들이 그 타당성을 확보하고 있는지 분석해 보자. 개나 소의 성이 사람의 성과 본질적으로 판연히 다른 것이라고 보는 다산으로서는 (가)와 같이 개나 소의 성을 언급함으로써 인성의 특징을 명확하게 드러내고 싶었을 것이다. 이 점은 (나)와 같이 식물을 예로 든 이유도 같을 것이라고 본다. 그러나 이에 대해 비판적인 생각을 가진 논자의 입장에서는, 더러운 죽을 먹고, 되새김질을 하고, 오줌을 좋아하는 등의 예를 들면서 인간의 선한 본성과 비교하려 한 것은 비교의 준거 면에서 적절하지 못하다고 문제를 제기할 수 있다. 이 비판의 지점에서 다산이 언급한 동

25 『여전2』, 권6, 「맹자요의」: 人則樂善恥惡, 修身向道, 其本然也. 犬則守夜吠盜, 食穢蹤禽, 其本然也. 牛則服軛任重, 食芻齝觸, 其本然也. 各受天命, 不能移易, 牛不能强爲人之所爲, 人不能强爲犬之所爲, 非以其形體不同, 不能相通也. 乃其所賦之理, 原自不同.

26 『여전3』, 권32, 「매씨서평」: 麥性嗜溲, 養之以溲, 則肥而茁, 不養之以溲, 則瘠而槁.

27 『여전3』, 권32, 「매씨서평」: 人性嗜善, 故養之以善, 則浩浩然剛大, 不養之以善, 則悴悴焉衰殘.

물의 '본연'을 분석해 보면, 그가 설명하고 있는 그 본연이 과연 유적(類的) 편견 없이 보편적으로 타당한 것인지 의문이 든다. 예를 들면, '개가 도둑을 보고 짖고', '소가 멍에를 지고 짐을 싣고'와 같이 표현한 것은 개나 소의 본연을 인간 중심적으로 단정한 것에 지나지 않는다는 비판도 가능할 것이다. 이렇게 (가)와 (나)의 논증이 그 타당성을 온전히 확보하지 못하고 있다면, 자연스럽게 이에 의거해서 인간의 성선을 논증하는 경험적인 예인 (다)가 그 논거의 신뢰성을 담보받지 못할 것이다. 따라서 동식물과 비교하면서 인간의 성의 선함을 논증하려 한 다산의 시도는 의미 있는 성과를 거두고 있다고는 보기 어렵다.

다음으로는 다산이 인간의 성선을 경험적으로 논증함에 있어서 인간의 행위를 예로 드는 점에 대해 분석하고자 한다. 아래는 의(義)롭지 못한 일을 했을 경우의 예를 중심으로 논증한 것이다.

> (가) 의(義)롭지 못한 재물이 있는데 마음을 바로 하여 물리쳐 받지 않으면 즐겁고, 잘못인 줄 알면서도 마침내 물들게 되면 부끄럽게 되니, 그 기호하는 바를 알 수 있다. 이런 것들을 유추해 보면 접하는 일이 모두 그러하니, 이는 하나의 증명이다. 오늘 하나의 선한 일을 하고 내일 하나의 의로운 일을 하여 선을 쌓아 가고 의를 모아 심성을 기르면 심기는 날로 펴지고 편안해진다.[28]

> (나) 하나의 선을 행하면 그 마음이 뿌듯하고 즐거우며, 하나의 악을 행하면 그 마음이 시름에 젖고 답답하다. 내가 선을 행한 적이 없는데 남이 나를 선하다고 칭찬하면 기쁘고, 내가 악하지 않은데 남이 나를 악하다고

28 『여전3』, 권32, 「매씨서평」: 有財不義, 秉志而卻不受則樂, 知非而終染指則愧, 其所嗜好, 可知矣, 推類以往, 觸事皆然, 此一驗也. 今日行一善事, 明日行一義擧, 積善集義, 以養心性, 則心氣日舒日泰.

비방하면 화를 낸다.[29]

(가)와 (나)에서 볼 수 있는 다산의 전제는 선한 행위를 하거나 악한 행위를 한 후, 몸과 마음이 편안하고 떳떳하고 뿌듯하고 기쁘거나, 찜찜하고 답답하고 불편하고 화가 나는 것을 보면 인간의 성이 선함을 알 수 있다는 것이다. 그러나 이는 다른 관점으로 해석할 수도 있다. 편안하고 떳떳하고 불편한 것은 선한 행위나 악한 행위의 공능(功能), 즉 효과로도 이해할 수 있다는 것이다. 즉 이는 본성에 대한 증명이 아니라, 선행이나 악행을 했을 때 몸과 마음에 영향을 미칠 수 있는 효과로 이해하는 것이 더 정확하다는 것이다. 이러한 분석은 아래의 예를 보면 더욱 분명해진다.

> 선(善)을 쌓고 의(義)를 실천하는 사람이 처음에는 하늘을 우러러보고 땅을 굽어보아도 부끄러움이 없고 스스로 반성해 보아도 거리낌이 없다. 이것이 오래 쌓이면 마음이 넓어지고 몸이 편안해지며, 맑은 빛이 얼굴에 드러나고 등으로 퍼져 간다. 그것이 오래 쌓이면 뿌듯한 호연지기(浩然之氣)가 매우 크고 굳세게 천지 사이에 가득차게 된다. 그러면 부귀(富貴)도 그를 타락시킬 수 없고, 빈천(貧賤)도 그를 움직일 수 없으며, 위세(威勢)도 그를 굴복시키지 못한다. 이에 신묘하게 조화하여 천지와 더불어 그 덕을 합하게 되고 일월(日月)과 더불어 그 빛을 합하게 되니 마침내 온전한 인격이 이루어진다.[30]

---

29 『여전2』, 권2, 「심경밀험」: 行一善則其心充然以悅, 行一惡則其心欿然以沮, 我未嘗行善, 而人詡我以善則喜, 我未嘗無惡, 而人謗我以惡則怒.

30 『여전2』, 권2, 「심경밀험」: 積善集義之人, 其始也俯仰無怍, 內省不疚, 積之彌久, 則心廣體胖, 睟然見乎面而盎乎背, 積之彌久, 則充充然有浩然之氣, 至大至剛, 塞乎天地之間, 於是富貴不能淫, 貧賤不能移, 威武不能屈, 於是神而化之, 與天地合其德, 與日月合其明, 遂成全德之人.

위의 논증은 본성에 따라 선(善)과 의(義)를 행하면 마음이 넓어지고 몸이 편안해지고, 나아가 호연지기가 굳세고 크게 되며, 도덕적 품격이 온전해진다고 이해하는 예로 거론한 것이다. 선(善)과 의(義)를 행하면 마음에 도의성이 충만해지고, 몸과 마음이 인의(仁義)를 실천하는 데 한 치의 어긋남도 없이 될 수 있다는 것은, 도덕적 본성을 증명하는 것이라기보다는 도덕행위를 점진적·지속적으로 수행했을 때 획득되는 공부의 효과를 설명한 것이라고 하는 것이 정확할 것이다.

다산은 또 다른 예를 들면서 성선을 논증하는데, 이 예는 도둑질과 같은 나쁜 행실을 한 사람과 관련된 것이다.

> 좀도둑이 훔친 물건을 짊어지고 달아나며 좋아하다가 다음 날 이웃에 가서 청렴한 선비의 행실을 보면 자신도 모르게 마음속으로 부끄러움이 일어난다. 이것이 옛말에 '양상군자(梁上君子)는 가히 더불어 선을 할 수 있다.'라는 것인데, 이는 인간의 성이 선하다는 분명한 증거이다. 이곳에 윤씨의 자식으로서 도둑질을 한 자가 있었는데, 내가 그 형제들에게 인의(仁義)로 깨우쳤더니 그 도둑이 눈물을 줄줄 흘리며 울었다. 또 정씨의 자식은 악인이었는데, 내가 시냇가에서 고기를 잡아 회를 치게 하자, 그가 무릎을 꿇고 부끄러워하면서 스스로 자기 죄를 책망하기를, '저는 나쁜 놈입니다. 죽여도 아까울 것이 없는 놈입니다.'라면서 털어놓았다. 정말 인간의 성이 선하지 않다면 이럴 수 있겠는가?[31]

도둑이 도둑질을 하면서 부끄러움을 느끼고, 잘못을 반성하고, 악행

31 『여전2』, 권5, 「맹자요의」: 穿窬之盜, 負贓而走, 欣然善也, 明日適其隣, 見廉士之行, 未嘗不油然內怍, 古所謂梁上君子, 可與爲善, 此性善之明驗也. 此地有尹氏子爲盜, 余令其兄弟諭之以仁義, 盜泫然以泣, 又有鄭氏子惡人也. 余臨溪打魚, 使之切膾, 鄭長跪赧色而自數其罪曰, 我惡人也, 我殺無惜者也. 縷縷言不已. 苟性不善, 豈有是也.

을 한 사람이 그 행위를 반성하는 것을 보면 인간의 성이 선함을 알 수 있다는 것이 다산의 논지이다. 그런데 위의 예들은 다른 관점에서도 분석할 수 있다. 성선설과 대립되는 성악설(性惡說)의 입장에서도 논지를 옹호할 수 있는 예로서 이들을 거론할 수 있다. 악한 성에 따라서 나쁜 짓을 했다가도 교육과 훈계를 통해 반성하고 악행을 그만두게 된다는 논지로 위의 예화를 해석할 수 있기 때문이다. 즉 성악설의 입장에서도 교육과 환경을 중시하면서 위 예화를 거론할 수 있다.

이렇게 보면, 성선을 경험적으로 논증하는 다산의 입론에는 다음과 같은 전제가 개입되어 있음을 알 수 있다. '악행을 한 후 그것을 반성하면 이는 곧 인간의 본성이 선하다는 것을 증명한다.'가 그 전제이다. 다산의 이러한 전제에 입각하면, '인간의 본성이 악하다면 악행을 하고도 그것을 반성할 수 없다.'라고 규정할 수 있다. 그러므로 성선에 대한 다산의 전제가 얼마나 타당한지에 대해서는 논란이 있을 것이다. 이렇게 볼 때 다산이 경험적인 논증을 통해 인간의 성선을 보여 주려고 한 시도는 성공적이라고 보기 힘들다. 이 점과 관련하여 다산이 거론하는 또 다른 예를 검토해 보기로 한다.

> 마을에 불효자가 있는데 모르는 사람이 효자라고 칭찬해 주면 좋아한다. 이는 마음속으로 효가 선이라고 생각했기에 좋아하는 것이다. 마을에 간음한 여자가 있는데 모르는 사람이 정숙하다고 칭찬해 주면 좋아한다. 이는 마음속으로 정숙이 선이라고 생각했기에 좋아하는 것이다. 탐관오리가 사람을 해치고 재물을 긁어모으는 일을 거리낌 없이 하다가도 아첨꾼이 청백리(淸白吏)라고 치켜세우면 좋아한다. 모함과 아첨을 일삼는 자가 농간과 기망을 거리낌 없이 하다가도 간사한 사람이 충직하다고 아첨하면 좋아한다. 이는 그 마음이 모두 선을 좋아하고 악을 부끄러워하는 까닭에, 실제와는 어긋나는 것을 알면서도 그냥 좋아하는 것이다. 이른바

성이 선하다는 것은 곧 이런 것일 뿐이다.[32]

한형조는 이 예증에 대해, "도덕적 규범을 따르는 것을 유보 없이 진정한 도덕적 실현으로 인정할 수 없다. 선인들은 그것을 위인(爲人)이냐 위기(爲己)냐로 구분했다."[33]고 하면서 다산이 제시한 이러한 성선의 예증이 함축하고 있는 문제점을 지적한다. 다산이 거론한, '불효자를 효자라고 칭찬하면 기뻐한다.', '간음한 여자를 정숙하다고 칭찬하면 기뻐한다.'와 같은 성선의 예시는 사회적 권위의 유용성에 기댄 것일 뿐 진정한 내적 욕구에서 선을 의지한 것이라고는 볼 수 없다는 것이 한형조의 입장이다.[34] 도덕적 성품의 형성은 사회화 과정과 직결되어 있다고 보는 관점이 있는데, 이러한 입장에 따르면 특정 행위에 대한 사회 구성원들의 반복적인 칭찬과 비난은 덕을 형성하는 중요 방법이 된다는 것이다. 그리고 덕의 사회화라는 입장에서는 인간의 선천적인 성품의 선과 악을 본질적인 전제로 설정하지 않고 있다. 따라서 다산이 거론한 위의 예 역시 성선의 논증으로 보기 힘든 여러 맥락들이 복합적으로 연관되어 있으므로 그 타당성이 약하다고 할 수 있다.

지금까지 검토한 바와 같이, 경험적인 논증 방식을 통해 인간 성선의 타당성을 확보하려는 다산의 입론은 많은 문제점을 내포하고 있다. 그러나 그 논증의 타당성 문제에서 다산이 봉착하고 있는 한계는 비단 그에게만 국한되는 것은 아니다. 왜냐하면 이 문제는 인간의 본성을 선

32 『여전2』, 권5, 「맹자요의」: 里有不孝子, 不知者譽之爲孝則悅, 彼其心以孝爲善故悅也. 里有奸淫婦, 不知者譽之爲貞則悅. 彼其心以貞爲善故悅也. 貪官汚吏, 聚斂掊剋, 無所不爲, 奸人諂之以淸白則悅. 讒夫佞臣, 賣弄欺詐, 無所不爲, 奸人諂之以忠直則悅. 彼其心皆樂善而恥惡, 故雖知其違於實, 而第以爲悅也. 所謂性善, 亶以是也.

33 한형조, 『주희에서 정약용으로: 조선 유학의 철학적 패러다임 연구』, 세계사, 1996, 231쪽.

34 한형조, 위의 책, 231~233쪽 참조.

하다거나 악하다고 단정하고, 그것을 경험론적으로 증명하려는 대개의 논의가 직면하는 문제이기 때문이다. 본성은 선험적이며, 이 선험적인 속성을 증명한다는 것은 지극한 난제이다. 이 점에서 성선을 경험적인 방식으로 증명하려는 다산의 입론은 그 자신의 한계라기보다는 이 논의 자체의 한계로 볼 수 있다. 다만 우리는 다산이 경험적인 예들을 다양하게 제시하고 이를 통해 인간의 성선을 논증하려 한 사유의 동기와 의도를 충분히 감안하여 그의 심성론을 이해할 필요가 있다고 생각한다.

다산의 심성론을 선 지향적인 맥락에서 인간의 본성을 이해하는 실천윤리적 사유의 특성을 가진 입론이라고 규정하면, 그의 성선론의 특성과 성선의 경험적 논증을 시도한 그의 의도가 분명해진다. 이는 다음의 글을 통해서 명확하게 이해할 수 있다.

> 성선이라는 것은 천이 부여한 성이 덕을 좋아하고 악을 부끄러워하는 것을 말하는 것이다. 선으로 기르면 성대하여 충만하고, 악으로 먹이면 불만스러워 굶주린 듯하니, 본성이 순선(純善)하다는 것이 명확하다. 사람이 선하다는 것은 이 선한 성을 따라서 마음을 바르게 하고 자신을 닦아 끝까지 의(義)를 행하고 인(仁)을 이루어 그 덕을 온전히 하는 것이다.[35]

다산은 성선이라는 전제하에 솔성(率性)하여 의(義)와 인(仁)을 실천함으로써 덕을 온전히 닦아 나가야 한다는 윤리적 실천의 명제를 그의 성론의 핵심으로 삼고 있다. 다산이 성론에서 고민한 본질은 선의 실천 문제였다. 이 점에서 다산의 성선론은 '실천적인 성론'이라고 규정할 수

35 『여전2』, 권15, 「논어고금주」: 性善者謂天賦之性, 好德而恥惡, 養之以善則浩然以充, 餉之以惡則欿然以餒, 明本性純善也, 人善者率此善性, 正心修身, 畢竟行義而成仁, 以全其德者也.

있다. 선의 실천을 전제로 하고, 실천을 강화하기 위해 본성을 이해하고 해석한 것이다. 선의 온전한 실천을 지향하고 담보하기 위한 입론이라는 점에서 다산의 성선론은 실천론적 특성을 지닌다.

4. 성선의 실천윤리적 특성

다산이 스스로 언명하였듯이, 그의 성론의 특성은 성의 본체적 결정성을 부인하는 데 있다. 기호(嗜好)로 규정되는 그의 성 개념은 본체가 아니라, 좋아하거나 싫어하는 성향을 의미한다. 다산이 이러한 관점의 성론을 채택한 것은, 인간의 도덕성에 대한 실존적인 고민에서 비롯된 것으로 보인다. 그가 고민한 인간 실존의 양상은, 낙선오악(樂善惡惡)하는 마음의 기호인 성(性), 난선이악(難善易惡)하는 형구(形軀), 가선가악(可善可惡)하는 마음의 권형(權衡)이라는 '성-형구-권형'의 삼각구도로 나타나고 있다.[36] 이는 윤리적 관점에서 바라본 인간의 실존적 조건과 상황이다. 인간은 선을 지향하는 성을 선천적으로 부여받았으나, 이 선천성의 특성은 인간이 어떠한 경우에도 선한 행위를 하게 된다는 것을 담보하지는 않는다. 다산이 주자학의 본체적 성론을 문제 삼으면서 공박한 논지의 핵심은, 그가 보기에 주자학적 성론에 입각하면 '인간은 어떤 경우에도 선을 할 수밖에 없기에 모든 인간의 행위는 예외 없이 선해야 한다.'는 것인데, 이러한 주자학적 입론은 오류일 수밖에 없다는 것이다.

다산은, 인간의 윤리성은 인간의 성선을 본체론적인 방식으로 강변

36 『여전2』, 권2, 「심경밀험」: 天既予人以可善可惡之權衡, 於是就其下面, 又予之以難善易惡之具, 就其上面, 又予之以樂善恥惡之性.

함으로써 확보되는 것이 아니라고 본다. 그러나 다산 역시 성선을 인정하고, 인간은 마땅히 선을 해야 한다는 당위성을 인정한다. 다만 다산이 성기호를 통해서 말하려고 하는 것은 인간의 본성을 '당위성'이 아니라, '당위적 경향성'으로 보아야 한다는 것이다. 기호(嗜好)라는 말에 함의된 성 개념에는 당위성이 배제된 것처럼 보이지만, 실은 그 성(性)대로 실천해야 성인(聖人)이 될 수 있다고 주장하는 점을 이해하면, 낙선오악(樂善惡惡)하는 성기호에 당위적 가치가 배제되지 않고 있다고 할 수 있다. 그러나 그렇다고 하더라도 다산의 성기호론에서는 '당위성'보다는 '경향성'이 더 강조되어 있음은 물론이다.

다산이 설정하는 인간 실존의 삼각구도에서 중요한 또 하나의 축은 형구(形軀)라는 세(勢)의 측면이다. 다산은 인간에게 몸으로부터 비롯되는 형구라는 욕구가 있음을 인정하는데, 이것에는 긍정적인 특성과 부정적인 특성이 혼재되어 있다. 그러나 형구의 난선이악(難善易惡)의 특성을 강조함에 있어서는 형구의 사사로운 욕구가 부각된다. 이렇게 볼 때, 다산은 인간을 갈등적인 존재로 이해한다는 것을 알 수 있다. 그가 인간을 '신형묘합(神形妙合)적 존재'로 규정함에 있어서 함의한 맥락은 정신[神]과 몸[形] 간의 갈등적이고 관계적이고 조화적인 의미이다. 이때 '묘합(妙合)'은 그 갈등성이 극복된 존재의 조화로움을 언명한 것이다.

다산의 심성론에서 갈등의 양상은 인심과 도심의 관계적인 맥락으로도 표명되고 있다. 인간 실존의 삼각구도의 한 축인 마음의 권형은 가선가악(可善可惡)하는 것으로서, 자율적으로 선악을 인식하고 판단하며 실천하는 능력을 의미한다. 권형은 천으로부터 받은 마음의 능력이지만, 다산은 이를 인심과 연결시켜, "인심유위(人心惟危)는 내가 말하는 권형(權衡)이다. 마음의 권형은 가선가악(可善可惡)인데 천하에 위태롭고 불안한 것이 이보다 더 심한 것은 없다."[37]고 함으로써 권형이 매우 불확정적이고 위태로운 것임을 말하기도 한다. 도심과 인심은 이렇게 대결적인 양상으로 언급되는 바와 같이 그 갈등성이 두드러진다.

> 사람에게는 항상 두 개의 상반된 뜻[志]이 있어 일시에 같이 발하게 되니, 이것이 곧 인간과 귀신의 관계이며, 선(善)과 악(惡)의 기미(幾微)이다. 인심과 도심이 교전(交戰)하여 의(義)가 이기느냐 욕(欲)이 이기느냐 하는 판결에서, 사람이 이에 엄정하게 성찰하여 힘써 이기면 도에 가깝게 된다.[38]

이렇게 보면 다산의 심성론에 있어서, 갈등성은 인간의 실존을 구성하는 하나의 본질적 속성처럼 보이기까지 한다. '성과 형구', '권형', '인심과 도심' 등의 갈등 구조는 다산의 심성론에서 매우 중요한 의미를 가진다. 심성론에 접근하는 다산의 논법을 보면, 갈등을 통하여 인간의 본질을 설명하는 것처럼 보인다. 이 점에 주목하면서 다산의 성선론을 분석하면, 다산은 성선을 갈등적 삶의 과정에서 실현해 나가야 할 '실천적 명제'로 이해하려 했다는 것을 알 수 있다. 그 점에서 낙선오악(樂善惡惡)의 성은 당위성이 아니라, 도덕 실천의 '당위적 경향성'이며, 선 실천의 원천이라고 할 수 있다. 다산은, 성선은 인간의 행위를 결정하는 자기 본성이 아니라 삶에서 구현되어야 할 경향성으로 본다.

> 만일 이러한 본성을 지니지 않았다면, 우리 인간은 예로부터 하찮고 조그만 선일지라도 그것조차 실행한 사람이 한 사람도 없었을 것이다. 그러므

---

37 『여전2』, 권2, 「심경밀험」: 人心惟危者, 吾之所謂權衡也, 心之權衡, 可善可惡, 天下之危殆不安, 未有甚於是者.

38 『여전2』, 권6, 「맹자요의」: 人恒有二志, 相反而一時並發者, 此乃人鬼之關, 善惡之幾, 人心道心之交戰, 義勝欲勝之判決, 人能於是乎猛省而力克之則近道矣.

> 로 '솔성(率性)'이라고 말하고 그러므로 '존덕성(尊德性)'이라고 말하는 것이다. 성인(聖人)이 성을 귀중한 보배로 여겨 감히 이를 잃지 않으려고 한 것도 이 때문이다.[39]

성인이 성을 귀하게 생각한 것은 이 성으로부터 실제적인 선의 실천이 가능하기 때문이다. 인간의 성은 그 자체로 완결적인 것이 아니라, 역동적인 삶의 현장에서 갈등하면서 그 가치를 구현해 나가는 것이다. 인간에게는 선한 성이 있어 어떤 경우에도 선을 할 수밖에 없다는 것이 아니라, 선을 따르고 실천하려고 노력하는 마음이 있다는 것이다. 이 점에서 다산은 그의 성선론을 현실적 문제 해결의 담론으로 간주하고, 주자학적 성론은 관념적 담론에 불과하다고 치부한다.

> 지금 사람들은 '성(性)' 자(字)를 하늘같이 큰 물건으로 추존하여 받들며 음양오행설과 혼합하고, 본연기질의 논의로 뒤섞어, 아득하고 멀어지게 하며, 황홀해하고 뽐내며, 스스로 털을 가르고 실낱을 찾는 치밀함으로 천인(天人)에 대해 밝히지 못했던 비밀을 밝힌 듯이 여기고 있으나, 결국에는 일상생활의 인륜(人倫)의 법칙에 아무런 도움이 없으니 무슨 유익함이 있겠는가?[40]

선악(善惡)은 심중에 본체로 자리한 것이 아니라 인간 사이의 관계에서 교유(交遊)하고 접촉(接觸)하는 가운데 발생하는 것이며, 인간 간의 관계적 규범으로서의 인륜(人倫)은 곧 선악의 가치와 관계된 것이다.

---

39 『여전2』, 권2, 「심경밀험」: 若無此性, 吾人從古以來, 無一人能作些微之小善者也, 故曰率性, 故曰尊德性, 聖人以性爲寶, 罔敢墜失者以此.

40 『여전2』, 권2, 「심경밀험」: 今人推尊性字, 奉之爲天樣大物, 混之以太極陰陽之說, 雜之以本然氣質之論, 眇芒幽遠, 恍忽夸誕, 自以爲毫分縷析, 窮天人不發之祕, 而卒之無補於日用常行之則, 亦可益之有矣.

유가들이 가장 중시하는 덕목인 인(仁) 역시 그러하다. 다산은 사람의 삶에서 발생하는 온갖 선한 일이나 악한 일들은 모두 사람과 사람이 서로 접촉하는 과정에서 일어나는 것이라는 관점을 취한다. 이에 입각해서 다산은 인(仁)을 규정하여, '사람과 사람이 서로 접촉하면서 각기 본분을 다하는 것'이라고 주장한다.[41] 실제로 인의예지(仁義禮智)의 덕이 모두 그러하다는 점에서 덕은 선천적인 것으로 규정되지 않는다. 이 점에서 다산은 선유(先儒)들이 이를 인식하지 못하고 덕의 선천성을 주장함으로써 공부가 쓸모없이 되었다고 지적한다.

> 선배(先輩)들이 심학을 강학하던 초기에 많은 이들이 마음의 병을 얻었다고 하는데, 이는 선배들이 스스로 한 말이다. 행사(行事)가 없이 뜻에서 성(誠)을 구하고 사물이 없이 마음에서 바른 것을 구한다면 그들에게 마음의 병이 발생됨을 이루 말할 수 있겠는가?[42]

많은 유학자들이 갖게 된 마음의 병은 실제적인 도덕적 문제 사태가 아닌 곳에서 성의 선함을 주장하고 마음의 바른 도리를 구하려는 데서 초래된 것이라고 다산은 이해하고 있다. 즉 행사(行事)를 벗어나서 성의(誠意)를 하려 하고, 정심(正心)을 하려 하는 것은 헛된 것 정도가 아니라 오히려 잘못된 병통을 일으키는 것이 된다는 것이다. 이러한 입장에서 다산은 낙선오악(樂善惡惡)의 기호에 따르는 솔성(率性)의 의미를 설명한다. 즉 솔성은 도덕적 사태와 무관한 사색과 선(禪)을 통한

41 『여전2』, 권1, 「대학공의」: 人生斯世, 其萬善萬惡, 皆起於人與人之相接, 人與人之相接而盡其本分, 斯謂之仁.

42 『여전2』, 권1, 「대학공의」: 先輩治心學初年, 多得心疾, 此先輩之所自言也, 求誠於無事之意, 求正於無物之心, 其發心疾, 可勝言哉.

내성(內省)에서 이루어지는 것이 아니며, 철저하게 생활 중심적으로 구현되어야 할 명제라는 것이다.

> 의(義)롭지 않은 음식이 앞에 놓여 있을 때 구복(口腹)의 욕심이 넘치지만 도심이 조용히 이르기를 '먹지 말아야 한다. 이것은 불의(不義)한 음식이다.'라고 하면, 내가 그 이르는 말에 따라서 먹지 않는 것을 솔성이라고 하니, 솔성은 곧 천명을 따르는 것이다.[43]

도심은 항상 선하려고 하고 또한 능히 선을 택하는 것이며, 솔성(率性)은 한결같이 도심이 하고자 하는 바를 따르는 것이다. 즉 솔성은 실제로 직면한 도덕적 문제 사태에서 도심의 판단과 당위적 명령을 좇아 인심의 유혹에 따르지 않고 도덕적 의(義)를 실천하는 것이다. 이 점은 '양성(養性)'도 그러하다. 다산이 이해하는 맹자의 양성 개념은 생활 가운데서 실천하는 집의적선(集義積善)의 노력을 의미하며, 이는 다산 자신의 양성(養性) 개념과 부합한다.

> 맹자의 이른바 '양성(養性)'이란 오늘 착한 일을 한 가지 행하고, 내일 또 한 가지를 행하여 의(義)를 모으고 선을 쌓아 선을 즐거워하고 악을 부끄럽게 여기는 본성을 길러, 호연지기(浩然之氣)를 가득 채워 줄어들지 않게 하는 것이다.[44]

솔성(率性)과 양성(養性)에 대한 다산의 입장에서 볼 수 있듯이, 천부적

43 『여전2』, 권3, 「중용자잠」: 不義之食在前, 口腹之慾溢發, 心告之曰勿食哉, 是不義之食也, 我乃順其所告, 郤之勿食, 玆之謂率性, 率性者, 循天命也.
44 『여전2』, 권6, 「맹자요의」: 孟子之所謂養性者, 今日行一善事, 明日行一善事, 集義積善, 以養其樂善恥惡之性, 使浩然之氣充然不餒也.

인 성을 따르거나 기르는 문제는 모두 실제적인 삶의 차원에서 선을 실천하는 것과 연관되어 있다. 그런데 다산은 인간의 형구적 특성 때문에, 낙선오악(樂善惡惡)의 '성에 따르고[率性]' 그 '성을 길러 나가는[養性]' 것이 결코 쉽지 않다고 본다. 이 점에서 인간은 실제적인 국면에서 선이나 악으로 나아가려는 치열한 갈등적 상황에 놓여 있다고 할 수 있다. 이러한 실존적 상황에서 선을 행하는 것은 중요한 의미를 갖는다.

> 세(勢)란 영지(靈知)의 처지이며 기틀이다. 식욕과 색욕은 안에서 유혹하고 명리(名利)는 밖에서 끌어당긴다. 기질의 사사로움은 편안함을 좋아하고 힘든 것을 싫어한다. 그러므로 그 세가 선을 따르는 것은 높은 곳을 오르는 것과 같고 악을 따르는 것은 흙담이 무너지는 것과 같으니, 이는 하늘이 몰라서 그렇게 하도록 한 것이 아니다. 이와 같이 한 연후에야 선을 하는 것이 귀한 것이 되기 때문이다.[45]

여기서 다산은 갈등을 통하여 인간이 자기 가치를 실현할 수 있다고 함으로써 갈등 극복의 윤리적 의미에 대해서 언급하고 있다. 이는 확고한 선천적 도덕 본체에 의지해서 인간의 도덕적 행위가 결정되어 있다고 보아서는 안 되며, 도덕적 갈등과 문제를 필연적으로 안고 있는 삶의 실제적인 국면에서 이를 극복하고 선을 실천하는 자기 노력이 인간의 선한 본성을 실현하는 진정한 모습이라는 것이다. 이 점에서 다산은 "그 스스로의 주장을 들어서 선을 향하고자 하면 들어주고 악을 따르고자 하면 들어주니, 이것이 공(功)과 죄(罪)가 일어나는 까닭이다."[46]

---

45 『여전3』, 권32, 「매씨서평」: 勢者其地其機也, 食色誘於內, 名利引於外, 又其氣質之私, 好逸而惡勞, 故其勢從善如登, 從惡如崩, 天非不知而使之然也. 爲如是然後, 其爲善者可貴也.

46 『여전2』, 권15, 「논어고금주」: 聽其自主, 欲向善則聽, 欲趨惡則聽, 此功罪之所以起也.

라고 주장한다. 성선이란 선험적으로 규정되는 실체가 아니라 도덕적 문제 사태에서 실천되어야 하는 개념이라고 주장하는 다산의 입장은, 선악의 공과(功過)가 자신에게 말미암는다는 유기적(由己的) 책임의 존재로 인간을 규정한 것이다. 이는 참된 의미에서 인간을 윤리적 존재로 자리매김하는 입장이다. 정인재가 "다산의 성기호설은 조선시대에 한국철학이 낳은 금자탑이라고 할 수 있다. 그것은 주자학적 이기론(理氣論)을 탈피하고 새로운 인성론을 제시하였기 때문이다."[47]라고 언급한 것은 단순히 주자학적 이기론을 탈피한 인성론을 제시했기 때문으로 해석되어서는 안 된다. 진정한 의미에서 인간을 윤리적 존재로 정초한 성론을 제기하였다는 점에서 다산의 인성론을 평가해야 할 것이다. 이 점에서 다산의 심성론 체계는 윤리학적 정밀성을 명확하게 구축하고 있다고 볼 수 있다.

5. 성선론의 윤리적 의미

다산은 이기론(理氣論) 중심의 주자학적 심성론을 헛된 사변으로 치부하거나 오류라고 주장하면서, 심성의 문제에 있어서 주자학과 여러 측면에서 대론(對論)이 되는 논지를 개진하였다. 다산이 선유(先儒)들의 성론을 성찰하면서 그의 성론 정립에 있어서 중핵으로 삼은 것은, 본체가 아닌 기호적(嗜好的)인 관점으로 성을 이해하려 한 것이다. 그러나 다산 역시 인간의 도덕적인 본성을 인정한다는 점에서 주자학적 도덕선천성의 입론과 완전히 결별한 것은 아니다. 다산도 성의 선함을 뚜렷

47 정인재, 「서학과 정다산의 성기호설」, 『茶山學』 제7호, 다산학술문화재단, 2005, 113쪽.

하게 주장하고 있기에 그의 성론을 '성선론'이라고 규정할 수 있다.

다산은 낙선오악(樂善惡惡)의 성기호가 현실의 인간에게 어떻게 구체적으로 드러나는지를 다양한 예를 들면서 거론하고 있지만, 그의 논의는 엄밀한 정합성을 가진다고 보기는 어렵다. 그러나 다산이 성을 기호로 규정하면서 공을 들여 성선의 경험적 증명을 시도한 동기와 논의의 과정에 중요한 의미가 내포되어 있다고 할 수 있는데, 그것은 성선을 실천윤리적인 맥락에서 규정하려고 했다는 점이다. 다산의 성론은 인간이 어떤 경우에도 선을 할 수밖에 없다는 논리가 아니라, 선을 하려고 지향할 수 있고, 또 그렇게 하면 선을 행할 수 있다는 것을 역설하는 것이다. 다산이 주장하는 성선론은 도덕적 문제 사태에 봉착하게 되는 갈등적인 삶의 국면에서 스스로의 판단과 의지로써 문제를 해결하면서 선을 행할 수 있는 본원의 지향성이라는 실천윤리적 가치에 그 의미가 있다.

다산의 성선론은 도덕적 수양과 실천의 책임이 자신에게 있음을 주장하는 유가(儒家)의 '유기적(由己的)' 인격 형성론에 토대하고 있으면서, 그 이론의 본의에 가장 부합한 맥락에서 인간의 본성을 규정하는 입장이라고 하겠다. 다산의 성선론은 성을 천부적인 실체로 규정하고 이를 증명하려 한 것이 아니라, 그 본성이 인간의 실제적인 행위와 삶의 과정에서 어떻게 구현될 수 있느냐를 초점으로 삼은 것이다. 따라서 다산의 성선론은 삶의 실제적인 도덕 사태에서 선을 실천하여 인간으로서의 가치를 스스로 구현해 나가야 한다는 것을 역설한 실천윤리적 입론이라고 할 수 있다. 이렇게 볼 때, 다산의 성선론은 본성이라는 선험적인 주제를 도덕 실천의 문제와 어떻게 직결시킬 수 있을지를 고민한 사유의 산물이며, 인간을 진정한 의미에서 윤리적인 존재로 자리매김하기 위한 입론이라고 할 수 있다.

제2장

선악(善惡)의 가치적 특성과 위선(爲善)의 문제

제2장

선악(善惡)의 가치적 특성과 위선(爲善)의 문제

인륜의 덕과 도리로서의 선 • 관계적·실천적 가치로서의 선악 • 성선과 위선 • 마음에서의 선악 갈등과 위선 • 선악론의 윤리적 의미

다산은 인간의 성(性)·심(心)·신(身) 등의 문제를 해명함에 있어서 선악의 가치를 중심으로 한 윤리 문제를 핵심적인 초점으로 삼고 있다. 그는 인간의 본성 문제에서는 '낙선오악(樂善惡惡)'이라는 성선(性善)의 입장을 취하고, 몸[身]의 특성을 가치적인 측면에서 언급할 때는 악의 경향성이 강조된 '난선이악(難善易惡)'으로 설명한다. 그리고 선악을 할 수 있는 마음의 자율적 능력을 인정하면서 '가선가악(可善可惡)'이라고 규정하고 있다. 이렇게 볼 때 다산의 인간론에서 다루어지는 핵심적 3요소인 성(性)·심(心)·신(身)을 관통하는 구도의 핵심은 '선악(善惡)' 개념이라고 할 수 있다. 즉 다산은 선악의 문제를 중심으로 성(性)·심(心)·신(身)의 특성을 해명하고, 이를 통해서 인간의 특성을 윤리적으로 구명하려 한 것이다. 그러므로 다산에게 선악의 문제는 인간의 본질과 윤리 문제를 논의하는 핵심이라고 할 것이다.

또한 다산은 윤리적 행위 문제, 인성(人性)과 물성(物性)의 차이 문제, 그리고 주자학과 불교에 대한 비판의 문제에서 선악을 중심으로 그

의 사유특성을 드러내고 있다. 이는 실사(實事)에서 인간의 가치와 삶의 의미를 찾으려고 하는 그의 사유 근저에 윤리적 문제의식이 본질적으로 자리하고 있다는 것을 반영한다. 따라서 다산의 선악론의 특성과 선(善)의 실천 문제를 탐색하는 것은 그의 윤리사상의 본질을 해명하는 중요한 작업이 될 것이다. 본 장에서는 다산이 선악에 대한 개념과 인성에서의 선 실천 문제를 어떻게 해명하고 있는지를 분석할 것이다. 그리고 악의 근원과 발단 문제를 어떻게 이해하고 있으며, 마음에서의 선악 갈등성과 위선(爲善)의 문제를 어떻게 논하고 있는지를 탐색하고자 한다.

1. 인륜(人倫)의 덕과 도리로서의 선

다산은 공자와 맹자의 본원유학을 중시하면서 이에 입각하여 주자학의 사유를 비판하는 입장을 취한다. 도덕적 가치 문제에 있어서 공자는 선과 악을 이원론적(二元論的)으로 본다고 할 수 있는데, 김철호는 이에 대해 다음과 같이 말한다.

> 『맹자』에 인용된 공자의 '도(道)는 두 가지이니 인(仁)과 불인(不仁)일 따름이다.'라는 말은 선악이라는 용어는 사용하지 않았지만, 유학에서 도덕적 가치를 서로 양립하는 관계로 파악하는 시원적 언표가 될 것이다. 유학은 이 세상을 하나의 도가 관통하고 있다고 보는데, 공자의 말에서처럼 '도는 두 가지'라고 말할 때는 바로 거악전선(去惡全善)의 당위의식에서 나온 것으로 보아야 한다.[1]

1 김철호, 「朱子의 善惡論 연구」, 한국학중앙연구원 한국학대학원 박사학위논문, 2005. 12., 26쪽.

공자와 맹자의 유학에서 인(仁)과 불인(不仁)이라는 양 가치는 포섭을 전제로 한 것이 아니라, 가치의 상이성(相異性)을 전제로 한 대립적 관계에서 구축된 것이다. 이러한 가치 관계를 구축한 공자는 악을 물리치고 온전한 선의 실천을 지향한다. 성선(性善)의 문제를 명료하게 제시한 맹자 역시 선악의 가치 문제에서 공자의 입장과 맥락을 같이한다. 맹자는 '악은 악, 선은 선'이라는 입장에서 선악의 개념적 교집합(交集合)을 허용하지 않고, 선악 각각의 고유한 가치적 특성을 전제로 한 성선론(性善論)을 견지하는 것이다.

공자와 맹자의 사상을 포용하고 있는 다산 역시 선과 악을 이원론적으로 보는 관점을 취한다. 이 이원론은 가치 수렴적·보완적 관계가 아니라, 가치 대립적·적대적 관계를 속성으로 한다. 즉 선과 악은 필연적으로 이질적이며 갈등적이라는 것인데, 이러한 다산의 선악 이원론의 관점은 다음에서 드러난다.

> 천지 사이에는 원래 선(善)과 악(惡) 두 종류가 있는데, 악으로 돌아가지 않으면 반드시 선으로 돌아간다. 기질은 혼탁하지만 효제(孝悌)를 독실하게 하는 자가 장차 악으로 돌아가겠는가? 아니면 선으로 돌아가겠는가?[2]

세상에는 본래 선과 악의 가치가 양립한다는 것이 다산의 입장인데, 이는 삶을 통해서 선의 가치가 이루어지거나 악의 가치가 실현된다는 의미이다. '악으로 돌아가지 않으면 반드시 선으로 돌아간다.'는 표현에는 삶의 과정에서 선과 악으로 귀결하기 위한 실천적 노력이 치열하게 전개된다는 의미가 함축되어 있다. 선과 악을 대립적인 관점에서 바

2 『여전2』, 권2, 「맹자요의」: 天地間原有善惡二類, 不歸於惡則必歸於善, 彼氣質渾濁而敦行孝弟者, 將歸於惡乎, 抑歸於善乎.

라보는 다산의 입론은 그의 심성론과 윤리론 문제에서 천명(天命)과 인욕(人慾), 인심(人心)과 도심(道心) 간의 교전(交戰)을 명확하게 설정하는 것으로 전개된다.

다산은 인간 심성에서의 선악의 특성과 악의 발단 문제를 비교적 명료하게 논하고 있지만, 선악의 개념 자체에 대해서는 매우 간략하게 언급하고 있다. 그중에서 다산이 비교적 명시적으로 설명하고 있는 것은 지선(至善) 개념이다. 지선(至善)은 '최고선(最高善)'이라고 할 수 있는데, 다산은 지선을 다음과 같이 규정하고 있다.

> 지선이란 어떤 것인가? 경(經)에 정문(正文)이 있는데, 인경효자(仁敬孝慈)라는 것이 모두 지선이다. 비록 그 차례에 다소 착오가 있다 하더라도 대개 지선이란 인륜(人倫)의 성덕(成德)이라는 것이 명확한데 다른 해석이 있을 수 있겠는가?[3]

지선은 인경효자(仁敬孝慈), 즉 어질고 공경하며 효도하고 사랑하는 것인데, 이는 인간에게 있어서 모범적인 가치를 갖는 완성된 덕을 의미한다. 이러한 지선 개념은 선의 본질적 요소를 설명하는 것이기도 하다. 인경효자(仁敬孝慈)는 인간관계에서의 핵심적 도리로서 곧 지선을 의미한다. 이 점에서 다산은, 선은 인륜(人倫)과 관계되며 또 덕(德)과 관계되는 것이라고 이해하고 있다. 먼저, 선을 인륜(人倫)과 관련시켜 설명하는 다산의 논지를 검토해 본다.

> 윤(倫)이란 서(序)며 류(類)이니, 유별(類別)로 차례하는 것을 윤(倫)이라

3 『여전2』, 권1, 「대학공의」: 至善之爲何物, 經有正文, 曰仁曰敬, 曰孝曰慈, 皆至善也, 雖其所列, 差錯不整, 而大凡至善之爲人倫成德, 於此明矣, 而復有他解乎.

고 한다. 구이(九夷)와 팔만(八蠻)의 오랑캐 족속들은 혹 부자지간(父子之間)에 성씨가 다르기도 하고 혹 부인(婦人)을 대를 이어 지속하기도 하며, 혹 청년을 높이고 노인을 천시하기도 하니 이 같은 행위는 행동윤(行同倫)이라고 말할 수 없다.[4]

윤(倫)이란 인간의 공동체 생활에서 형성된 도덕 규범을 의미한다. 그러므로 윤(倫)은 곧 인륜(人倫)을 말한다. 인륜은 신(神)이나 동물과 연결되는 개념이 아니라는 점에서 선악은 인간의 삶을 통해서 드러나는 가치이며, 공동체 생활에서의 규범을 의미한다. 즉 윤(倫)은 상제(上帝)의 본질적 규범이 아니다. 그리고 도덕적 가치의 의미를 이해하고 이를 지향할 수 있는 본성과 능력이 없는—결여된 것이 아닌—존재인 동물은 다산이 규정하는 윤(倫)의 가치 구조에서 배제되어 있다. 이 점에서 다산은 "세상의 모든 선과 악이 사람과 사람의 관계에서 연유하지 않는 것이 있는가?"[5]라고 하면서 삼강(三綱)·오륜(五倫)이 모두 그러하다고 부언한다.

다음으로, 다산이 '인경효자(仁敬孝慈)'의 덕을 지선이라고 규정하고, 이 사덕을 인륜의 덕으로 간주하는 점을 검토해 본다. 다산은 '인경효자'의 덕을 지선과 동일시하고 있으며, 이들 사덕의 가치를 관통하는 보편적 덕을 실천함으로써 획득되는 가치를 선이라고 규정하였다. 지선의 덕 가운데서 표덕(表德)이 되는 것은 인(仁)이다. '인경효자'의 덕이 지선이라 함은, 인간의 기본적인 도리가 바로 선이라고 보는 입장이다. 즉 인간에게는 마땅한 삶의 도리가 있으며, 그 도리의 실천이 바로 바람직한 가치라는 것이다.

4 『여전2』, 권4, 「중용강의보」: 倫者, 序也類也, 序之以類曰倫也, 九夷八蠻之屬, 或異姓爲父子, 或婦人持世, 或貴壯而賤老, 若是者不得爲行同倫.

5 『여전1』, 권19, 「與李汝弘」: 天地間萬善萬惡, 有不由於人與人之相與者乎.

> 경(經)에 '인자인야(仁者人也)'라 함은, 인(仁)을 덕이라고 이르는 것이 사람과 사람 사이에서 나오는 것을 말하고, 인(仁)이라는 이름은 사람과 사람의 교제에서 이루어진 것이다. 군신(君臣)의 의(義)와 붕우(朋友)의 믿음[信]과 목민(牧民)의 자애(慈愛)는 모두가 사람과 사람 간의 본분(本分)이다.[6]

인의신자(仁義信慈)의 덕은 인간을 인간답게 하는 당위적 도리이고 본분이다. 도리·본분은 인간의 본질적 행위 규범을 의미하는 당위적 개념으로서, 인간관계적인 맥락에서 그 가치가 규정된다. 즉 군신(君臣)·붕우(朋友)·목민(牧民) 등의 관계에서 마땅한 도덕적 행위를 하는 것이 선이며, 그 도리와 덕의 표상이 인(仁)이다. 이 점에서 다산은 "인(仁)이란 사람다운 것이며, 사람 간의 본분을 다하는 것"[7]이라고 말한다. 인간은 선의 구현을 통해서 비로소 온전하게 인간이라는 이름을 이룰 수 있다. 이 점에서 인간의 가장 대표적인 덕인 인(仁)이 곧 선이 된다는 다산의 입장은 선을 초월적 대상에 의거해서 규정하거나 초경험적인 절대관념 중심으로 해석하려는 것이 아니라 인간 중심적인 관점에서 규정하는 것이다.

2. 관계적·실천적 가치로서의 선악

다산은, 선은 심성에 선천적으로 결정되어 있는 가치가 아니라 공동체적 삶의 차원에서 실천하고 구현해야 할 가치라고 본다. 대상이나 상황과 관계없는 초경험적 선악의 가치는 있을 수 없다는 입장에서 다산은 인간의 상호관계를 중심으로 가치의 문제를 논한다.

---

6 『여전2』, 권4, 「중용강의보」: 經云仁者人也者, 謂仁之謂德, 生於人與人之間, 而仁之爲名, 成於人與人之際, 君臣之義, 朋友之信, 牧民之慈, 皆人與人之本分.

7 『여전2』, 권2, 「심경밀험」: 蓋仁者人也, 人與人之盡其分也.

> 사람이 세상에 태어나면, 그의 온갖 선악이 모두 사람과 사람이 서로 접촉하는 사이에서 일어난다. 사람과 사람이 서로 접촉하면서 각기 본분을 다하는 것을 인(仁)이라고 한다. 인(仁)은 이인(二人)이다.[8]

관계 중심적으로 선악의 가치를 규정하는 것은 선악을 삶의 과정적 개념으로 이해하는 것이다. 선악은 선천적 본체로 품부받은 절대성의 개념이 아니며, 이 점에서 인(仁) 역시 사람들[二人] 간의 관계성 속에서 이루어지는 선한 덕을 의미한다. 그러므로 선악은 사람들 간의 다양한 관계와 맥락 속에서 대면하고 접촉하는 중에 이루어지는 것이다. 이에 다산은 "사람이 악을 행하는 것은 항상 사람과 접하는 곳에 있다. 자기 혼자만 있는 곳에서 행하는 것은 누워 있다거나 음란하고 더러운 바[淫褻]의 허물이 있을 뿐이다."[9]라고 말한다. '암실에서 행한다.'는 것은 홀로 있는 가운데서 하게 되는 단독적 행위를 말하는데, 홀로 있으면서 저지르는 것은 그것이 아무리 나쁘다 하더라도 '음란하고 더러운[淫褻]' 것일 뿐이므로 자기 허물은 될지언정 타인에게 심각한 악영향을 미칠 수는 없다는 것이다. 진정한 의미에서 선악의 도덕적 맥락을 논하고 판별하기 위해서는 타인과의 관계에서 발생하는 도덕적 문제 사태가 전제되어야 한다는 것이 다산의 입장이다.

선이 관계적 맥락의 가치임을 설명하는 또 다른 예는 「맹자요의(孟子要義)」에서도 읽을 수 있다.

> 군자의 학문은 두 가지를 벗어나지 않는다. 첫째는 수기(修己)이고, 둘째

---

8 『여전2』, 권1, 「대학공의」: 人生斯世, 其萬善萬惡, 皆起於人與人之相接, 人與人之相接而盡其本分, 斯謂之仁, 仁者二人也.

9 『여전2』, 권2, 「심경밀험」: 人之行惡, 每在於與人相接之處, 其或行之於暗室者, 唯有偃臥淫褻之咎而已.

는 치인(治人)이다. 수기는 자신을 선하게 하는 것이고, 치인은 남을 사랑하는 것이다. 자신을 선하게 하는 것은 의(義)가 되고, 남을 사랑하는 것은 인(仁)이 되니, 인(仁)과 의(義)는 상호 작용을 하여 어느 한쪽도 없앨 수 없다.[10]

수기(修己)는 자신을 선하게 하는 것이며, 자신을 선하게 하는 것은 의(義)이다. 의(義)는 도덕적 옳음과 마땅함을 의미하는데, 이러한 도덕적 올바름의 가치에 입각하여 자신의 행위를 규제하고 덕을 실천함으로써 수기의 도리를 다하게 된다. 자신을 선하게 하는 것은 사람들과 접촉 없이 홀로 자신의 마음을 맑게 지켜 나가는 것이 아니라, 사람들과의 관계 속에서 도덕적 합당함을 견지하고 실천하는 것을 의미한다. 또한 다산은 남을 사랑하는 인(仁)의 실천을 치인(治人)으로 이해하고 있는데, 이는 다른 사람들이 어질게 될 수 있도록 도와주고 또 다른 사람들이 겪는 삶의 고충을 적극적으로 해소해 주는 관계적 의미를 강조하는 입장이다. 이러한 다산의 입장은 유가사상의 본령과 부합하지만, 그는 선악을 비롯한 유가적 덕의 본질을 인간관계 중심적 맥락에서 더욱 명료하게 규정하는 것이다.

인간을 관계적 과정에서 자기를 형성해 나가는 '관계적 주체'라고 이해하는 다산의 관점은 선악을 삶의 실천 문제와 직결하는 입장이다. 이러한 맥락에서 다산은 효제충신(孝悌忠信)과 인의예지(仁義禮智)의 덕의 실천이 곧 선이라고 이해한다.

덕은 나의 곧은 마음[直心]을 행하는 것이다. 행하지 않으면 덕이 있을 수

10 『여전2』, 권6, 「맹자요의」: 君子之學, 不出二者, 一曰修己, 二曰治人, 修己者所以善我也, 治人者所以愛人也, 善我爲義, 愛人爲仁, 仁義相用, 不可偏廢.

없다. 효제충신(孝弟忠信)과 인의예지(仁義禮智)를 덕이라고 말하는데, 미처 몸소 행하지 않는다면 이를 어떻게 덕이라 할 수 있는가? 그러나 덕성(德性)이라 함은, 성은 본래 선을 좋아하여 그 감응함에 따라서 발생하는 것이니 곧 선한 마음이다. 이 마음을 확충하여 인의예지(仁義禮智)를 할 수 있다. 그러므로 그 성(性)을 덕성(德性)이라고 하니, 이 성이 받은 바는 본래 상천(上天)의 명(命)이다. 천명(天命)을 받은 자는 그것을 높이지 않을 수 없으며 군명(君命)처럼 받들어 공경하지 않을 수 없다.[11]

덕은 '곧은 마음[直心]을 행하는 것'이라고 규정한 점에서 덕의 실천적 특성이 강조되고 있다. 그런데 인간관계적인 맥락에서 선과 악을 규정하는 다산의 입장에서 '상천(上天)의 명(命)'은 어떠한 의미가 있는가? 다산에게서 상천(上天), 즉 상제(上帝)는 인간에게 선을 부여하고 선을 권면하는 존재인데, 이 상천은 인간의 악과는 연관이 없는가? 다산은 인간의 마음에는 악의 단서가 있다고 보는데, 모든 것을 주재(主宰)하는 자가 상제이므로 인간에게 악의 계기를 부여한 것 역시 상제라고 판단할 수 있다. 그런데 상제는 왜 인간에게 악의 단서를 남겼는가? 이 문제는 논쟁거리가 될 수 있다. 인간의 악과 상제의 관련성 문제는 해석하기에 따라서는 상제의 속성과 다산의 윤리사상 본질에 대한 논란을 야기할 수 있다. 그러나 다산은 상제와 악의 문제에 대해 분명한 입장을 밝히지 않고 있다. 이에 대해서는 인간이 자율적인 능력을 통하여 스스로를 도덕적 존재로 만들어 나갈 수 있도록 악의 단서를 열어 두고 있다는 정도로 해석할 수 있을 것이다. 다산은 인간의 악의 근원과

---

11 『여전2』, 권3, 「중용자잠」: 德者, 行吾之直心也, 不行無德也, 孝弟忠信, 仁義禮智, 斯爲之德, 未及躬行, 安有德乎, 然而謂之德性者, 性本樂善, 隨感而發者, 無非善心, 擴充此心, 可以爲仁義禮智, 故名其性曰德性也, 此性所受, 本上天之命也, 受天命者, 不敢不尊之, 如奉君命者, 不敢不敬之也.

단서에 대한 상제의 관련성 문제로 야기될 수 있는 논란을 피하면서, 선악의 문제를 철저하게 인간의 삶에서의 실천적 가치 문제로 간주한다.

> 인(仁)은 천리(天理)가 아니고 바로 인덕(人德)이다. 공자가 '극기복례위인(克己復禮爲仁)'이라고 한 것은 인욕(人慾)이 극복된 뒤에야 인(仁)이 될 수 있음을 밝힌 것이다. 만약 인욕을 극복하기 전에 먼저 마음에 존재하는 인(仁)이 있어서 인욕과 싸워 이긴다면, 이는 인(仁)을 한 뒤에도 사욕과 서로 싸우는 것과 같다. 그렇다면 인(仁)이란 것은 선악이 정해지기 전의 것이 되니, 어찌 통할 수 있겠는가?[12]

삶의 실천적 도리를 가장 온전히 반영하는 덕인 인(仁)은 인욕의 극복을 통해서 도달될 수 있는 선이다. 즉 인(仁)은 현실적인 삶과 무관하게 마음에 본유(本有)된 것이 아니라고 본다. 이와 같은 맥락에서 다산은 선악이 심성에 선천적으로 갖추어진 본성적인 가치라고 보는 주자학적 관점을 비판한다. 즉 다산은, "주자는 인(仁)을 천지가 만물을 생성하는 마음과 본심(本心)에 갖추어진 온전한 덕으로 보았기 때문에, 위인(爲仁)이라는 두 글자를 해석할 수 없었다. 그래서 이를 해석하여 인(仁)에 뜻을 둔다고 했는데, 인(仁)에 뜻을 두는 것이 어찌 위인(爲仁)인가?"[13]라며 문제를 제기한다. 주자학의 입장과 같이, 선천적으로 결정된 선이 인간 마음 가운데 완결적으로 구비되어 있다면 더 이상 덕의 실천을 통해 인격을 형성할 필요가 없다는 뜻이다. 위인(爲仁)을 '마음

12 『여전2』, 권6, 「맹자요의」: 仁非天理, 乃是人德, 孔子曰克己復禮爲仁, 明人慾既克, 然後乃爲仁, 若於未克之前, 先有在心之仁, 與人慾而相勝, 則是旣仁之後, 猶與私慾相戰, 仁之爲物, 仍是善惡未定之品, 豈可通乎.

13 『여전2』, 권5, 「맹자요의」: 朱子以仁爲天地生物之心, 本心全體之德, 則爲仁二字不可解, 故解之曰志於仁, 志於仁, 豈爲仁乎.

의 덕을 온전히 하는 것'으로 해석하는 주자의 논지는 실제적 삶의 과정에서의 관계성을 무시한 것이므로 인(仁)을 관념적인 개념으로 간주하는 것이라고 다산은 비판하는 것이다.[14] 다산의 관계적·실천적 선악관은 상황과 실존 그리고 관계의 가치를 중심으로 선악에 접근하려 한 윤리적 입장이다.

다산은 선악을 정(情)의 문제를 중심으로 설명하기도 하는데, 이를 통하여 선악의 실천적 특성을 이해할 수 있다.

> 이 희로애락(喜怒哀樂)이 발한 뒤에는 절도에 맞는 것도 있고, 절도에 맞지 않는 것도 있다. 절도에 맞는 것은 선으로 돌아가고, 절도에 맞지 않는 것은 악으로 돌아간다. 아직 발하지 않았을 때에는 진실로 선이라고 말할 수 없다.[15]

감정이 발하여 절도에 맞는 것을 선이라 하고 절도에 맞지 않는 과(過)·불급(不及)을 악이라고 한다는 점에서, 다산은 선악을 정의 발출이라는 이발(已發)의 맥락에서 규정하고 있다. 희로애락(喜怒哀樂)이 미발(未發)한 때에는 선이라고 지칭할 수 없다는 것은, 대상이나 상황과 관계하지 않는 정은 선악의 문제로 간주할 수 없다는 입장이다. 과(過)·불급(不及) 그리고 편(偏)·의(倚)라는 부중절(不中節)은 본성의 문제가 아니라 외물(外物)에 대한 감응 이후의 문제이므로 사태의 실제적인 전개와 관련이 있다.[16] 즉 중절(中節)·부중절(不中節)은 실천에 따라 나타난 현상으로서 각각 실천적·관계적 맥락에서 선과 악으로 규정되는 것이다. 이러한 관계와 실천을 준거로 하면서 다산은 중(中)을 선이라고

---

14 황준걸 저, 최영진 외 역, 『동아시아 유교경전 해석학』, 문사철, 2009, 241쪽 참조.

15 『여전2』, 권6, 「맹자요의」: 此喜怒哀樂旣發, 有中節有不中節, 旣中節者歸於善, 旣不中節者歸於惡, 方其未發也, 固不可謂之善矣.

16 곽신환, 「惡에 대한 유가철학적 이해」, 『惡이란 무엇인가』, 창, 1992, 169쪽 참조.

규정한다. 즉 다산은 “중(中)은 지선(至善)이며 용(庸)은 언제나 오래 하는 것이다. 지선(至善)으로 오래 하는 것이 중용(中庸)이다.”[17]라고 말한다. 이러한 다산의 주장은 이발(已發)의 중절(中節)을 강조하는 것이며,[18] 선의 실천적인 가치 특성을 드러내는 입장이다.

3. 성선(性善)과 위선(爲善)

다산의 심성론은 선의 실천에 관한 입론이라고 할 수 있을 정도로 위선(爲善)의 문제가 중요하다. 다산의 심성론에서 선악 문제는 삶에서의 실천적 문제를 중심으로 구조화되어 있으며, 이 구조적 양상에는 선악의 대립적 국면이 부각되어 있다. 다산은 성(性), 권형(權衡), 형구(形具)를 선악의 문제 중심으로 다음과 같이 묘사하고 있다.

> 천(天)은 이미 인간에게 '선을 할 수도 있고 악을 할 수도 있는[可善可惡]' 권형(權衡)을 부여했지만, 또한 한편으로는 '선을 행하기는 어렵고 악을 행하기는 쉬운[難善易惡]' 형구(形具)를 부여했고, 다른 한편으로는 '선을 좋아하고 악을 부끄럽게 여기는[樂善恥惡]' 성을 부여했다. 만일 이 본성이 없었다면 우리 인간은 예로부터 하찮고 조그만 선일지라도 그것조차 실행한 사람이 한 사람도 없었을 것이다. 그러므로 솔성(率性)이라고 말

17 『여전2』, 권2, 「심경밀험」: 中者, 至善也, 庸者, 能久也, 至善而能久則中庸也.

18 물론 다산은 天命의 性을 중심으로 中의 가치적 의미를 강조하기도 한다. 예를 들면 '允執其中'에 대해 풀이하면서, “中이란 天命의 性이다. 人性이란 지극히 선하여 이 성을 지키면 천하가 모두 仁으로 돌아온다.”고 언급한다. 이는 中을 未發의 성으로 보아 그 선함을 인정하는 입장이다. 未發의 성을 선하게 보는 다산의 논지는 嗜好로서의 性善의 의미 이상을 언급한 것은 아니다. 다산은 삶의 과정에서 인간과 관계하면서 결단하고 실천하는 已發의 과정을 통한 선을 강조한다.

하고, 존덕성(尊德性)이라고 말하는 것이다. 성인(聖人)이 성을 보배로 여겨 감히 이를 잃지 않으려 한 것도 이 때문이다.[19]

다산이 성, 권형, 형구를 낙선오악(樂善惡惡), 가선가악(可善可惡), 난선이악(難善易惡)으로 각각 규정한 초점은 성선(性善)이라는 성의 본래적 가치 구현의 문제이다. 성, 권형, 형구를 선악의 가치 중심으로 규정한 논지에는 두 가지 측면의 대립과 갈등 요소가 함축되어 있다. 그것은 선과 악의 갈등, 그리고 성과 몸(형구)의 갈등이다. 다산은 선과 악을 친화하거나 화해할 수 있는 개념으로 보는 것이 아니라 대립적 개념으로 보고 있기에, 악을 허용해서는 안 되며 반드시 선을 실천해야 한다는 위선(爲善)의 문제를 당위적 명제로 삼고 있다.

다산은 성이 낙선오악(樂善惡惡)의 기호이기에 솔성(率性)은 곧 위선(爲善)의 문제와 직결된다고 본다. 그러므로 "솔성(率性)하여 행하면 효제충신(孝弟忠信)을 할 수 있다. 이것이 덕성이 아닌가? 이는 천명(天命)에 근본하고 있으니 마땅히 높여야 할 것이 아닌가?"[20]라고 주장한다. 솔성(率性)의 제1명제는 위선(爲善)이라는 것이다. 효제충신(孝悌忠信)과 같은 인(仁)의 덕, 즉 선의 실천을 위한 솔성(率性)의 도는 마음의 자율적 경과를 통해서 지향해야 할 마땅한 도이며, 솔성(率性)은 마음의 선한 기호가 가장 적절하게 발현된 것이다.

솔성(率性)하는 것을 도(道)라고 한다. 그러므로 성이 발한 것을 도심(道

19 『여전2』, 권2, 「심경밀험」: 天旣予人以可善可惡之權衡, 於是就其下面, 又予之以難善易惡之具, 就其上面, 又予之以樂善恥惡之性, 若無此性, 吾人從古以來, 無一人能作些微之小善者也, 故曰率性, 故曰尊德性, 聖人以性爲寶, 罔敢墮失者以此.

20 『여전2』, 권4, 「중용강의보」: 率性而行, 可以爲孝弟忠信, 豈非德性乎, 本之以天命, 豈非當尊者乎.

心)이라고 한다. 도심이란 항상 선하려고 하며 또한 능히 선을 택하기도 한다. 한결같이 도심이 하고자 하는 대로 따르는 것을 솔성이라고 하니, 솔성이란 천명을 따르는 것이다.[21]

성선(性善)에 따름으로써 선을 실천할 수 있다는 다산의 입장은, 맹자의 성선 개념을 삶에서 실현해야 할 당위적 지향성으로 이해하는 것이다. 이는 곧 다산은 맹자의 성론을 선 결정론적으로 해석하기를 거부하면서 성기호의 관점을 취하는 것이다. 다시 말하면 선의 경향성을 자기 삶에서 실천하고 실현해야 한다는 것이 다산의 논지이다.

인간의 성이 선하다는 것은 인간만이 선을 인식하고 도덕적 문제를 각성할 수 있다는 의미이다. 다산은, 동물들은 선악의 문제를 각성하지 못하기에 호랑이와 이리가 다른 동물을 잡아먹는 행위를 악이라고 할 수 없다고 한다. 따라서 다산에게 있어서 진인성(盡人性)과 진물성(盡物性)의 의미는 명확하게 구별된다. 다산은 "진기성(盡其性)은 수기(修己)하여 지선(至善)에 이르는 것이며, 진인성은 치인(治人)하여 지선에 이르는 것이며, 진물성은 상하·초목(草木)·조수(鳥獸)가 모두 무성(茂盛)한 것이다."[22]라고 주장한다. 진기성과 진인성은 인간과 관계되는 것이므로 지선의 문제로 논의되지만, 진물성은 인간 아닌 존재의 성에 대한 것이므로 선과는 무관하다. 이렇게 선을 인간의 특성으로 인정하는 다산의 입장은 성을 3등급으로 규정하는 관점에서도 드러난다. 다산은 초목의 성은 생(生)은 있으나 지각(知覺)은 없고, 금수의 성은 생과 지각만이 있으며, 인간의 성은 생과 지각이 있고 또한

21 『여전2』, 권3, 「중용자잠」: 率性之謂道, 故性之所發, 謂之道心, 道心常欲爲善, 又能擇善, 一聽道心之所欲爲, 玆之謂率性, 率性者, 循天命也.

22 『여전2』, 권3, 「중용자잠」: 盡其性, 修己而至於至善也, 盡人性, 治人而至於至善也, 盡物性, 上下草木鳥獸咸若也.

영명(靈明)하고 선(善)하다고 주장한다. 그리고 성이 이같이 상·중·하 3 등급으로 나뉘어 각각이 분명히 다른 까닭에 각각 그 성을 극진히 하는 방법 또한 아주 다르다고 본다.[23] 그에게 있어서 영명(靈明)하고 선(善)한 인간의 성을 극진히 한다는 것은 다름 아닌 선을 극진하게 실천하는 것을 의미한다.

다산은 인간의 도덕적 선을 인간 아닌 다른 존재가 지닌 가치의 일부로 간주하는 것은 오류라고 본다. 이 점에서 다산은 인간의 본성은 동물의 그것과는 온전히 다르다는 우월론적 입장을 취하고 있다. 이러한 인간 우월론은 주자학의 세계관과 존재관에 자리하고 있는 범도덕주의와는 그 맥을 달리하는 것이다. 이러한 다산의 인간 중심적 도덕론은 새로운 유적(類的) 우월론의 한 양상이라고 할 수 있는데, 이 유형의 입론은 조선의 실학자들 사이에서도 온전히 수긍되지는 않는다. 예컨대 홍대용(洪大容)은 인간이 동물보다 도덕적으로 우월하지 않으며, 동물의 특성 가운데는 지적(知的)으로 인간보다 뛰어난 점도 있다고 주장하기도 한다.[24] 그러나 주자학적 성론을 비판하는 다산의 입론은 단호하다. 다산은, 주자학의 본연의 성론은 만유일리(萬有一理)의 입장에서 인간의 성을 자연의 것으로 귀속시키고 있다고 지적하면서, 인성을 자연적인 속성의 것으로 환원시키는 것은 오류라고 비판한다.

> 음양(陰陽)의 조화와 금목화수토(金木火水土)의 변동은 내 몸이 말미암을 수 있는 바가 아니니, 어찌 우리의 도가 되겠는가? 일음일양(一陰一陽)을 도라고 하는 것은 『역전(易傳)』에 근본한다. 이는 천도(天道)를 말한 것이지 인

---

23 『여전2』, 권4, 「중용강의보」: 性有三品, 草木之性, 有生而無覺, 禽獸之性, 旣生而又覺, 吾人之性, 旣生旣覺, 又靈又善, 上中下三級, 截然不同, 故其所以盡之之方, 亦復顯殊.

24 장승구, 「조선 후기 실학자의 심론」, 『한국철학논집』 제26집, 한국철학사연구회, 2009, 80쪽 참조.

도(人道)는 아니며, 역도(易道)를 말한 것이지 천도는 아니니, 어찌 인간의 솔성지도(率性之道)를 일음일양(一陰一陽)의 도에 귀속시킬 수 있겠는가?[25]

음양과 오행은 모든 존재에 공유되는 기적(氣的) 요소일 뿐이라는 것이 다산의 입장이다. 따라서 유가적 천도인 일음일양(一陰一陽)의 도 역시 자연의 운행 질서에 불과하므로 이를 인성의 도로 이해하는 것은 잘못이라고 본다. 이 점에서 솔성은 오로지 인간의 성만을 따르는 것이다. 본연의 이(理)를 인성이라고 규정하는 주자학의 입론은 인성에 대한 오류를 함의한 불교적 견해를 무비판적으로 수용한 잘못에 기인한다고 다산은 주장한다.

본연(本然)이라는 말의 뜻을 세상에서는 대부분 잘 모르고 있다. 불서(佛書)에 근거하면 본연이란 무시자재(無始自在)의 뜻이다. 유가(儒家)에서는 사람이 천에서 명을 받았다고 말하지만, 불씨(佛氏)는 '본연의 성이란 받은 것도 없고 처음 나왔다는 것도 없이 천지의 사이에서 자재(自在)하면서 끝없이 윤전(輪轉)하여, 사람은 죽어서 소가 되고 소는 죽어서 개가 되고 개는 죽어서 사람이 되더라도 그 본연의 체(體)만은 형철자재(瀅澈自在)한다.'고 하였으니 이것이 이른바 그들의 본연의 성이다.[26]

다산은 인성의 특징이 선이라는 도덕적 가치에 있기에 동물과는 그 가치의 차이가 있다고 강조한다. 그러므로 불교에서 주장하는 바와 같

---

25 『여전2』, 권6, 「맹자요의」: 夫陰陽造化金木水火土之變動, 非吾身之所得由, 則豈吾道乎, 若云一陰一陽之謂道, 本之易傳則是言天道, 不是人道, 是言易道, 不是天道, 豈可以吾人率性之道, 歸之於一陰一陽乎.

26 『여전2』, 권2, 「심경밀험」: 本然之義, 世多不曉, 據佛書, 本然者, 無始自在之意也, 儒家謂吾人稟命於天, 佛氏謂本然之性, 無所稟命, 無所始生, 自在天地之間, 輪轉不窮, 人死爲牛, 牛死爲犬, 犬死爲人, 而其本然之體, 瀅澈自在, 此所謂本然之性也.

이 인간이 다른 생에서 개가 될 수도 있다는 것은 허황된 논리라고 비판한다. 불교의 본연을 '무시자재(無始自在)'라고 비판한 것은, 인간을 비롯한 만유(萬有)의 근원으로 천(天)을 상정하고 있는 다산의 입장에서는 당연한 것이다.[27]

다산은, 인간의 본연의 성은 결정론적인 것이 아니므로 선을 실천함으로써 인간의 가치를 이루어 나갈 수 있다고 본다. 이에 다산은 "천이 처음 인간에게 생명을 부여하여 태어나게 할 때 이 성을 미리 주어서 악한 일은 하지 않고 선으로 나아가게 했다. 그러므로 사람들은 이 성에 의지하고 이 길로 따라갈 수 있었다."[28]라고 주장한다. 천이 인간에게 부여한 성은 '선으로 나아가게 한 것', 즉 선의 실천의 능력과 의지를 함의한 것이다. 그러므로 예컨대, 걸(桀)과 도척(盜蹠)도 선을 하려고 할 수 있고, 도둑도 선량한 사람을 만나면 스스로 선하지 못한 것을 부끄럽게 여겨서 언젠가는 선을 하려고 할 수 있다는 것이다.[29] 이에 다산은 악하다고 평가받는 사람도 선을 할 수 있다는 선 실천의 가능성을 거론하면서, 도둑도 선을 할 수 있다는 것이 바로 인성이 선하다는 명확한 증거라고 주장한다. 이는 곧 성의 위선적(爲善的) 의미를 강조하는 것이다.

---

27 다산의 이러한 불교 비판론은 철저하게 인간 중심적인 도덕론의 관점에 입각해서 이루어지고 있는데, 그는 불교의 '본연의 체', '본연의 성'을 비판하는 데 주력하므로 業(karma)의 문제에 대해서는 중요하게 논하지 않는다. 이러한 다산의 입장은 불교의 사유를 업·마음 중심이 아니라, 性·體 중심으로 초점화시켜 비판하려는 뜻이 작용한 것으로 해석된다.

28 『여전2』, 권2, 「심경밀험」: 天於賦生之初, 予之以此性, 使之違惡以趨善, 故人得以依靠此物, 以遵此路.

29 『여전2』, 권5, 「맹자요의」: 孟子以堯舜明性善, 我則以桀蹠明性善, 穿窬之盜, 負贓而走, 欣然善也, 明日適其隣, 見廉士之行, 未嘗不油然內怍.

4. 마음에서의 선악 갈등과 위선(爲善)

성선(性善)의 인간이 악을 하게 되는 것은 무엇 때문인가? 다산은 "사람의 선과 악은 기품(氣稟)의 청탁(淸濁)에 관계되지 않는다."[30]라고 강조하면서, 본성이 선한 인간이 악을 행하게 되는 핵심적인 이유가 형기(形氣) 때문이라는 주장을 비판한다. 다산은, 주자학과 불교가 공통적으로 취하는 입장은 형기(몸)를 악의 근원으로 보는 것이라고 규정하고, 이들의 사유는 인간 존재와 악의 근원 문제에 대한 잘못된 이해에 근거하고 있다고 논박한다. 다산은 인간이 선과 악을 행하는 본질적 근거는 마음이라고 주장한다. 이 점에서 다산은, 주자학의 입장과 같이 형기와 마음에 모두 악을 가능케 하는 단서가 있다고 보는 것은 옳지 않다고 비판한다. 즉 다산의 입장은 인간에게 있어서 '마음이 가악(可惡)의 유일한 근본'임을 역설하는 것이다. 다산은 마음을 허령(虛靈)한 대체(大體)라고 지칭하면서도 여기에 악이 유발될 수 있는 소인(素因)이 존재한다고 말한다.

> 지금 사람들은 순수하게 허령한 것은 의리의 성으로 여기고, 형기에 말미암는 것은 기질의 성이라고 여겨서, 온갖 죄악들은 모두 식색(食色)과 안일(安逸)에서 나오는 것이기 때문에 악은 형기로 돌리고, 허령불매(虛靈不昧)한 본체는 다만 모든 아름다움을 갖추고 조금도 악이 없다고 인식하고 있는데, 이는 절대 그렇지 않다. 허령한 것이 악을 하지 못한다면, 저 무형(無形)의 귀신(鬼神)에 어떻게 명신(明神)과 악귀(惡鬼)가 있을 수 있겠는가? 식색과 안일의 욕심이 모두 형기에서 나오지만, 교만하고 높은 체하는 죄는 허령한 쪽에서 나오니, 허령한 것은 악을 행할 수 있는 이치

30 『여전2』, 권6, 「맹자요의」: 人之善惡, 不係氣稟之淸濁.

> 가 없다고 말할 수 없다. 사람들 중에는 도학(道學)이나 문장(文章)을 가지고 스스로 높은 체하는 사람이 있어서 그를 칭찬하면 좋아하고 비난하면 성낸다. 이것이 형기와 무슨 관계가 있는가? '허령한 것은 순선(純善)이므로 악을 할 수 있는 이치가 없다.'는 것은 불씨(佛氏)의 말이다. 오직 성만이 순선(純善)하고 나머지는 그렇지 않다.[31]

만약 인간에게 악을 할 수 있는 단초가 본래 없다면 도대체 어떻게 악을 할 수 있겠는가 하는 점을 다산은 문제 삼고 있다. 허령한 본체인 마음은 어떤 경우에도 선만을 할 수 있는 온전한 선이 아니라, 악으로 나아갈 수 있는 단초가 되기도 한다. 즉 인간에게는 악을 행할 수 있는 심적 바탕이 존재하기에 악이 가능하다는 것이다. 그러므로 다산은 '허령한 것은 순선(純善)이므로 악을 할 수 있는 이치가 없다.'는 불교의 주장은 악에 대한 가능성을 온전히 부정하는 오류라는 것이다. 이에 따라 다산은 마음에는 선이나 악으로 흐를 수 있는 본래적인 경향성이 있으며, 이로 인해 선악의 갈등적 요소가 내재해 있다고 본다.[32]

마음에는 악으로 나아갈 수 있는 기본적인 성향이 존재하기에, 다산은 "측은(惻隱)하게 여기는 마음·수오(羞惡)하는 마음은 선심(善心)이며, 비사(鄙詐)한 마음·거만한 마음은 악심(惡心)이다. 마음의 발용은

---

31 『여전2』, 권5, 「맹자요의」: 今人以純乎虛靈者爲義理之性, 以由乎形氣者爲氣質之性, 千罪萬惡, 皆由於食色安逸, 故凡惡皆歸之於形氣, 而虛靈不昧之體, 認之爲但具衆美, 都無纖惡, 殊不然也, 虛靈之物, 不能爲惡, 則彼無形之鬼神, 又何以有明神惡鬼哉, 食色安逸之欲, 皆由形氣, 而凡驕傲自尊之罪, 是從虛靈邊出來, 不可曰虛靈之體, 無可惡之理也, 人有以道學文章自尊者, 譽之則喜, 毁之則怒, 是於形氣有甚關係, 凡以虛靈之體, 謂純善無可惡之理者, 佛氏之論也, 惟性純善, 餘不然也.

32 이 점에서 다산은 또한 本然之性의 純善을 주장하는 佛家의 '如來藏性 淸淨本然'을 거론하면서, 인간의 靈體인 마음에 악의 단서가 있다고 주장한다.(『여전2』, 권2, 「심경밀험」: 佛氏謂如來藏性, 淸淨本然, 謂本然之性, 純善無惡, 無纖毫塵滓, 瀅澈光明, 特以血氣新薰之故, 陷於罪惡, 有宋諸先生皆從此說, 然吾人靈體, 若論其嗜好, 則樂善而恥惡, 若論其權衡, 則可善可惡, 危而不安, 惡得云純善而無惡乎.)

선하기도 하고 악하기도 하니 성과 같지 않다."[33]라고 한다. 따라서 마음을 살피는 것이 선악의 분기점이 되며, 위선(爲善)의 문제에서 가장 중요한 계기가 된다. 그러므로 다산은 마음을 다스리거나 다스리지 못하는 데 따라 사람과 짐승이 판별된다고 주장한다. 마음이 있다는 것은 도덕적 문제를 각성할 수 있다는 뜻이며, 이 점에서 치심(治心)의 문제는 곧 위선(爲善)과 직결된다.

다산은 마음의 가선가악(可善可惡)의 능력은 선을 인식·판단·실천할 수 있는 능력인 동시에 악을 할 수 있는 능력이라고 주장한다. 즉 다산은 이 마음의 권형이 선과 악 중에서 어느 쪽으로 더 무게중심이 쏠려 있는지를 언급하면서, 마음의 가선가악(可善可惡)의 권능을 악으로 흐를 수 있는 불안한 성향으로 이해한다.

> '인심유위(人心惟危)'는 내가 말하는 권형(權衡)이다. 마음의 권형은 가선가악(可善可惡)인데 천하에 위태롭고 불안한 것이 이보다 더 심한 것은 없으며, '도심유미(道心惟微)'는 내가 말한 성기호이다. '천명지위성(天命之謂性) 솔성지위도(率性之謂道)'는 도심을 말하며, 맹자의 '인지소이이어금수자 기희(人之所以異於禽獸者 幾希)'의 기희(幾希)는 도심의 은미함을 말한 것이다. 성이 선을 좋아하는 것은 비록 천이 부여한 천성에 근본하고 있으나 물욕(物欲)에 가리게 되어 도심의 존재는 아주 미세하니, 이는 오직 군자만이 살필 수 있다.[34]

---

33 『여전2』, 권2, 「심경밀험」: 有惻隱之心, 有羞惡之心, 此善心也, 有鄙詐之心, 有易慢之心, 此惡心也, 心之發用, 可善可惡, 與性不同.

34 『여전2』, 권2, 「심경밀험」: 人心惟危者, 吾之所謂權衡也, 心之權衡, 可善可惡, 天下之危殆不安, 未有甚於是者, 道心惟微者, 吾之所謂性好也, 天命之謂性, 率性之謂道, 斯之謂道心也, 孟子曰人之所以異於禽獸者幾希, 幾希者微也, 性之樂善, 雖根於天賦, 而爲物欲所蔽, 存者極微, 唯君子察之.

도심을 성기호(性嗜好)로 보고, 인심을 마음의 권형(權衡)으로 보는 다산의 입장은 선악에 관한 마음의 양면성을 지적한 것이다. 다산은 도심 즉 성기호를 선에 대한 지향성으로 간주하고, 인심 즉 권형을 악을 할 수도 있는 가능성으로 간주한다. 이 점에서 다산은 인심과 도심의 갈등적 양상을 포착하고 있다. 여기서 주목해야 할 것은 권형에 대해 언급하면서 '천하에 위태롭고 불안한 것이 이보다 더 심한 것은 없다.'고 한 대목이다. 만약 마음에서 선할 수 있는 권형이 지배적이라면 '위태롭고 불안하다'고 표현할 수는 없다. 그렇다면 권형은 곧 악으로 흐를 수 있는 경향성이 크다는 뜻이다. 마음은 선악을 행하는 문제에서 치열한 갈등적 상황에 놓여 있으며, 이는 행사(行事)에서 난선이악(難善易惡)이라는 경향으로 직결된다. 다산이 주장하는 마음의 가선가악(可善可惡)의 권형은 도덕적 자율성에 대한 초점과, 악으로 흐를 수 있는 가능성을 강조하는 초점을 포괄하는 것이다. 그러므로 악으로 흐를 수 있는 위태롭고 위험한 마음에는 치열하게 선을 하고자 하는 자율적 의지가 작용하게 된다.

이러한 맥락에서 다산은 인심과 도심의 관계를 갈등적이라고 규정하는데, 이는 곧 선과 악의 결단과 행함에 있어서의 갈등성을 의미한다.

> 사람에게는 항상 두 개의 상반된 뜻[志]이 있어 일시에 같이 발하게 되니, 이것이 곧 인간과 귀신의 관계이며, 선(善)과 악(惡)의 기미(幾微)이다. 인심과 도심이 교전(交戰)하여 의(義)가 이기느냐 욕(欲)이 이기느냐 하는 판결에서, 사람이 이에 엄정하게 성찰하여 힘써 이기면 도에 가깝게 된다. 하지 말아야 하는 것과 하고자 하지 말아야 하는 것이 도심에서 발하게 되면 이것이 바로 천리(天理)이고, 하지 말아야 할 것을 하고, 하고자 하지 말아야 할 것을 하고자 하는 것이 인심에서 발하게 되면 이것이 사욕이다. 하지 말

아야 할 것을 하지 않고, 하고자 하지 말아야 할 것을 하지 않아서 인심을 잘 제어하고 도심을 따르게 되면, 이것이 이른바 극기복례(克己復禮)이다.[35]

선과 악을 갈등적인 가치 개념으로 보면서 이원론적인 대론(對論)으로 설정하고 있는 다산의 입장에서는 인심과 도심의 선악 발출 문제를 뚜렷이 부각시킬 수밖에 없다. 다산이 인심과 도심의 갈등을 표명하는 점은 유학의 기본적인 맥락과 닿아 있다. 그는 인심과 도심의 갈등을 전투적인 상황으로 규정함으로써 선과 악의 발출 문제에 대한 마음의 치열함을 강조하고 있다. 마음의 갈등과 다툼은 선과 악이 분기(分岐)되는 계기가 된다. 다산은 "도심은 항상 대체를 기르고자 하지만, 인심은 항상 소체를 기르고자 한다. 천명을 즐거워하고 알면 도심을 배양하게 되고, 극기복례(克己復禮)하면 인심을 제재할 수 있으니, 여기에서 선과 악이 판가름 난다."[36]라고 주장한다. 인심을 경계하고 도심을 배양하는 것이 선의 분기이므로 다산은 특히 '도심의 보존'을 강조한다. 도심을 보존하는 것은 선에 대해 각성하고, 선을 실천하기 위해 인의(仁義)의 마음을 일관되게 견지하며, 상제(上帝)의 경고에 응대하는 것이다.

다산은 위선(爲善)의 다른 방법으로 선악에 대해 사려(思慮)하고 성찰(省察)하는 이성적(理性的) 과정을 강조한다.

따르기도 하고 어기기도 하는 것은 심관(心官)이 능히 생각[思]하기 때

---

35 『여전2』, 권6, 「맹자요의」: 人恒有二志, 相反而一時竝發者, 此乃人鬼之關, 善惡之幾, 人心道心之交戰, 義勝欲勝之判決, 人能於是乎猛省而力克之則近道矣, 所不爲所不欲, 是發於道心, 是天理也, 爲之欲之, 是發於人心, 是私欲也, 無爲無欲, 是克制人心, 而聽命於道心, 是所謂克己而復禮也.

36 『여전2』, 권6, 「맹자요의」: 道心常欲養大, 而人心常欲養小, 樂天知命則培養道心矣, 克己復禮則制伏人心矣, 此善惡之判也.

문이다. 한결같이 생각하면 반드시 소체를 따르고 대체를 어기거나 소체를 기르고 대체를 해치게 할 수는 없으며, 생각하지 않으면 반드시 그 마음을 사욕에 빠지게 하여 따르고 어기는 것의 바름을 잃게 되니, 마음이 능히 생각할 수 있는 것이 어찌 다행한 일이 아니겠는가?[37]

마음이 '능히 생각할 수 있는 것[思]'은 도덕적 사려(思慮)와 성찰(省察)이라는, 선악에 대한 인식·분별·판단을 의미한다. '사(思)'는 도덕적 문제 사태를 인식하고, 합당하게 행위하도록 하는 도덕적 사유와 성찰을 의미한다. 이는 선악의 판단과 실천을 감정의 윤리로서가 아니라 이성을 통한 성찰적 사유의 문제로 보는 것이다. 삶의 다양한 국면에서 선악의 문제를 실제적으로 사려하고 성찰하는 것은 신독(愼獨)에 대한 다산의 구체적인 견해로 연결된다. 다산은 신독을 자기만이 홀로 있으면서 마음을 맑게 하는 것으로 이해하지 않는다. 신독은 선에 대한 극진한 자기 성찰이며, 타인과의 관계에서 도덕적 양심을 성실하게 밝혀 나가고 견지해 나가는 것이다.

원래 신독(愼獨)이란 자기만 혼자 아는 일을 삼가기를 극진히 한다는 것이지, 혼자 거처하는 곳에서 삼가기를 극진히 한다는 것이 아니다. 사람이 방에서 항상 고요히 앉아 자신이 한 일을 묵묵히 생각해 보면 양심(良心)이 나타난다.[38]

신독은 타인과의 관계에서 자신의 마음에서 내밀하게 이루어지는 도

---

37 『여전2』, 권6, 「맹자요의」: 其能或從而或違者, 以心官之能思也, 苟一思之, 必不可從小而違大, 養小而害大, 苟不思之, 必至陷溺其心而失其從違之正, 心之能思, 豈非幸歟.
38 『여전2』, 권2, 「심경밀험」: 原來愼獨云者, 謂致愼乎己所獨知之事, 非謂致愼乎己所獨處之地也, 人每靜坐其室, 默念自己所爲, 油然良心發見.

덕적 자기 성찰을 의미한다. 그러므로 신독을 통해서 도덕적 사유와 선악 각성 능력을 함양할 수 있다. 신독은 상제(上帝)가 인간에게 명령하고 경고하는 것을 느끼고 깨달을 수 있는 도심을 효과적으로 보존할 수 있는 길이다. 마음에서 악이 일어나는 것을 경계함은 곧 소사상제(昭事上帝)하는 길이기도 하며, 인간관계에서의 도리를 다하는 덕의 길로 통한다. 다산은 말한다.

> 가령 한순간에 갑자기 사람을 상하게 하고 사물을 해치려고 하는 뜻이 싹튼다면, 한편에서 온화한 말로 저지하기를 '잘못은 모두 너로부터 말미암은 것인데, 어찌 그 사람을 원망하겠는가? 만일 네가 풀어 버린다면 너의 덕이 아니겠는가?'라고 한다. 정녕 귀를 잘 살펴 듣는다면 희미한 바가 없다. 모름지기 이 말이 곧 밝은 천명임을 알아서 이를 따라 순종하면 선이 되고 상서로운 것이 되나, 게을리하여 어기면 악이 되고 재앙이 된다. 군자의 계신공구(戒愼恐懼)는 오직 여기에 있다.[39]

도심에 전해 오는 천명(天命)의 소리는 구체적 행위에 대한 반성과 성찰의 계기로 작용하지만, 인간의 윤리적 행위를 강제하는 것은 아니다. '잘못은 모두 너 때문'이라는 것은 행위의 도덕적 책임성을 자기에게 온전히 귀속시키는 유기적(由己的) 윤리의식을 일관되게 견지하는 것이다. 그는 위선(爲善)의 문제는 전적으로 인간의 자기 책임이라고 간주한다. 다산은 "사람이 선악을 하는 것은 모두 스스로가 하는 것이며, 스스로

39 『여전2』, 권3, 「중용자잠」: 假如一刻, 驀有傷人害物之志, 萌動出來時, 覺得一邊有溫言以止之者, 曰咎皆由汝, 何可怨彼, 汝若釋然, 豈非汝德, 丁寧諦聽, 無所熹微, 須知此言, 乃是赫赫之天命, 循而順之則爲善爲祥, 慢而違之則爲惡爲殃, 君子之戒愼恐懼, 亶在此也.

가 주장하는 것이다."[40]라는 입장을 취한다. 이 점에서 상제는 마음의 가선가악(可善可惡)을 지배하는 강한 위압을 행사하는 것이 아니라, 악으로 흐를 수 있는 위태롭고 불안한 마음의 경과를 인간 스스로 성찰케 하고, 각성하도록 함으로써 선의 실천을 돕는 것이다.

5. 선악론의 윤리적 의미

다산은 인간의 존재적 본질과 윤리적 실천의 문제를 논함에 있어서 선과 악의 가치를 핵심적인 논점으로 삼고 있다. 그는 선악을 상보적(相補的)이거나 포섭될 수 있는 가치가 아니라, 대립적이고 갈등적인 가치로 규정한다. 또한 다산은 선악을 선천적으로 결정된 방식으로 인간의 심성에 부여된 것이 아니라, 관계적 삶에서 실천적으로 구현되어야 할 과정적 가치로 이해하고 있다. 그러므로 그는 선을 인간이 삶에서 구현해야 할 마땅한 도리와 덕이라고 정의한다.

다산은 선악을 인간의 삶의 도리와 인륜의 차원에서만 규정될 수 있는 가치라고 간주하므로 오직 인간만이 선악의 가치를 인식하고 실천할 수 있다는 입장을 취한다. 이는 만유일리(萬有一理)의 관점에서 금수(禽獸)의 성에 선이 있음을 긍정할 수 있다는 주자학의 주장을 전면적으로 부정하는 입장이며, 또한 본연(本然)이 윤전(輪轉)하여 사람이 죽어서 소나 개가 되기도 한다는 불교의 무시자재(無始自在)의 윤회사상을 비판하는 입장이라고 다산은 주장한다.

다산은 또 주자학이나 불교가 형기(形氣)를 악의 근원으로 단정하는

---

40 『여전2』, 권2, 「맹자요의」: 人之於善惡, 能皆自作, 以其能自主張也.

것은 오류라고 비판한다. 사람이 악을 하게 되는 것은 형기에서 비롯되는 것이 아니라 마음에 근거한다고 다산은 강조한다. 물론 다산 역시 형기에 악으로 치우칠 수 있는 성향이 있음을 부정하지는 않지만, 마음을 악의 발단과 직결시키면서 악을 하게 되는 마음의 경과를 면밀하게 각성하도록 한 것이다. 다산은 성선(性善)의 인간이 악을 하게 되는 근거는 마음에 악을 가능케 하는 소인(素因)이 존재하기 때문이라고 본다. 이 점에서 다산은 마음의 가선가악(可善可惡)의 권능은 한편으로 악으로 흐를 수 있는 불안하고 위태로운 것임을 지적한다. 그러므로 악으로 흐를 수 있는 마음의 불안함과 위태로움을 철저하게 각성하고 경계해야 한다는 것이다.

다산은 마음에서 발동하는 선악의 대립적 갈등에 주목하여 이를 전투적인 양상으로 표현한다. 즉 인심과 도심의 '교전(交戰)' 개념을 통하여 악을 경계하고 위선(爲善)하려는 치열한 가치 실천 문제를 강조한다. 이 교전에서 위선(爲善)을 위해서는 도심을 보존함으로써 상제의 깨우침과 경고에 민감하게 응해야 하고, 선악에 대한 사려(思慮)와 성찰(省察)이라는 반성적인 사유를 해야 한다고 주장한다.

다산의 선악론은 선과 악에 대한 관념적인 사변이 아니라 인간의 윤리적 실천의 삶을 추동하는 의미를 갖는다. 그러나 다산은 선악의 문제를 논함에 있어서, 상제가 인간에게 악을 허용한 이유와 의미에 대해 명료하게 해석하지는 않고 있다. 그리고 다산은, 인간 이외의 모든 존재의 도덕적 본성을 인정하는 주자학적 범도덕주의를 비판하면서, 인간만이 선악의 가치에 대해서 인식·실천할 수 있는 윤리적 존재라고 주장한다. 그러므로 선악의 가치는 인간의 고유한 존재 특성에 기인하는 것임을 부각시키고 있다.

제3장

덕(德)의 실천과 윤리 문제

제3장

덕(德)의 실천과 윤리 문제

덕의 선천성과 실체성 문제 • 덕의 실천 방법으로서 서와 자의 특성
• 덕의 실천과 관계 중심성 • 덕의 실천과 자기 책임성 • 덕의 실천과 윤리적 의미

유학은 덕 윤리를 중심으로 인간의 윤리적 본성과 행위의 문제를 밝히는 것을 핵심으로 삼고 있다. 다산은 인간의 본성과 덕의 문제를 성찰함에 있어서 본성에 실체로서의 덕이 선천적으로 갖추어져 있다고 하는 덕 실체론을 비판한다. 그러나 다산 역시 인간의 도덕 선천성을 온전히 부정하는 입장에 서 있는 것은 아니다. 다산은 도덕 선천성에 대해 부정과 긍정의 양날을 묘하게 쥐고 인간의 심성과 도덕성에 대한 입장을 개진하고 있다.

본 장에서는 다산의 덕 윤리 해명을 목적으로 삼고, 그가 심성에서의 덕을 어떻게 설명하고 있으며, 인격 형성에서 덕이 어떠한 의미가 있다고 주장하는지를 밝히고자 한다. 본 장에서는 또한 다산의 덕론에서 구축되고 있는 마음과 덕의 상관성에 대해 주목하면서, 덕 실천의 문제에서 표명되는 윤리적 특성을 밝힐 것이다. 즉 다산의 덕론에서 덕 실천의 핵심적 방법인 '서(恕)'와 '자(慈)'는 어떠한 특성이 있는지를 논하고, 덕 실천의 의미가 개인의 내적 자기 가치의 완성에 있는지, 아니면

사회적인 맥락성에 있는지를 탐색할 것이다. 그리고 다산의 덕론에서 자신과 타인, 내적인 마음의 기제와 외적인 타자와의 관계 구조가 덕의 실천 문제에서 어떠한 의미를 가지며, 덕 실천에 있어서 윤리적 자기 책임성 문제는 무엇인지를 논할 것이다.

1. 덕의 선천성과 실체성 문제

인의예지의 덕이 인간에게 선천적인 것인가, 아니면 후천적인 것인가 하는 의문에 대한 다산의 입장은 명확하다. 그는 덕이 인간에게 선천적인 온전한 본체로 부여되어 있는 것이 아니라는 입장을 취하면서 덕에 대한 주자의 입장을 비판한다. 다산은 사단(四端)에서의 '단(端)'을 실마리[緖]로 보는 주자의 입장[1]은 인의예지라는 덕을 완결적인 본체, 즉 알맹이[顆粒]로 규정하는 것이라고 이해하면서,[2] 주자학자들을 비판한다.

> 지금의 유학자들은 인의예지가 네 개의 과립과 같이 사람의 뱃속에 오장(五臟)처럼 들어 있어서 사단이 이를 따라 나오는 것이라고 생각하는데, 이것은 잘못이다.[3]

다산은, 주자가 인간의 마음에 인의예지와 같은 사덕이 선천적으로

---

1 朱子는 『孟子集注』, 「公孫丑章句上」에서 "惻隱, 羞惡, 辭讓, 是非는 情이고, 仁義禮智는 性이다. 심은 성정을 통괄하는 것이다. 端은 실마리[緖]이다. 그 정이 발하므로 성의 본연을 볼 수 있으니 이는 어떤 물건이 안에 있는데 그 端緖가 밖으로 드러나는 것과 같다."고 언급하고 있다.

2 『여전2』, 권5, 「맹자요의」 참조.

3 『여전2』, 권7, 「논어고금주」: 今之儒者, 認之爲仁義禮智四顆, 在人腹中, 如五臟然, 而四端皆從此出, 此則誤矣.

부여되어 있으며 그 사덕은 마치 과립처럼 완결적이고 본체적인 특성이 있다고 보는 것은 오류라고 인식한다. 다산은 복숭아씨나 은행나무 씨처럼 사람의 마음에 인(仁)이 본체적으로 갖추어져 있는 것이 아니라는 입장이다.[4] 그는 인의예지의 덕은 일을 행한 후에 이루어지는 실천적 덕이므로 사람을 사랑한 후에야 비로소 인이라고 할 수 있다고 주장한다.[5] 이 점에서 그의 덕론은 과립론과는 다르다. 다산의 입장에서 보면 덕 과립론은 인간 마음의 자유의지가 설 자리가 없는 결정론이 될 수밖에 없다. 다산은 선을 하고자 하면 선을 할 수 있고 악을 하고자 하면 악을 할 수 있는 마음의 자주성(自主性)을 중시한다. 따라서 도덕적 결정론의 입장에서 마음을 규정하는 것은 그에게 용인될 수 없다. 이는 수양과 관련된 다산의 주장에서 명확하게 드러난다.

> 인의예지가 본심의 온전한 덕이라는 것을 안다면 사람의 일은 다만 벽을 향해 앉아서 마음을 관조하고 빛을 휘돌려 비추어서 심체(心體)로 하여금 텅 비고 밝아서 환히 통하게 하여, 인의예지의 알맹이가 희미하게 드러나 나의 함양을 받도록 할 뿐이다.[6]

다산은 인의예지의 덕을 마음의 본체로 이해하는 것은 인격 형성을 위한 수양의 측면에서도 실제적인 의미가 없다고 주장하는 것이다. 인간이란 삶의 역동적인 관계성 가운데서 가치를 구현해 나가는 윤리적 존재라고 그는 이해한다. 완결적인 선천적 덕이 있다고 하는 것은 마음의 윤리적 자주성을 부정하는 논리라는 것이다.

---

4 『여전2』, 권5, 「맹자요의」 참조.

5 『여전2』, 권5, 「맹자요의」 참조.

6 『여전2』, 권5, 「맹자요의」: 仁義禮智, 知以爲本心之全德, 則人之職業, 但當向壁觀心, 回光反照, 使此心體虛明洞澈, 若見有仁義禮智四顆, 依俙髣髴, 受我之涵養而已.

그렇다면 다산의 입장은 '심본무덕설(心本無德說)'로 규정할 수도 있는데, 그는 『대학(大學)』의 '명덕(明德)' 개념에 대해 언급하면서 다음과 같이 말한다.

> 마음에는 본래 덕이 없으며 오직 곧은 성품만이 있다. 나의 곧은 마음을 행할 수 있는 것을 덕이라고 한다. 선을 행한 다음에 덕이라는 명칭이 성립하니, 어떻게 몸에 명덕이 있겠는가?[7]

이는 마음에는 본래 실체적으로 갖추어진 덕은 없고, 다만 실행한 후 결과로 얻어지는 것을 덕이라고 이해하는 입장을 표명한 것으로서, 곧 주자학에서 주장하는 덕의 실체성과 내재성을 부정하는 것이다. 그러나 다산은 인간의 도덕 선천성의 문제를 완전히 부정하지는 않는다. 다산은 인간과 동물의 본성을 비교하면서, "오상의 덕을 물(物)도 사람과 같이 가질 수 있다고 하겠는가?"[8]라고 반문하고, 인의예지신(仁義禮智信)과 같은 덕은 오직 인간만이 가진 것이므로 인물성은 다르다는 입장[人物性異論]을 취한다. 이는 인의예지와 같은 덕이 인간에게 선천적으로 주어진 것이라는 입장이다.

도덕 선천성을 부정하기도 하고 긍정하기도 하는 입장을 취하는 다산의 본의는 인(仁)을 할 수 있는 이치는 본심(本心)에 있다는 데서 찾아볼 수 있다. 이 맥락에서 보면 다산은 인간의 도덕 선천성을 부정하는, 이른바 '백지설(白紙說)'을 취하는 것은 아님을 알 수 있다. 즉 다산의 덕에 대한 입장은 주자학의 과립론에 견주어 말하면 일종의 '묘맥설

---

7 『여전2』, 권1, 「대학공의」: 心無本德, 惟有直性, 能行吾之直心者, 斯謂之德, 行善而後德之名立焉, 不行之前, 身豈有明德乎.

8 『여전2』, 권4, 「中庸講義」, 2면 참조.

(苗脈說)'로 규정할 수 있을 것이다.

이러한 묘맥적 덕 개념은 '존덕성(尊德性)'에 대한 설명에서도 알 수 있다. 다산은 "(천이) 또한 '선을 좋아하고 악을 부끄럽게 여기는[樂善恥惡]' 성을 부여했다. 만일 이 본성이 없었다면, 우리 인간은 예로부터 하찮고 조그만 선일지라도 그것조차 실행한 사람이 한 사람도 없었을 것이다. 그러므로 솔성(率性)이라고 말하고, 존덕성(尊德性)이라고 말하는 것이다."[9]라고 주장한다. 이는 인간에게는 과립과 같은 본체로서가 아니라, 일종의 경향성 즉 묘맥으로서 '덕의 성향'이 선천적으로 부여되어 있다는 것이다. 이러한 덕성이 인간에게 선천적으로 부여되어 있지 않다면 선을 실행할 수 있는 인간의 내적 근거가 없다. 그러므로 도덕적 행위에 대한 근거는 내적 성향인 덕성이라고 볼 수 있다. 이렇게 덕성을 이해하면 덕성을 존중해야 하는 이유가 명백하게 드러난다. 왜냐하면 외물의 유혹에 흔들리지 않고 덕성에 따라 실제적인 도덕적 사태 가운데서 인의예지를 실천하는 것이 인간의 도리를 다하는 것이 되기 때문이다. 다산은 덕성을 규정하여, "성은 원래 선을 좋아하므로 감응하여 발한 것 중에 선한 마음이 아닌 것이 없으며, 이 선한 마음을 확충하면 인의예지가 될 수 있다. 따라서 그 성을 덕성이라고 한다."[10]고 말한다. 이에 따르면 다산 역시 덕 선천성의 입장을 취하는 것이 사실이지만, 그의 입장의 핵심은 묘맥적 의미를 가지는 경향성으로서의 덕성을 강조하는 것이다.

---

9 『여전2』, 권2, 「심경밀험」: 天旣予人以可善可惡之權衡, 於是就其下面, 又予之以難善易惡之具, 就其上面, 又予之以樂善恥惡之性, 若無此性, 吾人從古以來, 無一人能作些微之小善者也, 故曰率性, 故曰尊德性.

10 『여전2』, 권5, 「중용자잠」 참조.

2. 덕의 실천 방법으로서 서(恕)와 자(慈)의 특성

다산의 입론에 따르면 덕이란 실천을 통해서 이루어지는 것이라고 한다. 그렇다면 다산이 덕 실천 방법의 핵심으로 삼는 것은 무엇인가? 그것을 두 가지로 요약하면 '서(恕)'와 '자(慈)'라고 할 수 있다.

다산은 유가(儒家)들의 일반적 입장과 마찬가지로 인(仁)을 인간의 표덕(表德)이라고 간주한다. 다만 그는 인을 마음에 품부된 선천적인 본체로서가 아니라 철저하게 실천적인 가치로 생각하는데, 그 실천 방법으로 '서(恕)'를 제시한다.[11] 다산은 '서'를 인륜(人倫)을 실천하는 핵심적 방법이라고 주장한다. 그는 어버이와 임금을 섬기고, 형제가 서로 대하고, 벗과 서로 사귀며, 백성을 다스리고 시키는 일 등 사람이 사람과 더불어 서로 접하는 모든 일은 이 '서(恕)' 자(字) 하나를 가지고 일관되게 해야 한다는 입장을 취한다.[12] '서'는 부자(父子), 군신(君臣), 형제(兄弟), 붕우(朋友), 군민(君民) 등 일체의 인간관계에서 온전히 실행되어야 할 덕인 것이다. 인륜을 실천하는 보편적 방법으로서 '서'는 상호적 관계에서 한쪽을 일방적으로 지배하는 수직적 관계가 아니라 타방을 존중하는 배려가 핵심이다.

또한 다산은 '서'는 자식에게 받고 싶지 않았던 일을 부모에게 베풀지 말라는 것이며, 부모에게 받고 싶지 않았던 일을 자식에게 베풀지 말라는 것이라고 설명한다. 그는 부모와 자식의 관계를 중심으로 '서'를 말

---

11 다산은 恕에 두 가지 종류가 있다고 하면서 '推恕'와 '容恕'를 제시한다. 추서는 스스로 닦음을 주로 하여 선을 행하는 것이며, 용서는 治人을 위주로 하여 남의 악과 과실에 대해 관대한 것이라고 할 수 있다. 다산은 이 두 가지의 恕 개념 중에서 주자가 말한 것은 대체로 용서라고 이해하고 있다.(한국철학사연구회 편, 『다산 경학의 현대적 이해』, 심산, 2004, 246쪽 참조.)

12 『여전2』, 권14, 「논어고금주」 참조.

하고 있으나 실은 '서'는 인간관계에서 가장 긴밀하게 관통되는 도이므로 '혈구(絜矩)의 도(道)'라고 규정하였다.[13] 또한 다산은 『논어』의 '기소불욕물시어인(己所不欲勿施於人)'에 대해 언급하여, '인(人)' 자(字)를 너무 멀리 인식하여 먼 대중처럼 볼 것이 아니라 자기 친척과 부자 형제 사이에 있다는 점을 알고, 배려윤리인 '서'를 실천하여 인(仁)을 절실히 구해야 한다고 주장한다. 다산은 '서'를 사람들이 생활 가운데서 가장 가까이 그리고 긴밀하게 행해야 할 덕으로 상정하고 있으며, 이를 통하여 대중에게까지 그 마음이 확산될 수 있다는 철저하게 경험론적인 입장을 취하는 것이다. 이렇게 보면 그에게 있어서 '서'는 일상에서 견지해야 할 배려윤리의 전범(典範)임을 알 수 있다.

다산은 또한 사랑의 윤리라고 할 수 있는 '자(慈)'가 인덕(仁德) 실천 방법의 요체임을 강조한다. 그는 『대학』의 명덕(明德)을 효제자(孝悌慈)라고 하고, 또 효제자를 인(仁)이라고 규정한다.[14] 이것은 명덕을 본체적 개념으로 보는 것이 아니라 실천적 가치로 규정한 것이다. 다산은 효제자 중에서 특히 자도(慈道)를 강조하는데 그 이유에 대해, "이 세 가지 가운데서 오직 '자(慈)'만이 쉽게 할 수 있는 것이기에 반드시 '자(慈)'로 비유를 들어 효제마저도 힘쓰게 한 것이다."[15]라고 주장한다. '자(慈)'만이 쉽다는 것은 사람이 품부한 보편적인 정감과 능력의 측면에서 보면 모든 사람에게 예외 없이 '자(慈)', 즉 사랑이 온전한 본성으로 녹아 있다는 의미로 이해할 수 있다. 다산은 이러한 '자(慈)'에 대해 다음과 같이 입장을 표명한다.

효제는 반드시 감동을 받은 후에야 일어나지만 '자(慈)'만은 가르치지

---

13 『여전2』, 권2, 「심경밀험」 참조.
14 『여전2』, 권1, 「대학공의」 참조.
15 『여전2』, 권2, 「대학강의」: 三者之中, 惟慈人所易有, 故必因此入喩, 而勉其孝弟.

않아도 능히 할 수 있다.[16]

여기서 맹자의 '양지양능(良知良能)' 개념을 상기하게 된다. 생각하지 않아도 알 수 있고, 배우지 않아도 능히 할 수 있는 양지양능은 인간의 보편적인 도덕적 앎과 실천 능력이라고 할 수 있다. 다산은 '자(慈)'를 인간이 보편적으로 가진 실천적 덕성이라고 규정하고 이의 실천을 요청한다. 이러한 맥락에서 보면 효제자는 인간이 보편적으로 부여받은 핵심적 덕성이다. 이 점에 대해 다산은 "어린아이도 어버이를 사랑하는 데 이르지 않음이 없는 것은 사람의 효제자가 천명(天命)에 근본하기 때문"[17]이라고 말한다. 이렇게 다산은 명덕을 실천적 맥락에서 규정하여 '효제자'라 하고, 그중에서 가장 본성적으로 구유하고 있는 사랑의 마음에 입각한 덕인 '자(慈)'를 실천원리의 핵심으로 삼는다. 그리고 '자(慈)'를 중심으로 구축되는 규범들은 선천적인 인간의 가치의식으로 연결되어 천명으로 이해된다.

다산은 명덕을 효제자로 규정하면서 '신민(新民) 또한 민의 효제자'[18]라고 주장한다. 즉 신민은 백성들이 허령불매(虛靈不昧)한 심체(心體)적인 덕을 밝히는 것이 아니라 그 어버이를 어버이로 섬기는 효(孝)를 행하고, 어른을 어른으로 섬기는 제(悌)를 행하도록 하는 것이다.[19] 효제자를 생활 중에서 실천하는 것을 중시하는 다산의 입장에서는 나라를 다스리고[治國], 천하를 다스리는[平天下] 것이 모두 효제자로 가능하다. 이 점에서 다산은 명덕을 교화(敎化)와 통치(統治)의 핵심적 방법으로 간주한다.

---

16 『여전2』, 권2, 「대학강의」: 孝弟必須感發而後興起, 唯慈者, 不待教而能也.
17 『여전2』, 권1, 「대학공의」: 孩提之童, 無不至愛其親, 則人之孝弟, 本天命也.
18 『여전2』, 권1, 「대학공의」: 所謂新民, 亦孝弟慈也.
19 『여전2』, 권1, 「대학공의」 참조.

3. 덕의 실천과 관계 중심성

덕이 마음의 선천적 본체가 아니라고 본다면 인의예지와 같은 덕은 어떠한 맥락에서 의미를 갖는가? 다산은 인의예지의 덕은 '관계 중심적인' 맥락에서 의미가 온전히 구현될 수 있다고 본다. 그는 인의예지의 덕은 마음에 갖추어져 있는 선천적인 결정체가 아니라 인간관계에서 그 가치가 온전히 구현될 수 있는 인륜(人倫)으로 이해한다. 다산은 "사람과 사람의 접촉이 곧 인륜이 아니겠는가? 인륜을 극진히 하는 것이 곧 지선(至善)이 아니겠는가?"[20]라고 말한다. 덕은 사람과 사람 사이의 관계에서 마땅한 도리를 실현하는 인륜이다. 다산은 표덕(表德)인 인(仁)이란 '사람과 사람이 서로 접촉하면서 각기 본분을 다하는 것'[21]이라고 규정한다. 선악은 사람이 상호 교류하고 응대하면서 그 가치가 형성되는 것이라는 점에서 관계적 의미를 갖는다. 즉 선악은 한 개인의 자기 주관적 가치가 아니라 사회적 맥락의 가치라고 할 수 있다. 인(仁)이 인간됨의 덕을 가장 온전히 설명하는 것이라면, 이것은 곧 본질적으로 인간관계적 측면에서의 도리·규범을 의미한다. 인간은 타자와의 접변·교유·소통을 통해서 자기 온전성을 구현할 수 있다는 점에서 다산은 인간을 '관계적 존재'로 규정한다.

> 인(仁)이란 사람이며, 사람과 함께하는 일이다. 의예지(義禮智) 또한 사람과 함께하는 일이다. 그러므로 마침내 인(仁)으로 귀결된다. 만약 발동하는 시단[始]을 논한다면 측은함으로 동하는 것이 있는가 하면, 수치(羞

20 『여전2』, 권1, 「대학공의」: 人與人之相接, 非卽人倫乎, 人倫之所自盡, 非卽至善乎.

21 『여전2』, 권1, 「대학공의」: 人生斯世, 其萬善萬惡, 皆起於人與人之相接, 人與人之相接而盡其本分, 斯謂之仁.

恥)로 동하는 것도 있으므로 반드시 동일할 수는 없다."[22]

인의(仁義)는 측은함이나 수치를 계기로 하여 구현될 수 있으나 그 발동의 계기는 개인이 처하고 대응하는 조건과 상황에 따라 달라진다. 다산은 측은해하거나 부끄럽게 여기는 마음이 동기로 작용하는 것은 타자와의 관계 속에서만 설명될 수 있다고 본다. 그렇다면 인(仁)의 구현을 자기 본질로 삼고 있는 인간은 관계적 맥락에서 자기 존재의 의미를 실현할 수 있다. 다산은 인간의 자기 정립은 타자와의 관계성 속에서 덕을 구현할 때 가능하다는 입장에서, 유가들이 중시하는 가장 보편적인 여섯 가지 인간관계를 적시하고 있다.

> 인(仁)이란 이인(二人)이다. 아버지를 효로써 섬기면 '인(仁)'이라 하는데, 아들과 아버지는 두 사람이다. 형을 제(弟)로써 섬기면 '인(仁)'이라 하는데, 형과 아우는 두 사람이다. 자식을 길러 사랑하면 '인(仁)'이라 하는데, 부모와 자식은 두 사람이다. 군신(君臣)이 두 사람이요, 부부(夫婦)가 두 사람이요, 장유(長幼)가 두 사람이요, 민목(民牧)이 두 사람이다.[23]

'두 사람'은 다수적 관계성의 맥락을 상징하는 언표이다. 다산이 인(仁)을 이인(二人), 즉 인인(人人)이라고 하면서 인(仁)이 곧 사람임을 주장하는데, 이는 인(仁)이라는 덕의 본질이 관계성임을 강조하는 것이다. 다산의 입장에 따르면, 인간은 타인과의 관계를 통하여 온전한 자기 가치를

22 『여전2』, 권2, 「대학강의」: 仁者人也, 所以與人也, 義與禮智, 亦所以與人, 故終歸於仁, 若論其發動之始, 則有以惻怛動者, 有以羞恥動者, 不必同也.

23 『여전2』, 권1, 「대학공의」: 仁者二人也, 事父孝曰仁, 子與父二人也, 事兄弟曰仁, 弟與兄二人也, 育子慈曰仁, 父與子二人也, 君臣二人也, 夫婦二人也, 長幼二人也, 民牧二人也.

구현할 수 있다는 점에서 '유적(類的) 존재'라고 할 수 있으며, 인(仁)은 인간의 가장 상징적 덕이라는 점에서 '유적 덕'이라고 할 수 있다. 다산의 이러한 '인이인론(仁二人論)'은 공자와 맹자를 중심으로 한 실천유학의 정신을 반영하면서, 심체적(心體的) 완결성을 비판한 것으로 보인다.

다산은 덕의 실천 문제를 거론함에 있어서 관계성을 중심으로 수양의 의미를 설명한다. 그는 덕이 인간에게 온전한 선천적 본체로 주어져 있다면 인간이 구체적인 도덕 사태에 임하여 선을 하려고 고민할 필요가 없을 것이라고 주장한다. 왜냐하면 인간은 본성적으로 선을 할 수밖에 없을 것이므로 어떤 경우에도 마음을 들여다보면서 내재적인 덕을 드러내는 데만 집중하면 될 것이기 때문이다. 그러나 다산은 인간의 내적 소양이 비록 낙선오악(樂善惡惡)하는 경향이 있다 하더라도 그것은 결정된 본체가 아니라고 본다. 따라서 구체적 상황 속에서 그 선한 경향성을 잘 따르려고 하면서 바르게 판단하고 독실하게 실천하려는 의지가 수반되어야 한다는 입장을 취한다.

그리하여 다산은 경(敬)과 신독(愼獨)의 문제를 중심으로 덕 실천 문제를 거론한다. 먼저 다산은 덕을 바르게, 그리고 온전히 실천해야 하는 문제를 설명하면서 '존천리알인욕(存天理遏人慾)'을 언급하고 관계 중심적 입장을 표명한다.

> 천리(天理)를 보존하고 인욕(人欲)을 막을 수 있는 기회는 사람과 사람이 서로 접촉하는 데 있으며, 묵좌(黙坐)와 정관(靜觀) 또한 반드시 자신과 타인이 접촉할 때 세세하게 점검해야만 이에 의거하여 성의(誠意)를 할 수도 있고, 정심(正心)을 할 수도 있다. 미발(未發) 이전의 기상만을 돌이켜 본다면 무슨 도움이 되겠는가?[24]

---

24 『여전2』, 권1, 「대학공의」: *存天理遏人慾, 其機其會, 在於人與人之相接, 黙坐反觀, 亦*

'존천리거인욕'은 퇴계를 비롯한 성리학자들이 경의 요체로 강조했는데, 관계 중심적인 덕 실천의 입장을 취하는 다산에게도 중요한 의미가 있다. 천리를 보존하고 인욕을 막는 것은 대상이나 상황과 무관한 심적(心的)인 경로가 아니다. 다산은 외적 상황과 조건의 특수성을 연관시킬 때 비로소 천리(天理)를 보존할 수 있으며, 덕을 구현할 수 있다는 입장이다. 그러나 주자와 같이 내재적 본체라고 덕을 이해하는 입장으로는 인간의 악한 행위에 대해 설명할 수 없다고 다산은 생각한다.

이 점에서 다산은 『주역(周易)』의 '경이직내 의이방외(敬以直內 義以方外)'에 대해 언급하면서, "경(敬)의 덕은 안[心]에서 단속하여 밖으로 베푸는 것이요, 의(義)의 덕은 밖에서 규율하여 안을 선하게 하는 것이다. 안과 밖이 서로 필요로 하고 저쪽과 이쪽이 서로 발하므로 '덕은 외롭지 않다[德不孤]'라고 한다."[25]고 설명한다. 덕은 인간이 실제적인 도덕적 상황에서 실천함으로써 구현되는 것이라는 점에서, 경 역시 예외가 아니다. 다산이 특히 경의 덕을 예로 들면서 인의(仁義)의 덕을 거론한 것은, 경을 외적 대상과는 무관한 내적 규범으로만 이해하려는 입장에 대한 반박이라고 할 수 있다. 심성 수양의 핵심으로서 마음의 내적 흐름이 강조되는 경도 관계성의 관점에서 그 의미가 온전히 구현되어야 함을 지적하는 것이다. 다산은, 경의 덕은 반드시 사물의 대상이 있은 다음에야 나타날 수 있다고 본다. 그는 사물이 접한 이후에 경의 이름이 생기니 사태에 접하지도 않고 응하지도 않으면 경의 뜻이 이루어질 수 없다고 단언한다.[26] 경의 덕 역시 주체가 관여하는 대상과

必取我與人相接之際, 一一點檢, 乃有依據, 可誠可正, 反觀其未發之氣象, 將何補矣.

25 『여전2』, 권2, 「심경밀험」: 敬之爲德, 束於內而施諸外, 義之爲德, 制於外而善其內, 表裏相須, 彼此胥發, 故曰德不孤.

26 『여전2』, 권1, 「대학공의」 참조.

의 관계 양상에 따라 '존천리알인욕'하는 것이어야만 한다. 따라서 "만일 모든 생각을 끊고 경계하거나 두려워함이 없이 오직 연못처럼 담담히 물결치지 않기만을 힘쓴다면 이는 정(靜)이지 경(敬)은 아니다."[27]라고 주장한다. 정은 대상을 끊고 고요히 본체만을 유지하려는 것이지만, 경은 사태와 상황 가운데서 마음의 바름을 유지하는 것이라는 점에서 차이가 있다.

덕의 실천에 있어서 다산의 관계 중심적 관점은 '신독(愼獨)'에 관한 그의 입장에서도 부각되고 있다. 다산은 유학자들이 혼자 거처하는 곳에서 몸과 마음가짐을 경계하는 것으로 신독을 잘못 이해하는 것을 비판하면서, 내적 정관(靜觀)에 함몰된 내향적(內向的) 덕 실천의 방법론을 문제 삼는다. 신독에 대한 다산의 입장은 "자기만 혼자 아는 일을 삼가기를 극진히 한다는 것이지, 혼자 거처하는 곳에서 삼가기를 극진히 한다는 것이 아니다."[28]라는 표현으로 집약된다. 이는 타인과의 관계 중에 자신의 내면에서 일어나는 다양한 경과에 대해 자신만 알고 타인은 모르는 것을 삼가고 조심해야 한다는 의미이다.

> 사람이 악을 행하는 것은 항상 사람과 접촉하는 곳에 있다. 자기 혼자만 있는 곳에서 행하는 것은 누워 있다거나 음란하고 더러운 바[淫褻]의 허물이 있을 뿐이다. 신독이 어찌 오직 이러한 허물을 삼가는 데 있겠는가? 요즘 사람들은 신독 두 글자에 대해 분명하게 알지 못하기 때문에 혼자 있는 방에서 혹 옷깃을 여미고 반듯이 앉아 조심을 하다가도 사람과 서로 접촉하는 데서 늘 속임수와 험악한 행위를 하고서 남들이 알지 못한다고 생각

---

27 『여전2』, 권2, 「심경밀험」: 若絶思絶慮, 不戒不懼, 惟務方塘一面, 湛然不波, 則此靜也, 非敬也.

28 『여전2』, 권2, 「심경밀험」: 謂致愼乎己所獨知之事, 非謂致愼乎其所獨處之地也.

하며, 하늘이 듣지 못한다 생각하니 신독이 어떻게 이 같을 수 있겠는가?[29]

외적 관계와 유리된 정관(靜觀)으로서는 인간의 올바른 도리, 즉 덕을 실천할 수 없다. 인간들 간의 관계적 속성은 그 양상이 매우 다양하고 이익 충돌적이다. 다산은 관계적 맥락에서 의미 있게 보아야 할 실천적 덕목의 한 전형을 신독이라고 이해한다. 신독 개념에서 볼 수 있는 바와 같이, 그는 '홀로[獨]'의 의미를 타자와의 관계하에서 자기 내면을 성찰하는 철저한 관계 중심적 관점에서 해석하고 있다. 덕 실천 문제에서 다산은 신독을 타(他)와 무관한 내면의 덕으로 이해하는 '관계 단절적인 입장'이 아니라, 관계성이 부각되어야 그 참의미가 드러나는 덕으로 보는 '관계 중심적 입장'을 취한다고 할 수 있다. 이 점에서 다산이 이해하는 덕은 관계적 개념이다. 그에게 덕은 인간의 삶을 초월한 본체로서가 아니라 끊임없이 서로 교유하고 관계하는 삶에서 그 가치와 의미가 구현되는 것이다.

4. 덕의 실천과 자기 책임성

다산은 덕이 마음의 선천적인 본체라고 한다면 인간의 마음에는 이미 선을 할 수밖에 없도록 결정되어 있는 것과 같다고 생각한다. 이 경우 인간이 선을 행하는 것은 자율적인 판단과 의지에 따른 것이 아니라, 이미 천부적으로 결정된 본성에 따른 것이므로 인간의 행위는 윤리

29 『여전2』, 권2, 「심경밀험」: 人之行惡, 每在於與人相接之處, 其或行之於暗室者, 唯有偃臥淫褻之咎而已, 所謂愼獨, 豈唯此咎是愼哉, 今人認愼獨二字, 原不淸楚, 故其在暗室, 或能整襟危坐, 而每到與人相接之處, 施之以鄙詐險詖, 謂人罔覺, 謂天罔聞, 所謂愼獨, 豈如是乎.

적 행위로 간주될 수 없다고 다산은 판단한다. 다산은 인간의 도덕적 자율성을 강조한다. 즉 천이 인간에게 자주지권(自主之權)을 부여하여 선을 하고자 하면 선을 할 수 있고 악을 하고자 하면 악을 할 수 있도록 했다는 점을 강조하면서, 도덕 실천의 문제에 있어서 인간의 자율성이 담보되어 있다고 주장한다.[30] 이렇게 도덕적 자율성이 담보될 때 인간은 비로소 온전한 윤리적 주체가 될 수 있다.

다산은 자율성의 전제하에서 "선을 하면 곧 자기 공(功)이 되고, 악을 하면 곧 자기 죄(罪)가 된다."[31]고 말한다. 이는 덕 실천에 있어서 자기 책임성의 문제를 거론한 것이다. 덕 실천이라는 가치 실천의 문제에서 '도덕적 책임성'의 문제를 직접 거론한 것은 윤리학의 측면에서 보면 중요한 의미가 있다. 비록 퇴계나 율곡 같은 성리학자들이 심성론과 수양론을 통해서 문제 삼은 전제는 인간의 도덕적 책임성의 문제였다고는 하지만, 그들은 도덕적 책임성의 개념을 명시적으로 표명하지는 않고 있다. 이 점에서 보면 다산은 선천적인 본성에 따라 인간의 행위가 선으로 결정되는 것이 아니라, 인간의 주체적인 노력과 수양에 따라 인격이 결정된다는 도덕적 자기 책임성의 문제를 명시적으로 제기했다고 볼 수 있다. 이러한 맥락에서 다산은 "인(仁)이라는 것은 두 사람 사이의 일이지만 그 책임은 오직 한 사람에게 있다. 그러므로 공자가 그 공효(功效)에 대해 말하면서 극기복례(克己復禮)하면 천하의 사람이 교화되지 않음이 없다고 말했다."[32]라고 주장한다. 극기복례에서 표명된 '자기를 이김[克己]'은 덕 실천의 자기 책임성을 전제로 한 것이다. 즉 다산

---

30 『여전2』, 권5, 「맹자요의」, 34면 참조.
31 『여전2』, 권5, 「맹자요의」, 35면 참조.
32 『여전2』, 권12, 「논어고금주」: 仁者二人之事也, 二人之事而專責之於一人, 故孔子說其功效曰, 一日克己復禮, 而天下之人, 無不歸化.

은 덕 실천에 있어서 그 책임이 개인에게 온전히 귀속된다고 본 것이다.

인간은 바람직한 가치를 실천할 수 있는 마음의 능력을 선천적으로 구비하고 있다고 다산은 인정한다. 그러나 인간이 이러한 선천적인 마음의 능력을 가졌다는 전제가 곧 인간이라면 누구나 무조건적으로 덕을 온전히 실천할 수 있음을 담보하는 것은 아니다. 성을 잘 따르고[率性] 마음을 잘 다스리는[治心] 노력이 수반되어야만 한다는 것이다. 이에 대해 다산은 인간이 비록 성선(性善)의 도심을 가지고 있으나 물욕에 가리게 되면 도심은 지극히 미세하게 되는데, 그 미세한 도심을 살펴서 따르는 것은 오직 군자만이 할 수 있다고 주장한다.[33] 인심과 도심, 권능(權能)과 성기호(性嗜好)의 양상을 살필 수 있는 자가 군자이다. 군자는 윤리적 존재이며, 자율적 판단력과 실천력을 겸비한 인격자이다. 비록 인간에게 성선적 경향성을 토대로 한 자주지권이 부여되어 있기는 하지만, 물욕에 구속되는 경우에는 행위의 측면에서 심각한 악이 초래될 수밖에 없다. 다산은 "기품(氣稟)·인욕(人欲)에 오염되는 것은 최상등(最上等)의 지혜를 지닌 사람에게도 없지는 않다."[34]라고 언급할 정도로 인간이라면 누구나 기품과 인욕에 쉽게 치우칠 수 있음을 지적한다. 그러므로 인욕을 극복하고, 기품의 극단에 치우쳐 마음이 혼탁해지는 것을 철저하게 경계해야 한다. 이것은 자기 책임성을 전제로 한 수양이나 교육을 통해서 가능하다. 이 점에서 성인(聖人)이 되는 것 역시 자기 책임성에 입각한 덕 실천과 관계있다.

> 성인(聖人)의 도는 비록 성기(成己)와 성물(成物)을 처음과 마침으로 삼고 있으나, 성기는 자신을 닦는 것으로써 하고, 성물도 자신을 닦는 것으로

33 『여전2』, 권2, 「심경밀험」, 29면 참조.
34 『여전2』, 권1, 「대학공의」: 氣稟人欲之所染, 所謂上知之不能無者.

써 하니, 이를 일러 자신을 교육함이라고 한다.[35]

성인의 도는 성기성물(成己成物)을 궁극으로 삼는데, 이는 모두 자신의 수양에 의거한다는 것이다. 여기서 언급하는 자기 수양은 곧 도심을 유지하는 것이다. 도심은 선을 지향하는 의지적인 마음을 의미하며, 그것은 후천적인 조건이나 사태에 구속되지 않고 덕을 행할 수 있는 자율적인 마음을 의미한다. 모든 사람이 궁극적으로 지향해야 할 이상적인 존재상이 성인이라는 점에서 성인의 도는 곧 인간의 도라고 할 수 있다. 성인의 도로서의 성기성물은 인도(人道)이자 인도(仁道)이다. 그런 점에서 성기성물은 인(仁)이라는 지선(至善)적 덕의 실천과 같은데, 그것은 전적으로 자기 책임성이 전제된 것이다. 다산은 지선을 실천함에 있어서 각성되는 자기 책임성 문제를 다음과 같이 언급한다.

> 내가 지선(至善)을 하면 사람들은 스스로 나를 따라서 지선을 하게 된다. 그러나 사람들의 지선은 내가 강요할 바가 아니다. 인(仁)을 하는 것은 자신에 말미암는 것이니, 어찌 타인에 말미암을 수 있겠는가?[36]

사람들이 덕을 실천하는 것은 그들 스스로 행하는 자율적인 것이어야 한다. 표덕인 인(仁)은 타율적인 요청이나 강제에 의해서가 아니라, 내적인 각성과 동기 부여를 토대로 자율적으로 행해져야 한다. 그렇게 될 때 도덕적 책임의 귀속처가 바로 개별적 인간 자신이 될 것이며, 이때 인간은 윤리적 존재로 자리매김할 수 있다.

---

35 『여전2』, 권1, 「대학공의」: 聖人之道, 雖以成己成物爲始終, 成己以自修, 成物亦以自修, 此之謂身教也.

36 『여전2』, 권1, 「대학공의」: 我旣至善, 民自隨我而至善, 然民之至善, 非我所强, 爲仁由己, 而由人乎哉.

5. 덕의 실천과 윤리적 의미

다산의 덕론은 기본적으로 도덕 선천성의 문제를 논의의 토대로 삼고 있다. 다산은 주자류(朱子類)의 내재적 완결성이 담보된 마음의 덕을 비판하는 입장에 서 있지만, 그 역시 덕의 실천을 가능케 하는 마음의 경향성은 선천적으로 부여되어 있다고 생각한다. 따라서 다산의 덕론 또한 기본적으로는 도덕 선천성을 인정하는 입장에 서 있다고 할 수 있는데, 도덕 선천성을 경향성으로 인정하는 다산의 덕론에서는 실천적 지향성이 두드러진다.

다산의 덕 실천론의 특성은 인(仁)이라는 표덕을 중심으로 '서(恕)'와 '자(慈)'가 중시되고 있다는 것이다. '서(恕)'와 '자(慈)', 즉 배려와 사랑이라는 덕은 내면의 자아로만 치닫는 닫힌 규범이 아니라 타자와의 관계에서 인간됨을 형성해 나가는 관계적 윤리이다. 이렇게 다산에게 있어서 덕은 관계 중심성의 측면에서 참된 의미를 가질 수 있는데, 이는 인간을 철저하게 '관계적 존재'로 이해하는 다산의 관점이 반영된 것이다.

관계성을 중심으로 한 다산의 덕 실천론에 따르면 개인은 자기 주체성을 결여한 채 관계논리에 매몰되는 존재가 아니라, 자율성과 책임성을 단단히 확보하고 있는 윤리적 주체이다. 다산은 인간이 자기 책임성을 토대로 관계성의 맥락에서 덕을 실천함으로써 스스로 윤리적 존재로 되어 갈 수 있다는 입장을 취한다. 다산의 덕론은 주자학자들이 선천적인 도덕 실체에 의거해서 인간의 도덕적 존재됨의 가치를 확보하려 한 논점을 전회시켜, 인간은 실천적이며 관계적인 차원에서 자기 가치를 구현해야 한다는 윤리적 주체의 문제를 명확하게 거론했다. 이 점에서 다산의 관계 중심적·자기 책임적 덕론의 천명(闡命)은 유학의 자기 책임적 윤리학을 굳건하게 정초하는 의미가 있다고 할 것이다.

제4장

인심도심론(人心道心論)의 윤리적 특성

제4장

인심도심론(人心道心論)의 윤리적 특성

인심과 도심의 관계적 양상 • 인심도심에서 욕구와 악 • 도심에서 솔성과 천 • 도심의 보존과 가치 실천의 행사 • 인심도심론의 윤리적 의미

유가(儒家)들은 인간 문제를 근본적인 탐구 과제로 삼아 왔다. 특히 인간의 윤리적 가치와 삶의 윤리적 의미에 대한 논의는 유가 사상의 근간을 이루어 왔다. 윤리적인 관점에서 인간 문제를 다룰 때 유가들은 특히 마음[心]의 문제에 천착했다. 이는 유가들이 인간의 윤리적 특성을 명확하게 드러내고, 인간이 윤리적 존재로 자기를 구현하는 데 있어서 가장 핵심적인 요소를 마음으로 간주해 왔기 때문이라고 볼 수 있다. 마음의 본질은 무엇이며, 마음의 구성은 어떠하며, 마음의 작용은 어떠한 양상으로 드러나며, 마음은 몸과 어떠한 관계에 있으며, 마음은 어떻게 다스려 나가야 하는지 등에 대한 유가들의 집요한 논의의 한 축에 다산의 사상이 자리하고 있다. 다산 역시 인간을 윤리적 존재로 규정함에 있어서 마음이 가지는 의미를 중시한다. 그렇기에 그는 자신의 고유한 관점으로 마음의 문제를 해명해 왔다.

본 장에서는 다산의 인심도심론(人心道心論)에 대해 탐색하고자 한다. 다산이 인심과 도심의 관계 양상과 갈등 문제를 어떻게 해명하고 있는

지를 탐색하면서, 그의 논점이 주자학적 맥락과는 어떻게 다른지를 밝힐 것이다. 그리고 다산의 욕구 긍정관이 인심도심에서 어떻게 표명되는지를 윤리학의 근본 개념인 악(惡)과 연관하여 논할 것이다. 또한 마음의 가치적 속성이 본질적으로 성(性)과 천(天)에 직결되어 있다는 점에 유념하여, 솔성(率性)이나 천과 관련지어 도심의 의미를 탐색할 것이다. 인심도심에 관한 다산의 논점은 윤리적 실천을 위한 도심의 보존 문제에 있으므로 이 문제에 대해서도 분석할 것이다.

1. 인심과 도심의 관계적 양상

다산은 인심도심론에서 선한 본성의 구현이라는 마음의 작용과 경과를 갈등과 보완의 관계적 측면에서 해명하고 있다. 그는 "인심(人心)은 기질(氣質)이 발한 것이고, 도심(道心)은 도의(道義)가 발한 것이다. 사람은 이 두 가지가 있지만, 동물은 본래 받은 것이 기질의 성일 뿐이다."[1]라고 하여 인심과 도심은 그 발출 근원이 다르다고 주장한다. 다산은 인간의 마음에는 동물과는 달리, 기질지성을 발출 근원으로 하지 않고 표출되는 마음인 도심이 있으며 그것이 인간의 본질적인 특성을 드러낸다고 인식한다. 그는 식색(食色)과 영명(靈明)을 중심으로 인심도심을 다음과 같이 설명한다.

> 사람과 동물은 성품을 같이할 수 없음이 분명하다. 대개 사람이 지각·운동

1 『여전2』, 권6, 「맹자요의」: 人心者氣質之所發也, 道心者道義之所發也. 人則可有此二心, 若禽獸者, 本所受者氣質之性而已.

> 하며 식색(食色)을 추구하는 것은 동물과 조금도 다를 바 없다. 다만 도심이 발하는 바에 형체나 바탕도 없으며 영명(靈明)·통혜(通慧)한 것이 기질에 깃들어서 주재하게 되므로 예로부터 인심도심설이 있어 왔다.[2]

품부받은 기질로부터 비롯되는 식색 추구는 동물도 마찬가지이므로 인간의 특이성을 담보하는 것은 아니다. 그러나 도심은 인간에게 고유한 것으로서, 그 영명함을 통해서 기질이 초래할 수 있는 사특함을 제어할 수 있다. 다산은 형체가 있는 기질적인 것을 소체(小體)라 하고, 형체가 없으면서 신령하게 밝은 것을 대체(大體)라고 하면서,[3] 도심은 대체를 기르고자 하며, 인심은 소체를 기르고자 한다고 주장한다.[4] 도심이 기르고자 하는 영명, 즉 인간 내면의 신령한 밝음은 선(善)을 알 수 있는 통찰력과 선을 실천할 수 있는 실천 능력이라고 이해할 수 있다. 그러므로 영명은 인간의 선천적 도덕 능력을 의미한다. 이 점에서 다산은 인간을 윤리적 존재로 정초하는 핵심적인 개념으로 도심을 제시하고 있음을 알 수 있다. 인심은 생물적 욕구 중심 개념이기에 동물도 가지고 있다고 할 수 있으며, 도심은 도의성 중심 개념으로서 인간만이 가지고 있다는 것이다. 인간과 동물이 다른 것은 기질적 차이 때문이 아니라 도덕적 차이 때문이라는 점을 강조하는 다산의 입장에서는 인심과 도심의 차별적·대립적 양상에 주목할 수밖에 없다.

인심과 도심은 동물과 인간의 유사성과 차이성을 드러내는 마음으로서, 욕구와 천명의 문제에 직결된다. 인심도심에 대한 갈등적 관점에

---

2 『여전2』, 권6, 「맹자요의」: 人物之不能同性也審矣, 大抵人之所以知覺運動, 趨於食色者, 與禽獸毫無所異, 惟其道心所發, 無形無質, 靈明通慧者, 寓於氣質, 以爲主宰, 故粤自上古, 已有人心道心之說.

3 『여전2』, 권6, 「맹자요의」: 大體者, 無形之靈明也, 小體者, 有形之軀殼也.

4 『여전2』, 권6, 「맹자요의」: 道心常欲養大, 而人心常欲養小.

따르면 인심이란 제어하거나 극복해야 할 것으로 간주되는데, 이러한 갈등설의 근간은 다산이 「논어고금주(論語古今注)」에서 천명과 인욕의 갈등을 '내자송(內自訟)'으로 인식하는 데서 구체화된다.[5] 천명과 인욕의 갈등을 '내자송'으로 이해하는 다산의 입장은, 인심은 이욕(利慾)에 끌리기 쉽기 때문에 이에 매몰되면 도심이 약화될 수밖에 없다는 인심도심내자송(人心道心內自訟)으로 연결된다. 다산은 '하지 말아야 하는 것[所不爲]'과 '하고자 하지 말아야 하는 것[所不欲]'이 도심에서 발한 것이 천리(天理)이며, 하지 말아야 할 것을 하고, 하고자 하지 말아야 할 것을 하고자 하는 것이 인심에서 발한 것을 사욕(私欲)이라고 규정한다.[6] 이 점에서 보면 다산은 천리와 사욕을 근거로 도심과 인심의 갈등적 양상을 표명한다. 인심과 도심의 갈등적 양상은 인심과 도심의 교전(交戰)을 의미하는데, 다산은 인간 의지의 갈등성과 마음의 교전성에 대해 다음과 같이 말한다.

> 사람에게는 항상 두 개의 상반된 뜻[志]이 있어 일시에 같이 발하게 되니, 이것이 곧 인간과 귀신의 관계이며, 선(善)과 악(惡)의 기미(幾微)이다. 인심과 도심이 교전(交戰)하여 의(義)가 이기느냐 욕(欲)이 이기느냐 하는 판결에서, 사람이 이에 엄정하게 성찰하여 힘써 이기면 도에 가깝게 된다.[7]

다산은 인간이 본래적으로 두 가지 의지가 갈등하는 존재라고 보는

5 『여전2』, 권8, 「논어고금주」: 訟之爲卦, 天命在上, 坎過在內, 善爲易者, 觀此象, 知天命人欲相爲敵讎, 此之謂內自訟也.

6 『여전2』, 권6, 「맹자요의」: 所不爲所不欲, 是發於道心, 是天理也, 爲之欲之, 是發於人心, 是私欲也.

7 『여전2』, 권6, 「맹자요의」: 人恒有二志, 相反而一時並發者, 此乃人鬼之關, 善惡之幾, 人心道心之交戰, 義勝欲勝之判決, 人能於是乎猛省而力克之則近道矣.

데, 그 두 가지 의지의 속성은 선을 하려는 것과 악을 하려는 것이다. 의지[志]는 곧 마음의 작용이라는 점에서, 마음은 실제적으로 선과 악을 하려는 의지의 격렬한 교전이 이루어지고 있는 전장(戰場)과 같다. 이 전장에서는 도심이 주도력을 가지고 이끌어 나가야 하는 당위성이 강조된다.

그런데 다산은 『서경(書經)』〈대우모(大禹謨)〉의 '인심유위 도심유미 유정유일 윤집궐중(人心惟危 道心惟微 惟精惟一 允執厥中)'에 대해 설명하면서, '인심유위 도심유미' 두 구절은 지극한 이치가 있는 정확한 글이라고 인정하지만[8] '유정유일 윤집궐중'에 대해서는 문제가 있다고 비판한다. 이 비판의 논점에는 인심과 도심의 관계성을 이해하는 다산의 입장이 반영되어 있다.

> 단지 '유정유일 윤집궐중(惟精惟一 允執厥中)'의 두 구절은 위로 '인심유위 도심유미'라는 경계의 말을 잇고 있는 것이 적절하지 않고 불안하다. 이는 무엇 때문인가? '상지인(上智人)이라도 인심이 없을 수 없으며, 하우인(下愚人)이라도 도심이 없을 수 없다.'고 하는 주자(朱子)의 말은 성인(聖人)이 다시 태어난다 해도 바꿀 수 없다. 그러므로 인심도심은 하나를 가려잡을 수 없는 것이니 장차 어떻게 하면 '유정유일'할 수 있겠는가? 또 이른바 '집중(執中)'은 곧 『중용(中庸)』에서 말하는 '집기양단 용기중어민(執其兩端, 用其中於民)'이다. '중(中)'은 모든 사물에 있는 지극히 정당한 도리 그것이다. 만일 인심도심에서 그 '중'을 추구하여 잡으려 한다면 이는 반드시 천리와 인욕이 서로 섞이어 옳고 그름이 반반씩 될 것이다. 그런 후에야 이를 '집중'이라 할 수 있다. 만일 인심을 끊고 도심 하나만을 간직하는 것을 '정일(精一)'이라 한다면 또한 어떤 이유로 '상지인이라도

8 『여전2』, 권2, 「심경밀험」: 然人心之危道心之微此二句, 乃是至理所寓, 精確無比.

> 인심이 없을 수 없다.'고 말하겠는가? 인심도심은 나름대로 하나의 지극한 말이며 '윤집궐중'도 나름대로 하나의 뚜렷한 경계이다. 이를 각각 나누어 그 뜻을 살펴보면 서로 문장이 연결되어 있기는 하지만 결국은 불합리함을 알 수 있다.[9]

여기서 다산은 두 가지 의미 있는 주장을 하고 있다.

첫째는 인심과 도심은 상호 배척적 관계로만 정의되어서는 안 되며, 또 모든 인간은 이 두 마음을 가지고 있다는 것이다. 그러므로 인심을 완전히 소멸시키는 것은 불가능하며, '정일(精一)'은 옳지 않다는 것이다. 다산은 인심을 완전히 소멸되어야 할 것으로 이해하지 않고, 오히려 상지인조차도 가지고 있을 수밖에 없는 인간의 기본적인 마음의 발로로 간주한다. 이 점에서 다산은 인간의 생물적 존재 속성을 기본적으로 인정하는 입장을 취한다고 할 수 있다. 그러므로 다산은 '유정유일'의 '정일'을, 도심 하나만을 의미 있는 것으로 간주함으로써 결과적으로 인심을 소멸시키는 의미로 이해해서는 안 된다고 주장하는 것이다. 이 점에서 다산의 입장은, 마음속에 일어나는 것이 인심인지 도심인지 자세하게 성찰하려는 노력을 '정(精)'이라 하고, 도심을 한결같이 지켜내려는 노력을 '일(一)'이라고 규정하는 주자의 주장[10]과는 다르다고 볼 수 있다.

---

9 『여전2』, 권2, 「심경밀험」: 但惟精惟一允執厥中二句, 上承危微之戒, 終恐齟齬而不安, 何者, 上智不能無人心, 下愚不能無道心, 朱子之說, 聖起不易, 然則人心道心, 不可以擇執其一, 將何以惟精惟一乎, 且所謂執中者, 卽中庸所謂執其兩端, 用其中於民也, 中者於凡事物之上, 各有至極正當底道理者也. 若就人心道心, 求其中而執之, 則必天理人欲, 相雜相糅, 爲半是非之義, 然後乃爲執中, 若云絶去人心, 孤存道心, 是之謂精一, 則又何云上智不能無人心乎, 人心道心, 自一至言, 允執厥中, 自一炯戒, 各觀其旨, 何以知道相連爲文, 終不合理.

10 한국사상사연구회, 『조선 유학의 개념들』, 예문서원, 2002, 269쪽 참조.

둘째는 '윤집궐중'이란 표현은 천리와 인욕 사이에 놓인 중간점을 잡는 것과 같은 의미로 해석될 수 있다는 점을 지적하면서 '윤집궐중'을 비판한다. 천리와 인욕은 그 사이의 중간점을 잡아서 의미를 충족시킬 수 있는 것이 아니라고 다산은 주장한다. 그에 따르면 '중(中)'이란 사물의 바른 도리를 의미하는데, 이는 실사(實事) 즉 도덕적 문제 사태에서 실천되는 올바른 도리를 말한다. 따라서 '중'은 천리를 하나의 끝 점으로 삼고, 또 인욕을 하나의 끝 점으로 삼아서 그 선상(線上)에서 포착된 중간점을 의미하는 것이 아니다. 이 점에서 다산은 '윤집궐중'이란 실사에서 올바른 도리를 잘 취해야 한다는 의미로 해석하고 있다.

요컨대 다산은 '유정유일'에서, 인심을 온전하게 소멸되어야 할 것으로 보거나, 도심을 인간에게 존재하는 유일한 마음으로 보는 관점을 취하지는 않는다. 이 점에서 다산의 입장은, 인간에게 있어서 인심과 도심이 보완적 관계를 가지는 측면도 있음을 인정하는 것으로 볼 수 있다. 그리고 다산에게 '윤집궐중'의 '중'은 천리와 인욕, 도심과 인심 사이의 단순한 중간점을 잡는 것이 아니라 삶에서 올바른 도리를 실천하는 것이다. 즉 '중'은 도덕적 문제 사태에서 도심이 온전히 작용하는 윤리적 실천을 의미한다.

2. 인심도심에서 욕구와 악(惡)

인심도심의 문제를 분석함에 있어서 의미 있는 주제는 욕구와 관련된 것이다. 유가들은 욕구를 부정적으로 바라보는 뚜렷한 전통을 가지고 있다. '존천리거인욕(存天理去人欲)'으로 표상될 수 있는 주자학의 욕구 부정적 입장은 퇴계와 율곡에게도 견지된다. 조선의 유교문화에서 욕구는 제거하거나 경계해야 할 대상이었는데, 이러한 인간의 욕구에 대한 입장은 주자학적 인간관의 한 전형을 이루어 왔다고 할 수 있다.

다산은 인심도심의 문제를 탐색함에 있어서 욕구를 중요한 논점으로 삼으면서, 주자학자들의 통상적인 욕구관과는 달리, 욕구를 긍정하는 입장을 취한다.

> 내가 일찍이 어느 한 사람을 보았는데, 그의 마음이 담박하여 욕망이 없으므로 선을 하지도 못하고 악을 하지도 못하며, 문장을 이루지도 못하고, 산업을 하지도 못한 채 천하에 쓸모없는 물건이 되었다. 사람으로서 욕망이 없을 수 있겠는가? 맹자가 말하는 것은 이록(利祿)의 욕심이다.[11]

이러한 다산의 '욕구 긍정론'의 논점은 첫째, 인간은 누구나 욕구를 가지고 있는 '욕구적 존재'이며, 둘째, 악을 하고자 하는 것과 선을 하고자 하는 것 모두를 욕구로 규정할 수 있다는 것으로 집약된다. 이에 입각하면, 인간은 욕구가 없다면 생산적이 될 수도 없고 선의 가치를 구현할 수도 없다고 본다. 다산의 이러한 주장은 퇴계나 율곡의 욕구론과는 다른 것으로, 욕구를 인간을 인간답게 하는 본질적 요소로 인식하는 입장이라고 하겠다. 따라서 다산에게 인간은 곧 '욕구적 존재'라고 규정될 수 있다.[12] 욕구를 긍정하는 입장에 서 있는 다산은, 맹자가 경계한 인간의 욕구는 자기의 사사로운 이익만을 따지는 욕구에 한

11 『여전2』, 권2, 「심경밀험」: 余嘗見一種人, 其心泊然無欲, 不能爲善, 不能爲惡, 不能爲文詞, 不能爲産業, 直一天地間棄物, 人可以無慾哉, 孟子所旨, 蓋利祿之慾耳.

12 욕구에 대한 다산의 입장은, 인간은 욕구의 세계에 태어나는데 욕구가 없으면 아무것도 하지 못하므로 욕구가 있어야 어떤 것이라도 할 수 있다고 주장하는 후기 실학자 惠岡 崔漢綺(1803~1877)의 사상에 투영되고 있다.(최진덕, 「혜강 기학의 이중성에 대한 비판적 성찰」, 『혜강 최한기』, 청계, 2000, 109쪽 참조.)

정될 뿐, 모든 욕구를 통틀어서 언급하는 것은 아니라고 주장한다.

> 사람의 영체(靈體) 내에는 본래 하고자 하는 하나의 단서가 있다. 만일 이러한 욕심이 없으면 천하의 모든 일을 전혀 할 수 없다. 오직 이익을 아는 사람의 욕심은 이록(利祿)만을 꿰뚫어 나아가며, 의(義)를 아는 사람의 욕심은 도의(道義)에 따라서 꿰뚫어 간다.[13]

여기서 다산은 '도의에 따라서 꿰뚫어 가는 욕구', 즉 '도의의 욕구'를 인정한다. 인심은 기질이 발한 것이고, 도심은 도의가 발한 것이라고 한 그의 관점에 따르면, 도의의 욕구가 발현된 것을 도심이라고 규정할 수 있다. 그러므로 다산은 맹자가 말한 '사생취의(捨生取義)'에 대해, "사람이 (이 길을) 버리고 말미암지 않는 것은 예(禮)와 의(義)에 대한 욕구가 삶에 대한 욕구보다 심하고, 비례(非禮)와 불의(不義)에 대한 싫어함이 죽음에 대한 싫어함보다 심하기 때문이다."[14]라고 해석하였다. 예와 의에 대한 마음을 일으키는 것이 곧 욕구라고 규정한 다산의 관점은 욕구를 전향적(轉向的)으로 이해한 것이다. 이러한 욕구 긍정관의 본의는 선 지향적인 마음의 발용을 적극적으로 견인하려는 것으로 볼 수 있다.

다산은 다른 한편으로 도심을 욕구와는 별개의 것으로 보는 입장을 피력하기도 하는데, 이 경우의 욕구는 사욕을 의미한다.[15] 그는 "하지

---

13 『여전2』, 권2, 「심경밀험」: 吾人靈體之內, 本有願欲一端, 若無此欲心, 卽天下萬事, 都無可做, 唯其喩於利者, 欲心從利祿上穿去, 其喩於義者, 欲心從道義上穿去.

14 『여전2』, 권6, 「맹자요의」: 人有舍之而不由者, 爲其禮義之可欲, 甚於欲生, 而非禮不義之可惡, 甚於惡死也.

15 이러한 다산의 생각을 보면, 그 역시도 욕구는 사사롭게 되기 쉬운 것으로 간주하는 관점을 견지하고 있다. 이는 '欲'의 자의를 풀면서 다음과 같이 설명하는 데서 드러난다. "欲이라는 글자는 '谷' 변에 '欠' 자를 쓰고 있다. '谷'은 '虛'이며, '欠'은 '欲'이

않고 욕심내지 않는 것은 인심을 극복하고 제어하여 도심의 명령을 듣는 것인데 이를 '극기복례'라고 한다."[16]고 주장한다. 이를 보면 다산은 인심이 곧 욕구라는 관점을 취하고 있으나, 한편으로 도심은 욕구와는 다른 것으로서 의(義)와 같은 도덕적 가치를 드러낸 마음이라는 관점을 취하는데, 여기서 언급된 욕구는 사욕이다. 이는 맹자가 경계하고 극복하려 한 이른바 '이록(利祿)의 욕구'를 의미한다. 그러므로 다산은 사사로운 욕구를 극복하고 예로 돌아가면 인심을 제압할 수 있다고 주장한다.[17]

다산은 인심의 선악 문제에 대해서 정조(正祖)로부터 다음과 같은 질문을 받는다.

> 동유(東儒)의 인심도심 도표에 따르면 도심 아래에 '선(善)' 자(字)를 썼는데, 성선(性善)의 '선(善)' 자(字)와 뜻이 같은가 다른가? 인심은 곧 성인(聖人)이나 범인(凡人) 할 것 없이 모두 함께 지니는 것인데, 도표에서는 옆으로 인심을 쓰고 그 아래에 '악(惡)' 자(字)를 쓴 것은 무엇 때문인가?[18]

선악의 관점에서 인심도심은 어떻게 규정될 수 있는가 하는 문제는 유가들에게 중요한 논점이었다. 정조 역시 이에 대해서 관심을 갖고 의문을 제기한 것이다. 다산은 정조의 물음에 다음과 같이 답한다.

다. 대체로 텅 비고 허전해하는 物은 항상 다른 물을 취하여 여기에 채우는 법이다. 사람의 하고자 하는 마음 또한 그 형상이 이와 같다. 그러므로 會意로써 그 글자를 만들었다. 이를 보면 '欲'이라는 글자는 비록 '心' 자를 그 아래에 붙이지 않았다 하더라도 '私慾'의 '慾' 자와 다를 바 없다.(『여전2』, 권4, 「중용강의보」)"

16 『여전2』, 권6, 「맹자요의」: 無爲無欲, 是克制人心 而聽命於道心, 是所謂克己而復禮也.

17 『여전2』, 권6, 「맹자요의」: 樂天知命則培養道心矣, 克己復禮則制伏人心矣, 此善惡之判也.

18 『여전2』, 권4, 「중용강의보」: 東儒人心道心圖, 道心下書善字, 其義同耶異耶, 人心卽聖凡之所共有, 而圖本斜書人心, 下著惡字者何也.

도표에서 '선' 자는 이미 '악' 자와 상대되는 것으로 보아 성선의 '선' 자와 다른 뜻이 없는 것 같고, 옆으로 인심을 쓰고 '악' 자를 쓴 뜻은 내가 알 수 없다. 『중용』 서문에 '사람마다 이 형구(形軀)를 소유하지 않은 이가 없기 때문에 상지인(上智人)이라 하더라도 인심은 없을 수 없다.'고 하였다. 상성(上聖)도 없지 않은 인심을 악이라고 말할 수 있겠는가? 이는 아마 주자의 본의가 아닌 듯하다.[19]

즉 다산은 인심을 악이라고 전칭할 수는 없다는 입장을 취하고 있다. 인심은 인격적 소양을 온전히 갖춘 상지인에게도 없을 수 없다는 점에서 '인간의 조건'으로 보고 있다. 인심은 육신을 가진 존재인 인간의 기본적인 바탕이다. 상지인과 같은 도덕적 존재는 인심을 천리에 맞게 발현할 수 있다는 점에서 보면 인심은 악한 것이 아니다. 이 점에서 다산은 『서경(書經)』에서 언급되고 있는 전통적인 표현에 주목한다.

『서경』에서 '인심은 위태롭다.'고 하는데, 위태롭다는 것은 아직 선악이 구분되지 않은 상태를 뜻한다. 그러므로 주자는 『서경』 〈대우모〉의 주(注)에서 '인심은 쉽게 사사로워져서 공의(公義)하기 어렵기 때문에 위태롭다.'고 하였다. 이른바 쉽게 사사로워진다는 말은 쉽게 인욕을 따르게 된다는 말이 아니겠는가? 그렇다면 정주설(程朱說) 또한 부합되는 곳이 있다.[20]

다산은 인심이 쉽게 사사로워져 공정하게 되기 어려우므로 위태롭다

---

19 『여전2』, 권4, 「중용강의보」: 圖本中善字, 旣與惡字對勘, 則與性善之善, 恐無異義, 而斜書人心, 下若惡字之義, 誠未曉, 序曰人莫不有是形, 故雖上智不能無人心, 今以上聖之所不能無者, 直謂之惡可乎, 恐非朱子之旨也.

20 『여전2』, 권4, 「중용강의보」: 故書曰人心惟危, 危者善惡未判之境也, 故朱子注大禹謨曰人心易私而難公故危, 夫所謂易私者, 豈非易循人欲者乎, 然則程朱之說, 亦有符合處矣.

고 한 주자학적 입장에 대해서 수긍하고 있는데, 이는 다산 역시 인심은 기질이 발한 것이라는 점을 인정하기 때문이다. 그러나 다산에게 문제되는 것은 기질의 발(發)이 도의와 어떻게 관계되는가 하는 점이다. 다산은 이 점에서 인간의 몸에 대한 의미 있는 인식적 전회를 시도한다.

다산은 인간의 몸 자체를 악을 유발하는 핵심적 원인으로 보지 않으며, 다만 사물과 현상을 접수하고 받아들이는 감관으로 이해한다. 즉 그는 “사물과 내가 서로 접할 때 그 문과 길[路]이 이목(耳目)에 있다. 귀는 소리를 거두어서 마음에 들여놓고, 눈은 색을 거두어서 마음에 들여놓으니, 이것이 그 직분일 뿐이다. 이목은 다만 그 직분을 처리할 따름이니 어찌 들여놓은 것을 마음이 억지로 따르게 할 수 있겠는가?”[21]라고 하였다. 이는 이목(몸)을 마음의 인식 작용을 가능케 하는 감수(感受)기관으로 이해하는 입장이다. 다산은 이목 그 자체가 악도 아니고 선도 아니며, 선과 악을 짓는 마음의 발현에 영향을 주는 감관일 뿐이라고 본다. 이는 혜강 최한기가 몸의 여러 감각기관인 제규제촉(諸竅諸觸)은 외부의 자극을 수동적으로 받아들일 수 있는 능력을 가질 뿐이라고 하는 입장[22]과 맥락을 같이하는 대목이다. 다산이나 혜강 모두 몸은 다만 감각자료들을 받아들이는 기관일 뿐, 그 자체가 악을 유발하는 가치적 특성을 가지는 것은 아니라는 입장을 취한다.

이러한 맥락에서 다산은 인간의 모든 악이 형기에서 발하는 것은 아니라고 강조한다. 그는 인간의 죄악이 대개 형기에서 유발되는 식색(食色)과 안일(安逸)의 욕심에서 말미암는 것이 사실이지만, 한편으로는 식색과는 상관없이 마음에서 일어나는 것이 있다고 본다. 즉 다산은

---

21 『여전2』, 권6, 「맹자요의」: 物與我之相接, 其門路在於耳目, 耳收聲而納之於心, 目收色而納之於心, 是其職耳, 耳目但修其職分而已, 顧何嘗使此心强從其所納哉.

22 최진덕, 「혜강 기학의 이중성에 대한 비판적 성찰」, 147쪽 참조.

인간이 악을 행하게 되는 계기에는 혈기에서 비롯되는 것과는 다른 차원의 문제가 있음을 다음과 같이 지적하고 있다.

> 지금의 사람들이 혹 경의(經義)로 다투고 혹 도리를 분별하려고 크게 성을 내어 서로 욕하기도 하며 혹 글로 꾸미어 서로 시기하고 마구 해치는 마음까지 더하여, 비록 이로써 몸이 죄에 빠지고 재화(災禍)를 당하는 한이 있어도 아랑곳하지 않는데, 그 마음은 형기(形氣)에 유익함을 구하고자 하는 것도 아니며, 교만하고 오만스러운 폐단이 형기에서 나오는 것도 아니다.[23]

주자는 선한 본성을 품부한 인간이 악한 행위를 하게 되는 근거로 기질을 제시한다. 예컨대, 주자는 맑은 기를 품부받으면 성인(聖人)이나 현인(賢人)이 되고, 탁한 기를 품부받으면 어리석거나 불초(不肖)한 인간이 된다고 주장한다.[24] 그리고 율곡은 인간이 맑은 기를 타고나면 선하게 되고, 탁한 기를 타고나면 악하게 된다고 본다.[25] 그러나 다산은 인간의 악한 행위의 책임을 기질로 돌리는 것은 합당하지 않다는 입장을 취한다. 품부받은 기질의 특성에 따라서 인간이 선하게 되거나 악하게 된다는 '선천적 기질 책임론'을 인정한다면 인간이 저지르는 악한 행위에 대해서 책임을 물을 수 없다. 왜냐하면 이 입장에 의거하면, 인간은 태어날 때부터 선하거나 악하게 될 수 있는 기질적 결정성을 부여받는다고 보아야 하기 때문이다. 그렇다면 인간은 선악의 행위를 자유의

---

23 『여전2』, 권2, 「심경밀험」: 今人或爭經義, 或辨道理, 盛氣發怒, 罵詈相加, 或文章相猜, 橫加忮害, 雖以此陷身嬰禍而莫之恤焉, 其心非求益於形氣也, 此凡驕傲之病, 不出於形氣.

24 『朱子語類』, 권4, 「性理1」: 稟氣之淸者, 爲聖爲賢, 如寶珠在淸冷水中, 稟氣之濁者, 爲愚爲不肖, 如珠在濁水中.

25 『栗谷全書』, 拾遺 卷5 雜著2, 「壽夭策」 참조.

지로 할 수 없기 때문에 스스로가 윤리적 책임의 주체가 될 수 없다. 이는 결국 인간을 윤리적 존재로 인정하지 않는 입장이 되므로, 다산은 인간이 악행을 하게 되는 근본적인 원인을 기질로 돌리지는 않는다. 그는 다음과 같이 주장한다.

> 자신을 빠뜨리는 것은 형기의 사욕 때문이거나 습속의 오염 때문이거나 외물의 유혹 때문이다. 이 때문에 양심이 없어져 큰 악에 이르게 되니, 어찌 기질의 탓으로만 돌릴 수 있겠는가?[26]

다산은 인간 행위의 도덕적 책임성 문제를 직시하기에, 인간이 짓게 되는 죄악들이 모두 식색(食色)과 안일(安逸)에서 나오는 것으로 간주하고 그 원인을 형기로 귀결시키는 관점을 비판한다. 그는 형기에서 발하는 인심이 곧바로 악의 근원이 되는 것은 아니며, 오히려 형기와는 무관한 악한 동기가 마음에서 일어날 수 있음을 지적한 것이다.

3. 도심에서 솔성(率性)과 천(天)

다산은 마음과 성(性) 그리고 마음과 천(天)의 관계에 있어서 주자와는 다른 주장을 제기하는데, 이는 권형(權衡)과 기호(嗜好)를 중심으로 '인심유위 도심유미(人心惟危 道心惟微)'를 해석하는 입장에서 드러난다.

---

26 『여전2』, 권6, 「맹자요의」: 陷溺之術, 或以形氣之私慾, 或以習俗之薰染, 或以外物之引誘, 以此之故, 良心陷溺, 至於大惡, 何得以氣質爲諉乎.

> '인심유위(人心惟危)'는 내가 말하는 권형이다. 마음의 권형은 가선가악(可善可惡)인데 천하에 위태롭고 불안한 것이 이보다 더 심한 것은 없으며, '도심유미(道心惟微)'는 내가 말한 성기호이다. '천명지위성(天命之謂性) 솔성지위도(率性之謂道)'는 도심을 말한다.[27]

다산은 『서경』에서 말하는 '인심유위'는 인심의 가선가악(可善可惡)하는 권형을 말하며, '도심유미(道心惟微)'는 성기호를 의미한다고 주장한다. 인심과 도심에 대한 이러한 이해 방식은 다산 특유의 논지에 입각하여 해석한 것이다. 여기서 인심과 관련하여 논의되는 권형은 흔들림 없는 순선한 도덕의지를 의미하는 것이 아니라 악으로도 갈 수 있는 '미확정적'인 의지를 의미한다. 그러므로 권형은 위태하고 불안하다. 주자는, 인심은 움직이기는 쉽지만 돌이키기는 어렵기 때문에 위험하고 불안하며, 도리는 밝게 드러나기는 어렵고 어두워지기는 쉽기 때문에 은미해서 잘 드러나지 않는다고 보았다.[28] 인심은 드러나고 동(動)하기 쉬운 것으로서 형기에서 발한 것이므로 악으로 경도될 수 있는 경향성이 뚜렷하지만, 도리에 대한 각성이 쉽지 않아 돌이키기 힘들다는 것이다. 다산이 인심의 '유위(惟危)'를 가선가악(可善可惡)의 권형으로 해석하는 것은 선악이 결정되어 있지 않아서 흔들릴 수 있는 의지의 양상에 대한 통찰이다. 성의 본래적 특성, 즉 기호는 선을 좋아하는 것이므로 마음이 악으로 치우치는 것은 본성을 거역하는 것이어서 불안하고 위태롭다. 이 위태로운 인심은 그 동태(動態)가 크고 두드러진다. 그러나

---

27 『여전2』, 권2, 「심경밀험」: 人心惟危者, 吾之所謂權衡也, 可善可惡, 天下之危殆不安, 未有甚於是者, 道心惟微者, 吾之所謂性好也, 天命之謂性, 率性之謂道, 斯之謂道心也.

28 『朱子大全』, 권65, 「尙書」, 〈大禹謨〉: 人心易動而難反, 故危而不安, 道理難明而易昧, 故微而不顯.

도심은 은미(隱微)하다. 인간의 '낙선치악(樂善恥惡)'하는 성기호는 은미하지만, 그것은 천으로부터 부여받은 것이므로 천명(天命)이다. 그리고 그 '성을 따르는 것[率性]'은 도심이다. 다산은 맹자의 '기희(幾希)' 개념과 연결하여 도심을 설명한다.

> 맹자가 말한 '사람이 금수(禽獸)와 다른 바는 거의 드물다[幾希]'의 '기희'는 은미함을 말한다. 성이 선을 좋아하는 것은 비록 천에 근본하고 있으나, 물욕에 가리게 되어 도심의 존재는 극히 은미하게 된다. 이는 오직 군자만이 살필 수 있다.[29]

선을 좋아하는 성의 기호는 쉽사리 물욕에 가려질 수 있기 때문에 그 발현됨이 은미할 수밖에 없다는 것이다. '기희'를 도심으로 직결시킨 다산의 논점은 '도심유미'와 맹자의 인성론을 접목한 것이라 하겠다. 이 점에서 다산은 맹자의 입론을 토대로 자신의 심론을 구축하고 있음을 알 수 있다. '기희'는 인간이 가진 도심의 선성(善性)이 굳지 못함을 표명하는 것이다. 따라서 '기희'는 모든 인간이 실제적으로 어떤 경우에도 선하다는 것을 담보하지는 못한다. 이는 단지 선을 지향할 수 있는 본성적 근거를 확보하고 있다는 인간 도덕성의 긍정을 의미하는 맥락에 있다.

도심을 성과 관련짓는 다산의 입장은, 솔성(率性)하는 것을 도(道)라고 하므로 성이 발한 것을 도심이라고 규정하는 것으로 집약된다.[30] 도심은 선을 즐거워하는 성기호의 선함에 의거하고 있다. 그런데 다산은,

---

29 『여전2』, 권2, 「심경밀험」: 孟子曰人之所以異於禽獸者幾希, 幾希者微也, 性之樂善, 雖根於天, 賦而爲物欲所蔽, 存者極微, 唯君子察之.

30 『여전2』, 권3, 「중용자잠」: 率性之謂道, 故性之所發, 謂之道心.

도심은 인심과 섞일 수 있는 것이 아니라는 입장을 취한다.[31] 이 맥락에서 다산은, 인심이 도심의 명을 들어야 한다는, 이른바 '도심에 대한 인심의 청명(聽命)'을 배제하지 않고 있다. 도심에 대한 인심의 청명 여부는 주자, 퇴계, 율곡에게 중요한 논점이 된 문제이다. 『주자신학안(朱子新學案)』을 편집한 전목(錢穆)은 주자의 인심도심론은 초간론과 만년정론으로 나눌 수 있으며, 만년정론에서는 인심도심의 이상적 관계를 '인심청명어도심(人心聽命於道心)'으로 규정하고 있다고 설명한다.[32] 한편 율곡은 인심도심종시론(人心道心終始論)에서 인심이 도심의 명령을 듣게 된다면 인욕으로 전락하지 않고 천리가 될 수 있다는 입장을 취한다. 이 입장은 다산의 인심도심론에 의미 있게 반영되고 있는데, '천명지위성 솔성지위도 수도지위교(天命之謂性 率性之謂道 修道之謂教)'에 대한 해석에서 그 특성이 드러난다.

> 도심은 항상 선하려고 하고 또한 능히 선을 택하기도 한다. 한결같이 도심의 하고자 하는 바를 따르는 것을 솔성(率性)이라고 하니, 솔성은 천명을 따르는 것이다. 불의(不義)한 음식이 앞에 놓여 있을 때 구복(口腹)의 욕심이 넘치지만 도심이 조용히 이르기를 '먹지 말아야 한다. 이것은 불의한 음식이다.'라고 하면 내가 그 말에 따라서 먹지 않는 것을 솔성이라고 하니 솔성이란 천명을 따르는 것이다.[33]

다산의 성에 대한 입장은 성선론으로 규정할 수 있지만, 그의 입론은

31 홍원식 외, 『심경부주와 조선유학』, 예문서원, 2008, 303쪽 참조.
32 이기용, 「율곡 이이의 인심도심론 연구」, 연세대 대학원 박사학위논문, 1995, 35~36쪽 참조.
33 『여전2』, 권3, 「중용자잠」: 道心常欲爲善, 又能擇善, 一聽道心之所欲爲, 玆之謂率性, 率性者, 循天命也, 不義之食在前, 口腹之慾溢發, 心告之曰勿食哉, 是不義之食也, 我乃順其所告, 郤之勿食, 玆之謂率性, 率性者, 循天命也.

주자학자들의 그것과는 다른 맥락에 서 있다. 즉 인간의 성은 본유의 덕이 아닌 기호이고, 기호는 천에 의해 부여되었으니 천은 인간의 도덕적 존재됨을 근거 짓는 것이라고 다산은 이해한다. 천이 처음 생명체를 낳을 때, 성을 주어 선을 잘 따르게 하여 그 도리를 이룰 수 있게 했으므로, 성이 있어서 사람이 도덕적 문제 사태에서 가치 판단을 하고 나쁜 일을 제어할 수 있으며 또 선을 온전히 행할 수 있다는 것이다. 이것이 다산이 인식하는 '천명지위성'의 의미이다. 도덕적 정당성의 근거인 천으로부터 부여된 성은 선하다. 솔성이란 곧 성의 선함을 따르는 것이며, 이는 도심을 따르는 것이다. 솔성함으로써 온전한 인격체가 될 수 있다는 당위는 성의 선함이 전제되지 않고서는 불가능하다. 그러므로 다산은 "만약 성이 본래 선과 악을 겸하고 있다면 어찌 성을 따르는 것을 도(道)로 삼을 수 있겠는가?"[34]라고 되묻는다. 솔성이란 선천적으로 품부된 성에 따르는 것이지만 인간에게는 물욕이 있기 때문에 솔성하는 것이 쉽지는 않다. 그러므로 다산은 인간의 성은 본래 순선(純善)하지만 인욕(人慾)이 항상 악으로 빠뜨리려고 하므로 반드시 힘써 노력하여 그 본성대로 따라서 도에 나아가야 한다는 입장을 취한다.

또한 다산은 솔성을 말하면서 덕성과 천의 관계에 대해서도 다음과 같이 언급하고 있다.

> 원래 성이란 선을 좋아하고 악을 부끄럽게 여기는 소이연(所以然)이다. 이 본성을 따라서 인(仁)에 거하고 의(義)로 말미암는 것이며, 인의(仁義)로 말미암아 이루어진 것을 덕성이라고 한다. 덕성이란 본래 상천(上天)에서 받은 까닭에 이를 높이고 감히 잃지 않으려 한 것이다.[35]

34 『여전2』, 권6, 「맹자요의」: 若性之爲物, 本兼善惡, 則烏得率性以爲道乎.
35 『여전2』, 권2, 「심경밀험」: 原夫性者, 樂善耻惡之所由然也, 率此本性, 可以居仁, 何以

덕성은 본성에 따라 지속적으로 도덕적 가치를 실천하여 형성된 일정한 도덕적 성향이라고 할 수 있다. 즉 덕성은 가선가악(可善可惡)할 수 있는 마음이 선을 선택하고 실천한 공능이 쌓여 일정한 도덕적 실천의 의지적 정향성을 가지게 된 것을 의미한다. 그런데 다산은 선한 본성에 따르고 선을 실천함으로써 형성된 덕성 역시 천으로부터 부여된 것이라고 생각한다. 맥락상으로 보면 덕성은 후천적인 특성이 있지만 다산은 선천적으로 덕성이 부여된 것처럼 언급하고 있다. 후천적인 개념으로 보이는 덕성을 선천적인 것으로 규정하는 다산의 입장은 일견 모순적으로 보이기도 한다. 그러나 다산은 덕성도 곧 성이므로, 이 덕성을 가능케 한 본성은 근본적으로 천으로부터 부여되었다는 입장을 밝힌 것으로 볼 수 있다. 이는 인간의 덕 있는 선한 마음의 원천을 인정하는 본성 긍정론의 맥락이다.

다산에게 천은, 인간에게 도덕적 본성을 부여한 원천이면서 인간에게 끊임없이 도덕적 각성을 일으키는 감시자이며 간섭자이기도 하다. 인간은 천으로부터 도덕적 본성을 부여받음과 동시에 천명(天命)이라는 감시의 눈길을 받게 된다. 그리고 천의 감시는 도심을 통해 이루어진다. 천명은 인간이 본성으로 부여받은 필연적인 것이므로 도심의 각성은 누구에게나 예외 없이 있다.

> 천의 혀는 도심에 깃들어 있으니 도심이 경고하는 것은 황천(皇天)이 명하신 경계이다. 남은 듣지 못하더라도 나만은 홀로 똑똑히 들으니 이보다 자세할 데 없고 이보다 엄할 데가 없는데, 가르치듯 하고 깨우쳐 주듯 하니, 어찌 그저 차근차근 타이르기만 하겠는가? 일이 선하지 않으면 도심이

由義, 仁義之所由成, 故名之曰德性也, 乃此德性, 本受於上天, 故尊之奉之, 罔敢墜失也.

> 이를 부끄럽게 여긴다. 부끄럽게 여기는 마음이 솟아나는 것은 천명이 차근차근 타이르는 것이며, 행실이 선하지 않으면 도심이 이를 뉘우치는데 그 뉘우치는 마음이 일어나는 것은 천명을 잘 따르는 것이다.[36]

천의 명(命)인 도심의 경고는 구체적 사안에 대해 반응하면서 가르쳐 주고 깨우쳐 주는 것이다. 도심의 경고는 마음에서 '부끄러움'과 '후회함'으로 드러난다. 천명이 도심을 통해서 경고한다는 맥락에서는 초월자의 감시가 문제 된다. 이는 선한 행위를 할 때 발동되는 도심은 심성 내면의 단독적 작용이 아니라, 천[上帝]으로부터 명(命)을 받는 간섭적 특성이 있다는 점에서 그러하다. 이러한 도심의 내재적 초월성은 율곡의 인심도심설과는 다른 특성이 있다고 하겠다. 율곡은 도심을 '직접 성(性)의 인의예지(仁義禮智)로 말미암아 발한 것'이라고 하거나[37] '성명(性命)의 바름에서 곧바로 나온 것'이라고 규정함으로써[38] 순전히 본성의 문제로 귀결시키고 있는데, 이러한 입장은 주자학적 도심론의 본령을 드러낸 것이다. 반면에 다산은 인간의 선한 본성의 근거와 구현은 천[上帝]에 의존해야 하며, 또 마음을 통해야 한다는 입장이다. 따라서 다산은 『시경(詩經)』의 말을 인용하면서, "상제를 대하되 오직 마음속에 있을 뿐이라 한 것도 바로 이 때문이다. 천명을 도록(圖籙)에서 구하는 것은 허황된 이단 사술(邪術)이요, 천명을 본심(本心)에서 구하는 것은 성인(聖人)이 상제를 밝게 섬기는 학문이다."[39]라고 밝힌 것이다. 상

---

36 『여전2』, 권3, 「중용자잠」: 天之喉舌, 寄在道心, 道心之所儆告, 皇天之所命戒也, 人所不聞而已, 獨諦廳, 莫詳莫嚴, 如詔如誨, 奚但諄諄已乎, 事之不善, 道心愧之, 愧怍之發, 諄諄乎天命也, 行有不善, 道心悔之, 悔恨之發, 諄諄乎天命也.

37 『율곡전서』, 권12, 書4, 「答安應休」: 由性之仁義禮智而發, 則謂之道心.

38 『율곡전서』, 권9, 書1, 「答成浩原」: 今之人心, 直出於性命之正, 而或不能順而遂之, 間之以私意, 則是始以道心, 而終以人心也.

39 『여전2』, 권3, 「중용자잠」: 對越上帝之只在方寸, 正亦以是, 求天命於圖籙者, 異端荒

제가 도심을 통하여 그의 뜻을 드러내고 감시한다는 점에서 도심을 신성(神聖)하게 여기며, 또 상제와 소통할 수 있는 것이 도심이라는 점에서 인간에게 있어서 도심의 의미가 특별하게 부각되고 있다.

4. 도심의 보존과 가치 실천의 행사(行事)

인심도심론의 핵심은 마음의 본질 해명과 도심의 보존에 있다고 할 수 있다. 다산은 인심에 대해서도 긍정적 의미를 부여하고 있지만 그가 의도하는 논의의 초점은 도심을 어떻게 보존할 것인가 하는 문제에 있다. 다산은 그의 심성론에서 주자학의 맥락과는 차별적인 특성을 상당 부분 드러내고 있지만, 한편으로는 주자학적 입장에 동의하는 부분도 있는데, 이는 주로 도심의 긍정성에 대한 것이라 하겠다. 다산은 도덕적 가치 실천 문제에서 도심의 보존이 핵심적임을 다음과 같이 말한다.

> 맹자가 일생 동안 살핀 것은 바로 도심을 보존하느냐 잃어버리느냐 하는 것이었다. 욕심이 적으면 도심 또한 적게 잃고, 욕심이 많으면 도심 또한 많이 잃는다. 군자가 엄정하게 살펴야 할 것은 단지 마음을 보존하느냐 잃어버리느냐일 뿐이다.[40]

맹자 수양론의 요체인 마음의 보존은 곧 도심의 보존이라고 다산은 이해한다. 다산은 맹자의 존심(存心)과 과욕(寡慾) 중심의 수양론을 수

誕之術也, 求天命於本心者, 聖人昭事之學也.

40『여전2』, 권7,「맹자요의」: 孟子一生所察, 卽道心之存亡也, 慾寡, 則道心亡者亦寡, 慾多, 則道心亡者亦多. 君子之所嚴省者, 只這存亡而已.

용하면서 욕심의 다과(多寡) 문제를 도심의 실(失)·존(存) 문제와 직결시키는 것이다. 또한 다산은 마음 수양의 문제를 인심도심론을 중심으로 해명할 때, 마음이 있어서 난 병(病)과 마음이 없어서 난 병으로 설명하기도 한다. 마음이 있어서 난 병은 인심이 주가 되는 것이며, 마음이 없어서 난 병은 도심이 주가 되지 못하는 것이다. 다산은, 이 두 가지 병은 속마음을 경건하고 바르게 하며 공(公)과 사(私)를 구분함으로써 치유할 수 있다는 입장을 취한다.[41] 이는 마음의 동정(動靜), 즉 사물에 응대하는 경우와 응대하지 않는 경우를 구분한 처방이다. '마음을 경건하고 바르게 하는 것'은 사물에 응대하지 않는 '정(靜)'이 중심이며, '공과 사를 구분하는 것'은 사물에 응대하는 '동(動)'이 중심이다.

다산은 존심(存心)의 개념이 옛날과 지금 어떻게 다른지를 지적하면서, 옛날의 존심은 마음이 없어지려는 것을 보존하는 것이고, 지금의 존심은 마음에 공부가 있어서 잊지 않는 것이라고 구분한다.[42] '옛날의 존심' 즉 '마음이 없어지려는 것을 보존하는 것'은 공(公)과 사(私)를 구별하고, 선(善)과 의(義)를 실천하는 것을 의미한다.

> 이 물(物: 도심)을 보존하고자 하면, 무릇 어버이를 섬기고 어른을 섬기고 임금을 섬기고 친구를 사귀고 백성을 다스리고 사람을 가르칠 때에 정성스럽고 미덥게 힘써 행하여 터럭만큼이라도 속이거나 정성스럽지 못함이 없게 된 연후에라야 비로소 잃지 않았다고 말할 수 있다. 보존한다는 것은 그 없어지려고 하는 것을 지킨다는 뜻이다.[43]

---

41 『여전2』, 권1, 「대학공의」 참조.

42 『여전2』, 권6, 「맹자요의」: 存心, 有古今之異, 古之所謂存心者, 將亡而保之也. 今之所謂存心者, 心有工而不忘也.

43 『여전2』, 권6, 「맹자요의」: 欲存此物, 則凡事親事長事君交友牧民教人之際, 勉行其忠信, 無一毫欺詐不誠之差, 然後方可曰不失也. 存者, 保其將亡之意,

사친(事親), 사군(事君), 교우(交友), 치인(治人), 교인(教人)의 도리 실천에 있어서 정성을 다하는 것이 곧 도심을 잃지 않는 것이다. 그러므로 다산의 도심 보존은 행사(行事)에서 그 의미가 온전히 구현될 수 있다. 이는 외적 상황을 차단하고 마음을 내성적으로 닦아 나가는 것이 아니라, 도덕적 사태에서 도덕적 가치를 각성하고 실천하는 마음 수양을 의미한다. 대상과 관계하여 선을 실천하는 마음 수양, 즉 '행사적(行事的) 마음 수양'은 정시(靜時)의 수양인 정존(靜存)이나 묵존(默存)과는 다르다.

> 후세에서 말하는 정존(靜存)·묵존(默存)이라는 것은 생각하지도 않고 말하지도 않고 웃지도 않고, 눈을 감고 마음을 모아, 오로지 발하기 전의 기상을 보아, 본체로 하여금 허명하고 통철(洞澈)하여 티끌만큼도 물들지 않게 해서 생동감 넘치는 경지를 구하는 것이니, 이것이 옛날과 지금의 다른 점이다.[44]

미발(未發)의 본체를 보존하여 맑고 꿰뚫을 수 있는 기상을 구하는 것이 바로 후세의 정존(靜存), 묵존(默存)이라고 한다. 다산이 정존이나 묵존을 후세의 심존(心存)이라고 보는 것은 곧 주렴계(周濂溪)나 정자(程子)의 입장을 지칭하는 것으로 이해할 수 있다. 다산은 이들의 정존이나 묵존 방법이 심존에 일정한 의미를 가지는 하나의 방법이라고 인정한다. 다산은 옛날의 존심 방법인 동존(動存)·동양(動養)과 후세의 존심 방법인 정존(靜存)·정양(靜養)을 평가하여 "두 가지 모두 좋지만, 옛날에는 주정설(主靜說)이 없었고, 오직 '배우며 생각하고', '생각하며 배

44 『여전2』, 권6, 「맹자요의」: 後世所云, 靜存默存者, 無思無慮, 不言不笑, 瞑目凝心, 專觀未發前氣象, 使本體虛明洞澈, 一塵不染, 以求活潑潑地, 此古今之異也.

운다'는 등의 말만 있었다."[45]라고 말한다. 이를 보면 일견 다산이 존심(存心)에서 동존과 정존의 차이가 없다고 생각하는 것처럼 보인다. 그러나 그가 주장하는 문맥을 따라가 보면 실제로는 동존·동양이 더욱 중요하다는 생각을 드러내고 있다.

> 맹자의 조존법(操存法)은 없어지려는 것을 보존하는 것이고, 후세의 조존법은 떠나가려는 것을 머물러 있게[住存] 하는 것이니, 그 차이는 털끝만 하지만 그 어긋나는 것은 8척(尺)이나 1장(丈)이 된다. 맹자의 이른바 존심이라는 것은 일을 행할 때 항상 사욕을 버리고 천명을 따르며 악을 버리고 선을 좇아서, 이 미미하여 장차 없어지려고 하는 한 점 도심을 보전하는 것이니 이는 보존이다. 후세의 이른바 존심이라는 것은 정좌(靜坐)를 할 때에 항상 시선을 거두고 경(敬)을 주로 하며 정신을 모으고 생각을 중지하여, 이 조급하고 일정하게 안정되어 있지 못한 마음을 보존하는 것이니, 이는 주존(住存)이다. 주존의 공부도 참으로 좋은 것이긴 하지만 맹자가 말한 것과는 다르다.[46]

조존(操存)과 주존(住存)의 방법에서 다산이 선호하는 입장은 맹자의 조존법(操存法)이라고 볼 수 있다. 매사에 악을 버리고 선을 좇아서 실천하는 것이 도심을 잘 보존하는 맹자의 조존이며, 이는 미발(未發) 시에 고요하게 경(敬)을 하는 주존(住存)과는 다르다. 다산은 조존과 주존의 어긋남이 '8척(尺)이나 1장(丈)이 된다.'고 언급하였듯이, 수양에서

45 『여전2』, 권6, 「맹자요의」: 二者皆善, 但古無主靜之說, 惟有學而思, 思而學諸語.

46 『여전2』, 권6, 「맹자요의」: 孟子操存之法, 保存其將亡, 後世操存之法, 住存其將去, 其差雖若毫釐, 其違乃至尋丈. 孟子所謂存心者, 每於行事之時, 去私而循命, 棄惡而從善, 以存此幾希將亡之一點道心, 此所謂保存也. 後世之所謂存心者, 每於靜坐之時, 收觀而主敬凝神而息慮, 以存此躁擾不定之人心, 此所謂住存也. 住存之工, 固亦甚好, 但與孟子所言者不同耳.

조존은 분명한 이점이 있음을 간접적으로 인정한다. 정좌를 하면서 생각을 중지하고 마음을 안정되게 하는 주존은 다산에게 있어서 도심을 보존할 수 있는 기초라고 할 수 있으나, 삶의 구체적 국면에서 행사를 하면서 천명과 선을 좇는 맹자류의 조존 공부야말로 도심을 보존할 수 있는 실제적인 방법이라는 것이다.

행사에서 올바른 도리 실천을 중시하는 다산의 입장은 양성(養性)과 함양(涵養)에 대한 설명에서도 부각된다.

> '양성(養性)'도 그러하니, 맹자의 이른바 양성이란 오늘 착한 일을 한 가지 행하고, 내일 또 한 가지를 행하여 의(義)를 모으고 선을 쌓아 선을 즐거워하고 악을 부끄럽게 여기는 본성을 길러, 호연지기(浩然之氣)를 가득 채워 줄어들지 않게 하는 것이다. 그런데 후세의 이른바 양성이란 눈을 감고 소상(塑像)처럼 앉아서 오로지 마음이 발하기 이전의 기상을 살펴 살아 움직이는 경지를 구하는 것이니, 이는 이른바 함양(涵養)이라는 것이다. 함양도 좋은 것이지만 맹자의 뜻은 아니다.[47]

맹자의 양성은 선을 즐거워하고 악을 부끄러워하는 본성을 기르는 것인데, 하루하루 선한 일을 하고 의를 행하면 양성할 수 있다는 것이다. 그러나 다산은 후세의 양성은 미발(未發)의 기상을 살피는 함양을 의미한다고 본다. 이는 다산이 송대 성리학자들의 주장을 문제 삼는 것인데, 그들이 주장하는 함양은 미발심(未發心)을 기르는 것으로서, 정좌와 같은 주정(主靜)과 주경(主敬)의 방법을 중시한다. 특히 주자의

---

47 『여전2』, 권6, 「맹자요의」: 養性亦然, 孟子之所謂養性者, 今日行一善事, 明日行一善事, 集義積善, 以養其樂善恥惡之性, 使浩然之氣充然不餒也. 後世之所謂養性者, 瞑目塑形, 專觀未發前氣象, 以求活潑潑地, 此所謂涵養也, 涵養自亦甚好, 但非孟子之意.

스승인 이동(李侗)은 정호(程顥)의 주정설을 계승하여 내성적인 함양만으로 성인이 될 수 있다고 강조하였다.[48] 다산은 이러한 함양의 공부도 의미 있는 수양법으로 인정하긴 하지만, 양성에 대한 맹자의 본의와는 다르다고 본다. 이 점에서 다산은 묵좌(默坐)와 정관(靜觀)의 수양법을 언급하면서 도리 실천에 대해서 강조한다.

> 천리(天理)를 보존하고 인욕(人欲)을 막을 수 있는 기회는 사람과 사람이 서로 접촉하는 데 있으며, 묵좌(默坐)와 정관(靜觀) 또한 반드시 자신과 타인이 접촉할 때 세세하게 점검해야만 이에 의거하여 성의(誠意)를 할 수도 있고, 정심(正心)을 할 수도 있다. 미발(未發) 이전의 기상만을 돌이켜 본다면 무슨 도움이 되겠는가?[49]

다산은 대상이나 사태와 접촉하지 않고 고요하고 경건하게 반관하는 묵좌와 정관 그 자체는 '존천리알인욕'하는 도심의 보존에 도움이 될 수 없다고 본다. 관계적·행사적 윤리를 중시하는 다산의 입장에서 볼 때, 묵좌와 정관이 의미를 가질 수 있는 것은 실제적인 삶의 도덕적 문제 사태와 관계에서 천리와 선이 성찰되고 실천되는 데 있다. 묵좌와 정관은 궁극적으로 도리의 실천을 위한 것이며, 실제로 도리를 실천할 수 있을 때 비로소 그것들이 의미를 가질 수 있다는 다산의 주장에는 실천유학적 특성이 뚜렷이 반영되어 있다. 이 점에서 다산은 "행사(行事)가 없이 뜻에서 성(誠)을 구하고 사물이 없이 마음에서 바른 것을 구한다면 그에게 마음의 병이 발생됨을 이루 말할 수 있겠는가?"[50]

---

48 한국사상사연구회, 『조선 유학의 개념들』, 329쪽 참조.
49 『여전2』, 권1, 「대학공의」: 存天理遏人慾, 其機其會, 在於人與人之相接, 默坐反觀, 亦必取我與人相接之際, 一一點檢, 乃有依據, 可誠可正, 反觀其未發前氣象, 將何補矣.
50 『여전2』, 권1, 「대학공의」: 求誠於無事之意, 求正於無物之心, 其發心疾, 可勝言哉.

라고 하여, 미발 시의 공부에만 매몰된다면 이는 오히려 마음의 병을 일으켜 실제적인 일에서 필연적으로 착오를 유발할 수 있다고 보는 것이다. 미발 시의 공부를 중시하는 정적(靜的) 수양법에 대해서 문제 삼는 다산의 이러한 논지는 인간의 실제적 삶에서 의미를 갖는 관계적 도리를 실천하지 않는다면 성도 기를 수 없고 마음도 보존할 수 없다는 입장이다.

이 점에서 다산은 옛 성인들의 치심선성(治心繕性)은 항상 행사에 있었으며, 행사는 인륜(人倫)을 벗어날 수 없었던 까닭에 진실한 마음으로 부모를 섬기는 것이 성의정심(誠意正心)으로 효를 이룬 것이며, 진실한 마음으로 어린이를 사랑하는 것이 성의정심으로 자(慈)를 이룬 것이라고 이해한다.[51] 다산은 성의정심은 항상 행사에 있고, 인륜과 관계된다는 관점에서 행사를 버리고 인륜을 떠나서 마음의 지어지선(止於至善)을 구한다는 것은 옛 성인이 구하고자 한 본래의 길이 아니라고 인식한다. 마음을 보존하는 것은 곧 도심의 보존을 의미하며 이는 도덕적 가치 실천을 통해서 가능하다는 다산의 주장은 실천윤리적 입론이다.

5. 인심도심론의 윤리적 의미

다산의 인심도심론은 인간을 윤리적 존재로 정초함에 있어서 의미 있는 논의를 제공한다. 이 문제의 핵심은 도심의 의미 규정과 분석 그리고 그 보존이라고 할 수 있으며, 이 맥락에 인심의 본질 이해와 인심도심의 관계적 구도가 자리하고 있다. 다산은 인심과 도심을 갈등적·보

51 『여전2』, 권1, 「대학공의」 참조.

완적 관점에서 바라보면서 마음의 특성을 욕구 문제와 직결시켜 선악의 연관성을 해명한다. 그는 인심뿐만 아니라 도심도 욕구로 규정할 수 있으므로 도심으로 드러나는 욕구를 통해 선을 구현할 수 있다는 입장을 취한다. 이 점에서 우리는 다산이 취하는 욕구 긍정관을 뚜렷이 볼 수 있다. 그러나 다산 역시 주자학에서 기본적으로 취하는 천리와 욕구의 갈등적 관계성을 부정하지는 않는다. 그러므로 다산은 천리(天理) 중심의 도심론을 취한다고 볼 수 있겠지만, 엄밀하게 말하면 그의 도심론은 천명(天命)을 중심으로 구축되는 특성이 있다.

마음은 성과 정이 자리하고 작용하는 것이기에 다산은 특히 도심에서 솔성(率性)의 문제를 강조한다. 다산은 솔성을 통해 도심을 기호(嗜好) 및 천과 연결함으로써 도심론을 그의 윤리학의 핵심으로 부각시키고 있는데, 이는 궁극적으로 상제를 근거로 한다. 도심의 보존은 곧 선을 판단하고 실천하는 능력을 보존하는 것이라는 점에서, 이는 인간이 스스로를 윤리적 존재로 정초하는 실제적인 의미가 있다고 할 것이다. 다산은, 주자학자들이 선호하는 도심의 보존 방법인 미발의 함양보다는 삶의 구체적 국면에서의 가치 실천을 통해 도심을 온전히 보존할 수 있는 동존(動存)을 강조하고 있다. 이 점에서 다산의 인심도심론은 실천윤리적 입론의 전형을 보여 준다.

제5장

자유의지론(自由意志論)의 문제와 윤리적 특성

제5장

자유의지론(自由意志論)의 문제와 윤리적 특성

결정론적 심성론에 대한 비판 • 마음과 자유의지 • 자유의지론의 논거와 그 완결성 문제 • 자유의지론의 윤리적 특성과 의미

다산은 인간과 우주 그리고 삶을 바라보는 데 있어서 당시 조선 사회를 지배하고 있던 주자학의 입장과는 차별적인 특성을 드러내려 했다. 다산은 주자학 이데올로기의 문제점을 비판하면서, 인간과 윤리 문제를 새롭게 이해하려고 했던 것이다. 그러나 다산이 초점을 둔 인간 문제는 유가(儒家)들에게 새로운 주제는 아니었다. 유가들은 인간의 특성, 삶과 규범의 문제에 몰두해 왔기에 그들이 사유를 열어 가는 중심에 늘 인간 문제가 자리해 있었다. 예컨대 권근, 퇴계, 율곡 등의 사상가들도 인간 문제에 천착한 사상적 특성을 드러내고 있다. 다산에게도 인간 문제는 근본적 주제 혹은 토대적 주제이다.

본 장에서는 다산이 주자학의 인간론을 문제 삼으면서[1] 자신의 사유

1 다산은 "先儒들은 性을 말함에 너무 두루뭉술하고, 지금 사람들은 또 더러 착오를 범하고 있다."(『여전2』, 권5, 「맹자요의」: 先儒言性, 亦太渾融, 今人又或差誤.)고 하면서 당대 儒家들의 성에 대한 입론에 오류가 있음을 지적하고 있다. 특히 다산은 주자의 심성론에 상당한 문제가 있다며 이에 대해 예리하게 비판하면서 자신의 입론을 개진한다. 그러나 다산은 주자학의 인간관을 온전하게 부정하지는 않는다.

를 드러낸 입론을 '결정론(決定論)'과 '자유의지(自由意志)'의 문제로 설정하고 이에 대해 분석하려 한다. 이에 따라 본 장에서는 먼저, 주자학의 인간관을 결정론적이라고 규정하면서 논박한 다산의 입장을 살펴보고, 다음으로 그 논박의 근거인 자유의지론을 분석할 것이다. 그리고 주자학적 심성론에 대한 다산의 비판이 완결적인 논거를 갖추고 있는지를 검토한다. 마지막으로 다산이 주자학의 심성론을 결정론으로 규정하고 논박하면서 자유의지론을 강조하는 맥락에서 드러난 윤리적 특성이 무엇인지를 분석할 것이다.

1. 결정론적 심성론에 대한 비판

다산은 인간 본성의 선천성에 대한 주자학적 입론의 문제점을 지적하였는데, 그는 주자학적 심성론이 결정론적(決定論的)인 도덕 본성론을 취하고 있다고 비판하였다. 사단(四端)의 '단(端)'을 실마리[緖]로 이해하면서 "그 정이 발함으로 인해 성의 본연을 볼 수 있는 것은 마치 물(物)이 안에 있는데 실마리가 밖으로 나타나는 것과 같다."[2]고 함으로써 인간의 성에 인의예지(仁義禮智)의 덕이 선험적으로 품부되어 있다고 하는 주자의 입론에 대해, 다산은 다음과 같이 비판한다.

> 일을 행한 후에 인의예지가 이루어진다는 것을 안다면 사람은 누구나 부

다산의 인간관에 대한 현재의 많은 연구들이 다산의 反주자학적 입장을 부각시키는 맥락에 서 있는 것이 사실이지만, 실은 다산 역시도 주자학의 인간관이 함의하고 있는 性善的 토대를 중시하고 있다는 점을 간과해서는 안 된다.

2 『여전2』, 권5, 「맹자요의」: 因其情之發, 而性之本然, 可得而見. 猶有物在中, 而緖見於外也.

지런히 노력해서 덕을 이루기 바랄 테지만, 인의예지가 본심의 온전한 덕이라는 것을 안다면 사람의 일은 다만 벽을 향해 앉아서 마음을 관조하고 빛을 휘돌려 비추어서 심체(心體)로 하여금 텅 비고 밝아서 환히 통하게 하여, 인의예지의 알맹이가 희미하게 드러나 나의 함양을 받도록 할 뿐이다. 이것이 어찌 옛 성인(聖人)이 힘쓰던 일이겠는가?[3]

인의예지의 사덕이 인간 본성에 온전히 부여되어 있다는 것은 인간의 성선을 담보하는 주자의 확증이다. 그러나 다산은 이것이 의심의 여지 없는 사실이라면 사람들이 구체적인 도덕 사태에서 덕을 함양하려고 하는 인위적인 노력을 할 필요가 있겠는가 하는 의문을 제기한다. 주자의 입장대로라면 인간은 구체적인 사태에 대한 고려 없이(혹은 무관하게) 본성의 온전한 덕을 드러내는 내적 경과에만 치중하면 족하다는 것이 다산의 지적이다. 이 점에서 다산은 인의예지가 선천적으로 성에 과립(顆粒)처럼 부여되어 있을 수는 없다는 입장에 선다.[4] 그래서 다산은 "만약 인(仁)이 본심의 온전한 실체적 덕이라면 사람이 인을 떠나서 (인에) 머물려고 하지 않는 것이 가능한가?"[5]라고 물음으로써, 인간이 선천적으로 인의예지의 덕을 온전히 갖추고 있다면 인의예지를 실천하지 않는 경우를 생각할 수 없을 것이라고 반박한다. 즉 다산은, 인의예지의 덕이 인간에게 온전히 갖추어져 있다면 인간은 어떤 경우에도 선을 할 수밖에 없다는 결론이 도출되는 주자의 선험적 덕 결정론에 문제가 있다는 입장을 취한다. 이것이 주자학의 선험적 결정론을 논박하는

---

3 『여전2』, 권5, 「맹자요의」: 仁義禮智, 知可以行事而成之, 則人莫不俛焉孳孳, 冀成其德, 仁義禮智, 知以爲本心之全德, 則人之職業, 但當向壁觀心, 回光反照, 使此心體虛明洞澈, 若見有仁義禮智四顆, 依俙髣髴, 受我之涵養而已, 斯豈先聖之所務乎.

4 『여전2』, 권5, 「맹자요의」: 豈有仁義禮智四顆, 磊磊落落, 如桃仁杏仁, 伏於人心之中者乎.

5 『여전2』, 권5, 「맹자요의」: 若仁爲本心全體之德, 則人雖欲離仁不居, 其可得乎.

다산의 요지이다.

또한, 주자가 "사람이 근후(謹厚)하고 충신(忠信)한 것은 받은 기(氣)가 맑아서 그러하다."[6]라는 입장에서 기질의 청탁(淸濁)에 따라 품성에 층차가 있다고 한 데 대해서, 다산은 "선악은 힘써 행하는 데 있으며, 기질에 있는 것이 아니다."[7]라고 논박한다. 주자의 입장에 의거해서 퇴계 역시 부여받은 기질의 청탁에 따라 상지(上智)·중인(中人)·하우(下愚)로 인품이 달라진다는 점을 인정하고 있으며,[8] 율곡도 이와 같은 입장을 취한다. 그러나 다산은 인간이 품부한 기(氣)가 개인차에 따라 다른 것은 인정하지만, 그것으로 인해 개인들 간의 도덕적 품성이 달라진다고 보지는 않는다.

주자, 퇴계, 율곡처럼 인간의 도덕적 본성에 품차가 있다고 보는 구도는 한유(韓愈)의 성삼품설(性三品說)과 유사하다. 한유는 공자가 말한 '성상근습상원(性相近習相遠)'과 '상지여하우불이(上智與下愚不移)'에 대해 논하면서 성삼품을 언급했다. 이에 대해 다산은, 한유 등이 '성이 서로 가깝다[性相近].'는 것으로 중인(中人)의 성을 삼고, 상지와 하우를 요(堯)와 걸(桀)의 다른 이름으로 삼으면서, 상지는 태어날 때부터 선하고 하우는 태어날 때부터 악하다고 주장하는 학설은 홍수와 맹수가 될 뿐만 아니라 천하에 독이 되고 만세에 재앙이 되기에 족하다며[9]

---

6 『주자어류』, 권4, 「성리1」: 有謹厚忠信者, 其氣醇矣.

7 『여전1』, 권16, 「자찬묘지명」: 善惡在乎力行, 不在乎氣質也.

8 퇴계는, 氣質의 맑고 순수한 것을 타고난 자는 上智이고, 기의 맑음과 잡됨을 타고나거나 흐림과 순수함을 타고난 자는 中人이며, 흐리고 뒤섞인 기를 타고난 자는 下愚라고 하면서 인간의 품성을 세 등급으로 나누고 있다.(『退溪全書』, 續集 卷8, 「天命圖說」 참조.)

9 『여전2』, 권6, 「맹자요의」: 韓子諸人, 乃以性相近, 爲中人之性, 以上智下愚, 爲堯桀之別名. 雜引左氏浮夸之說, 以證其義曰, 上智生而善, 下愚生而惡, 此其說有足天下而禍萬世, 不但爲洪水猛獸而已.

한유의 선천적 성 결정론을 비판한다.[10] 주자나 한유는 모두 인간의 도덕적 품성을 선천적 결정론의 관점에서 규정하고 있는데, 다산은 바로 이 점을 비판하는 것이다. 다산의 입장은 "인간의 선악은 품부받은 기질의 청탁(淸濁)과 상관이 없다."[11]는 것이다. 즉 품부받은 기질의 차이는 있지만, 그것은 성품의 차이를 초래하는 것은 아니라고 보는 것이다. 이점에서 다산은 "상지와 하우는 그 성품에 있어서는 서로 같고, 다만 그 지혜에 우열이 있을 뿐이다."[12]라고 말한다.

다산은, 주자학자들이 덕은 인간 본성에 선험적으로 부여되어 있다는 결정론을 취하는 것은 인간의 선천적인 도덕성을 담보하는 논리는 될 수 있으나, 이는 동시에 인간을 본성에 결정적으로 예속되는 존재로 보는 것이라는 문제를 제기한다. 다산은, 한편으로는 이(理)의 품부라는 측면에서 인간의 본성이 선한 것으로 결정되어 있고, 또 다른 한편으로는 품부받은 기의 청탁(淸濁)으로 인해 상중하의 인품이 갈린다는 주자학자들의 주장은 인간이 품부한 선험적 본성을 잘못 이해한 것이라고 비판한다.

2. 마음과 자유의지

다산 심성론의 핵심은 마음에 자유의지(自由意志)라고 할 수 있는

---

10 다산은 '性相近習相遠'의 의미를, "덕을 좋아하고 악을 부끄럽게 여기는 성은 聖人이나 凡人이 모두 같은데 이 때문에 본래 서로 가깝다고 한다. 현인과 친하게 지내거나 소인과 허물없이 지내는 습관은 이 사람 저 사람이 다르니 이로 인해 마침내 서로 멀어진다.(『여전2』, 권15, 「논어고금주」: 好德恥惡之性, 聖凡皆同, 以此之故, 本相根也, 親賢狎小之習, 甲乙有殊, 以此之故, 終相遠也.)"고 해석했다.

11 『여전2』, 권6, 「맹자요의」: 人之善惡, 不係氣稟之清濁.

12 『여전2』, 권15, 「논어고금주」: 上智下愚, 其性亦相同, 特其知慧有優劣耳.

'자주지권(自主之權)'이 부여되어 있다고 본 점이다. 마음의 자주지권은 선악의 가치를 판단하고 실천할 수 있는 마음의 권능(權能), 즉 자유의지를 의미한다. 자주지권은 가치 판단과 실천에 대한 인간의 주체적인 능력이라고 할 수 있으므로 다산은 자주지권설을 통해 인간은 어떠한 선험적 요소에 의해 결정되지 아니한 '자유'의 존재임을 천명한 것이다. 즉 다산은 인간의 본질을 사실상 '자유'로 규정하고, 그 대척점에 주자학적 인간관의 선험적 결정론이 있음을 지적하고 이를 비판한 것이다.

다산은 마음에 자유의지가 부여되어 있다는 관점을 토대로 성의 결정론적 특성을 거부하는 입장을 취하면서, 성을 '기호(嗜好)'라고 규정하여 경향성의 일종으로 간주한다.

> 성이란 대체(大體)를 온전히 가리키는 말이 아니라 대체 가운데 있는 그 좋아하고 싫어하는 이치를 잡아서 별도로 하나의 이름을 정한 것이다.[13]

> 성이란 본심(本心)의 호오(好惡)이다. 덕을 좋아하고 악을 부끄럽게 여기는 성은 성인(聖人)이나 범인(凡人)이 모두 같은데 이 때문에 본래 서로 가깝다고 한다.[14]

다산에게 성은, 주자가 주장하는 바와 같이 본심에 갖추어져 있는 온전한 덕이 아니다.[15] 즉 성은 선천적으로 품부된 완결적인 덕이 아니다.

---

13 『여전2』, 권15, 「논어고금주」: 性也者, 非大體之全名, 乃就大體之中, 執其好惡之理而別立一名.

14 『여전2』, 권15, 「논어고금주」: 性也者, 本心之好惡, 好德恥惡之性, 聖凡皆同, 以此之故本相近也.

15 『여전2』, 권5, 「맹자요의」: 朱子以仁爲天地生物之心, 本心全體之德, 則爲仁二字, 不可解.

이 점에 대해 다산은 성을 본체로 말할 수 없다는 관점에서, “옛 경전에서는 허령(虛靈)함의 본체로 말하면 대체(大體)라고 하고, 대체가 발현하는 것으로 말하면 도심(道心)이라고 하고, 대체가 좋아하고 싫어하는 것으로 말하면 성(性)이라고 한다. ‘천이 명(命)한 것을 성(性)이라고 한다[天命之謂性].’는 것은 천이 사람이 태어나는 처음에 허령한 본체 중에 덕을 좋아하고 악을 부끄러워하는 성을 부여한 것을 말하는 것이니, 성을 본체라고 이름 할 수 있음을 말하는 것이 아니다.”[16]라고 하였다. 이는 다산이 성선적 토대를 인정하는 바탕에서 인간의 본성 문제에 접근하지만, 성을 인의예지의 덕을 온전히 갖추고 있는 순선(純善)한 마음의 본체로 보지 않는다는 것을 의미한다. 즉 성은 완결된 본체가 아니라는 것이 요지이다.

다산이 성기호설(性嗜好說)을 통해서 인간에게 완결된 덕이 선천적으로 부여되어 있음을 부정하는 것은 욕구 문제와도 관련이 있다. 다산은 욕구를 적극적으로 인정하여, “인간의 영명(靈明)한 본체의 내면에는 본래 인욕(人欲)이 있다. 만약 이 욕심이 없다면 천하의 모든 일을 이루어 낼 수 없다. 오직 이익에 밝은 사람은 욕심이 이록(利祿)만을 따라가고, 의(義)에 밝은 사람은 욕심이 도의(道義)를 향해 나아가는 것이다.”[17]라고 말한다. 인간에게 이익과 도의를 따를 수 있는 욕구가 있다는 것은 곧 마음의 방향성이 결정되어 있지 않음을 말한다. ‘욕구가 없으면 천하의 만사를 이루어 낼 수 없다.’고 한 것은 욕구 긍정의 입장을 표명한 것인데, 다산과 같이 욕구의 양면성을 온전히 수긍하는 입장에

16 『여전2』, 권15, 「논어고금주」: 其在古經, 以虛靈之本體而言之則謂之大體, 以大體之所發而言之則謂之道心, 以大體之所好惡而言之則謂之性, 天命之謂性者, 謂天於生人之初, 賦之以好德恥惡之性於虛靈本體之中, 非謂性可以名本體也.

17 『여전2』, 권2, 「심경밀험」: 吾人靈體之內, 本有願欲一端, 若無此欲心, 卽天下萬事都無可做. 唯其喩於利者, 欲心從利祿上穿去, 其喩於義者, 欲心從道義上穿去.

서는 성의 선천적 선악 결정성이 용인될 수 없다.

한편 다산의 성기호설은 마음의 자주지권을 가능케 하는 근거이기도 하다. 즉 자주지권이라는 자유의지론은 성기호설을 전제로 성립한다. 다산은 자유의지의 문제와 관련하여 동물의 경우를 예로 든다. 호랑이가 다른 동물을 죽이는 것이 본능으로 결정되어 있듯이 벌이 여왕벌을 호위하는 것도 본능으로 결정되어 있으므로 이를 충(忠)이라 규정할 수 없다고 하면서, "사람은 이와 달라서, 선을 할 수도 있고 악을 할 수도 있으니, 주장(主張)하는 것이 자기에게서 말미암고, 활동하는 것이 정해져 있지 않다."[18]고 한다. 여기서 '주장하는 것'은 가치 판단이며, '활동하는 것'은 행위(실천)라고 볼 수 있는데, 이는 가치 판단과 실천의 측면에서 인간의 자유성과 자율성을 인정하는 것이다. 다산이 충(忠)과 인(仁)을 예로 들면서 인간과 동물의 도덕 선천성 문제를 언급한 것은 곧 주자 도덕론을 비판한 것이다. 주자는 동물들의 행동에 대해 일정 부분 윤리적 의미가 있음을 인정하고 있다. 인간과 동물이 모두 이(理)를 품부받았으므로 공히 일정한 도덕적 품성을 갖추고 있다는 주자의 논지에 대해, 다산은 이(理)가 인간의 도덕적 순선(純善)을 담보하는 보편원리도 아니며, 동물의 어떠한 도덕적 속성을 부여하는 것도 아니라고 본다. 동물들의 행위는 가치 문제에 대한 반성적 성찰 없이 본능에 의해 결정된 것이기 때문이다.[19]

인간의 성품은 선천적으로 결정되어 있지 않으며, 인간에게 부여된 것은 도덕적 가치에 대해 '성찰'하고 '실천'할 수 있게 하는 자주지권뿐이

18 『여전2』, 권5, 「맹자요의」: 人則異於是, 可以爲善, 可以爲惡, 主張由己, 活動不定.

19 다른 동물의 경우 본능에 의해 그 행위가 결정되지만, 사람은 그 행위의 방향성이 선천적으로 결정되어 있지 않다는 논지는 율곡에게서도 언급되고 있다.(이영경, 「율곡의 인간관에 있어서 결정론과 자유의지의 문제」, 『大同哲學』 제14집, 大同哲學會, 2001. 9., 33쪽 참조.)

라는 것이 다산의 입장이다. 다산은 자주지권에 대해 이렇게 말한다.

> 천(天)이 사람에게 자주지권(自主之權)을 주어서, 선을 하고자 하면 선을 할 수 있고, 악을 하고자 하면 악을 할 수 있게 했으니, 유동적이고 정해지지 않아서 권능이 자기에게 있으므로 이는 금수에게 정해진 마음[定心]이 있는 것과 같지 않다. 그러므로 선을 하면 자기의 공(功)이 되고, 악을 하면 자기의 죄(罪)가 되니, 이것은 마음의 권능이며, 소위 성(性)이 아니다.[20]

마음의 자주지권은 선악에 대한 판단과 실천의 권능이 마음에 있다는 것을 의미한다. 사실 퇴계의 경우에도 마음에 허령(虛靈), 신명(神明), 지각(知覺)의 작용이 있다고 인정하면서 마음의 주체적 특성을 인정하고 있다. 그러나 퇴계는 마음의 자주성(自主性)을 개념화하여 밝히고 있지는 않은데, 이는 결국 인간에게 성선이 선천적으로 품부되어 있다는 결정론적인 도덕 선천성을 전제하는 심성론을 취하기 때문이라 하겠다. 그러나 다산은 마음의 자주지권이라는 개념을 확실하게 표명함으로써 심성론에서 마음의 자유의지와 주체성을 전면에 부각시켰다.

다산이 주장하는 마음의 자주지권은 인심(人心)과 도심(道心)의 관계에서도 드러나고 있다. 마음의 작용을 의미하는 인심과 도심의 갈등 양상은 마음의 비결정성(非決定性)을 반영하는 것이기도 하다. 다산은 실질적인 도덕적 문제 사태에 직면하면 인심과 도심이 다투게 된다고 본다. 이 다툼의 갈등관계는 의(義)가 이기느냐 욕(欲)이 이기느냐 하는 문제가 본질적인데, 이때 도덕적 문제 사태의 본질을 깊이 성찰하여 힘

20 『여전2』, 권5, 「맹자요의」: 天之於人, 予之以自主之權, 使其欲善則爲善, 欲惡則爲惡, 遊移不定, 其權在已, 不似禽獸之有定心, 故爲善則實爲已功, 爲惡則實爲已罪, 此心之權也, 非所謂性也.

써 극복하는 것이 중요하다. 마음의 사사로움의 극복은, 하지 말고 욕심내지 말아야 할 것을 하지 않고 욕심내지 않는 것인데, 이것은 곧 인심을 이기고 제제하여 도심의 명령을 듣는 것으로서, 극기복례(克己復禮)가 되는 것이라고 다산은 주장한다.

인심과 도심의 다툼은 마음의 자유성을 반증하는 것이며, 이는 성의 기호 즉 경향성을 바탕으로 개진되는 다산의 자유의지론에서 중요한 의미를 갖는다. 육체적 욕구를 추구하는 인심과, 도의를 지향하는 마음인 도심 사이의 갈등성은 인간에게 자유의지가 있음을 전제로 하는 다산의 입론에서 온전한 타당성을 부여받게 되는 것이다.

인간에게 자유의지가 있느냐 없느냐 하는 문제는 윤리적 주체로서의 격(格)을 결정짓는 논점이므로 자주지권이 인간에게 있음을 천명한 것은 인간의 윤리적 주체성을 명확하게 담보하려는 것으로 이해할 수 있다. 인간의 자주지권 즉 자유의지를 언급한 다산의 논지에는 도덕성의 선천적 결정론에 대한 부정적 입장이 함축되어 있는데, 이에 관한 다산의 논점에 어떤 특성이 있는지 물을 필요가 있다.

3. 자유의지론의 논거와 그 완결성 문제

주자학적 결정론을 비판하려는 다산의 자유의지론이 정당성을 확보하려면 첫째, 주자학적 인성론이 결정론임이 증명되어야 하고, 둘째, 다산의 자유의지론이 합당한 개념적 완결성을 갖추어야 한다. 이제 다산의 입론에서 그 증명과 개념의 완결성이 확보되고 있는지를 분석해 보려 한다.

먼저, '주자학적 인성론이 다산이 주장하는 것처럼 온전한 결정론인가?' 하는 점에 대해 분석해 본다. 다산은, 주자의 주장대로 인간이 인의예지의 덕을 선천적 본성으로 갖춘 존재라면, 인간이 아무리 인(仁)을 떠나서 거기에 거처하지 않고자 하더라도 불가능하다고 주장한다.[21] 그리고 주자의 입론에 따르면 인간은 필연적으로 선한 행위를 할 수밖에 없을 것이기 때문에 인간의 선한 행위는 참된 윤리적 의미를 가질 수 없다고 다산은 논박한다. 즉 다산은 '인의예지가 과립처럼 주어져 있는 것이 아니다.'라고 함으로써 주자의 결정론적 성선의 입장을 비판한다. 그러나 다산이 주자의 입론이라고 간주하며 논박의 대상으로 삼고 있는 것, 즉 '인의예지가 과립처럼 주어져 있으므로 선한 행위를 결정론적으로 담보하게 된다는 것'은 주자의 본의와는 다르다. 주자의 입장은, 성즉리(性卽理)로서의 본연지성(本然之性)으로 인간의 선성을 확보할 수 있지만, 기질지성(氣質之性)이 있기에 인간에게 악으로 치우칠 수 있는 계기가 있다고 인정하는 것이다. 따라서 성즉리라는 입장이 주자 심성론의 전부는 아니며, 또한 인간이 품부받은 성선적 특성으로 인해 인간의 행위가 결정된다는 것은 주자의 본의가 아니다. 즉 인간에게 인의예지의 덕이 주어져 있는 것은 사실이지만, 그 선한 본성이 어떤 경우에도 선한 행위만을 하도록 만든다는 것은 주자의 입장이 아니라는 것이다.[22] 이렇게 본다면 다산은 자유의지를 주장하는 자신의 입론이 주자의 심성론과 차별적임을 주장하기 위해서 주자의 입론을 극단적으로 몰아가고 있다는 것을 알 수 있다. 따라서 첫 번째 문제에 대한 다산의 비판은 주자의 심성론을 주자의 본의와는 다소 다르게 해석한 문제점이 있다고 하겠다.

---

21 『여전2』, 권5, 「맹자요의」: 人雖欲離仁不居, 其可得乎.

22 周世輔, 『中國哲學史』, 臺北三民書局, 1994, 374~375쪽 참조.

다음으로, 다산이 주장하는 마음의 자유의지론이 완결성을 갖추고 있는가 하는 문제를 분석해 본다. 자유의지는 윤리학적으로 볼 때 선악에 대한 가치 판단과 그 실천이 어떠한 제약이나 구속 없이 자유롭게 이루어지는 것을 의미한다. 즉 선악을 판단하고 실천할 때 일정한 방향으로 나아가도록 천부적으로 제약되거나 구속되어서는 안 된다는 것인데, 이러한 제약과 구속에는 강한 경향성이나 결정성이 모두 포함될 것이다. 따라서 가치 판단을 하는 데 있어서 선과 악 어느 쪽으로도 결정되어 있거나 강고하게 경향화되어 있어서는 안 된다. 만약에 이 전제가 담보되지 않는다면 우리는 그 의지(권능)를 '자유롭다'든지 '자주적'이라고 규정하지는 못할 것이다. 우리는 다산이 이 문제를 온전히 해결하고 있는지에 대해 의문을 제기하고자 하는데, 그것은 다산이 심성론에서 제기하는 '성선(性善)', '영명(靈明)과 선(善)', '양지(良知)', '상제(上帝)'에 대한 그의 입장 때문이다.

다산은 "심은 기(氣)요, 성은 이(理)이다. 성은 심에 갖추어져 있고 심이 성을 내포하고 있다면, 이른바 성이라는 것은 인의예지의 성이 아니고 무엇이겠는가? 이 네 가지 외에 따로 성은 없다."[23]는 관점에서 성이 곧 인의예지임을 주장한다. 이 경우에도 물론 성이 곧 기호임이 부정되는 것은 아니다. 성으로서의 인의예지는 인의예지의 경향성을 의미한다. 그런데 이 경향성은 '선한 성'을 말하는 것이다. 이에 대해 다산은 "성이 기호함은 천에서 받은 것이므로 선은 있고 악은 없다."[24]라고 하였다. 이 점에서 다산은 인간의 선한 본성을 전제함으로써 이것이 인간에게 어떤 식으로든 영향을 미치지 않을 수 없다는 것을 인정한다. 비

---

23 『여전1』, 권19, 「答李汝弘」: 心氣也, 性理也. 性具於心, 心包是性, 則所謂性者何其非仁義禮智之性乎. 四者之外, 無他性.

24 『여전2』, 권6, 「맹자요의」: 性好受於天, 故有善無惡.

록 주자의 성론에서 표명되고 있는 바와 같은 완결된 덕으로서의 성은 아니라고 하더라도 다산은 분명히 선한 성에 대해서 전제하고 있으며, 이는 필연적으로 인간의 가치 판단과 실천에 영향을 미칠 수밖에 없다. 다산 역시도 성선이라는 천부적인 도덕 품성은 인간의 선한 행위를 추동하는 중요한 토대라고 주장하고 있는 것이다. 이러한 맥락에서 다산은 천이 처음으로 생명을 낳을 때, 이 성을 주어 그로 하여금 잘 따르고 행하여, 그 도리를 이룰 수 있게 했다고 주장한 것이다. 그러나 다산의 성선의 입장은 결정론이 아니므로 선악의 행위를 하는 데 있어서 인간의 자유의지를 부정하는 것은 아니다.

또한 다산은 사람의 선한 본성의 증거로 양지(良知)를 제시하고 있다.

> 인간의 대체(大體)에는 생명이 있고 지각이 있으며 다시 영명의 신묘한 작용이 있다. 그러므로 만물을 다 받아들여 놓치는 것이 없으며, 온갖 이치를 추구하여 다 깨달을 수 있으며, 덕을 좋아하고 악을 부끄러워하는 것은 양지(良知)에서 나온다.[25]

양지는 맹자가 언급한 선험적인 도덕의식인바, 다산 역시 도덕적 선을 지향하는 도심의 근거로 양지를 전제하고 있다. 다산은 맹자의 성선의 성이 도심의 기호로서의 성을 가리키고, 인심의 기호로서의 성은 인성과 물성이 함께 가지고 있는 속성으로 파악하면서, 인간에게는 양지가 있기 때문에 선할 수 있다는 입장을 취한다. 이 점과 관련하여 다산은 인간이 선천적으로 품부한 심의 영명(靈明)에 대해서도 언급하면

25 『여전2』, 권15, 「논어고금주」: 人之大體旣生旣知, 復有靈明神妙之用, 故含萬物而不漏, 推萬理而盡悟, 好德恥惡, 出於良知.

서, "영명의 본체는 형기(形氣) 중에 있지만 형기와는 전혀 섞이지 않은 것이다."[26]라고 하여, 물욕에 휩쓸리기 쉬운 형기와 분리되어 그 순수성을 견지하는 영명의 본체를 강조하고 있다. 즉 인간에게 선험적으로 선성을 담보하는 내적 토대가 있음을 다산이 인정한 것이다.[27] 그러나 이러한 선한 마음의 특성은 선을 하도록 결정된 것이 아니라는 점에서 인간 마음의 자유로운 의지 문제와 모순되는 것은 아니라고 볼 수 있다.

다산이 주장하는 인간 의지의 자유성 문제를 분석할 때 고려해야 할 또 하나는 '상제(上帝)'이다. 다산은 "천(상제)이 인간에게 자주지권을 부여했다."[28]고 하면서, 자유의지를 보장한 근거로 상제를 제시하고 있는데, 이는 자유의지가 인간 자신에게서 나온 것이 아니라 타율적(他律的)으로 부여된 것이라는 점에서 문제가 된다고 하겠다. 만약에 인간의 가치 판단과 실천 문제에서 감시자로서의 상제가 강하게 의식되거나 영향을 미친다면, 인간의 자유의지가 온전한 의미를 가지는지에 대해 의문이 생길 수 있다. 외적 존재에 의한 감시나 제약 없이 오직 자신이 옳다고 생각하는 준법에 의해 자율적으로 판단하고 행위할 때 비로소 인간이 온전한 자유의지를 가지고 있다고 수긍될 것이다. 그러나 상제를 염두에 두면 인간의 자유의지가 온전한 것인지 물을 수밖에 없다.

다산은 상제를, 인간을 주재(主宰)·제재(制裁)·안양(安養)하는 자로 규정한다. 인간에 대한 상제의 주재·제재·안양은 인간의 삶을 주관하고 감시하는 상제의 면모를 드러낸 것이다. 이 점에서 다산은 "만물이 상

26 『여전2』, 권2, 「심경밀험」: 此靈明之體, 雖寓於形氣之中, 睟然不與形氣相雜.

27 김형효는 이러한 인간 마음의 특성에 주목하면서 "다산은 기본적으로 마음을 선으로 향하는 의지적인 지향성의 동태적인 의미로 읽고 있는 것이 사실이다."라고 언급하고 있다.(김형효, 「茶山 實學의 독법과 양면성의 이해」, 『다산의 사상과 그 현대적 의미』, 한국정신문화연구원, 1998, 15쪽) 이는 다산의 심성론에서 마음은 선 의지적 특성이 있음을 지적한 것이라고 볼 수 있다.

28 『여전2』, 권5, 「맹자요의」: 天之於人, 予之以自主之權,

천(上天: 上帝)의 조화 중에 있는 것은 물고기가 물에 있으면서 헤엄치고 호흡함에 있어서 물을 떠날 수 없는 것과 같다."[29]고 주장하면서, 인간의 삶에서 상제의 의미를 강조하고 있다. 다산에게 상제는 인간의 삶과 행위에 대한 주재자이면서 제재하는 감시자로서 뚜렷한 인격성을 지니고 있다.[30] 다산이 신독(愼獨)에 대해 설명한 다음 대목은 인간에 대한 상제의 영향력을 분명하게 보여 준다.

> 미발(未發)은 희로애락의 미발이지, 심지사려(心知思慮)의 미발이 아니다. 미발 시에 조심하여 상제를 속임 없이 섬기고 항상 신명(神明)이 옥루(屋漏)를 내려보고 비추고 있는 것같이 여겨 계신공구(戒愼恐懼)하여 허물이 있을까 두려워하며, 교격(矯激)한 행동을 저지를까 두려워하고 편벽된 감정이 싹틀까 두려워한다. 그리하여 마음가짐을 지극히 공평하게 하고 마음 둠을 지극히 바르게 하여 외물(外物)의 접근을 기다리면 이것이 천하의 지극한 중(中)이다. 이때 기뻐할 만한 것을 보면 기뻐하고, 노(怒)할 만한 것을 보면 노하고, 슬픔에 당해서는 슬퍼하고, 즐거움을 당해서는 즐거워할 것이다.[31]

---

29 『여전2』, 권4, 「중용강의」: 萬物在上天造化之中, 如魚在水中, 遊泳呼吸, 不能離水.

30 다산은, "천의 주재자는 상제가 된다. 그것을 천이라고 하는 것은 國君을 단지 國이라고 지칭하는 것과 같으니, 이는 감히 손가락질하여 말하지 않는다는 뜻이다."(『여전2』, 권6, 「맹자요의」: 天之主宰爲上帝, 其謂之天者, 猶國君之稱國, 不敢斥言之意也.)라고 하면서, 주재자는 오로지 상제뿐이며, 상제를 천으로 지칭하기도 한다고 설명한다. 또한 상제의 주재성은 곧 상제에게 靈이 있기 때문이며, 理와 같이 靈이 없는 것은 주재자가 될 수 없다고 주장한다.(『여전2』, 권6, 「맹자요의」: 凡天下無靈之物, 不能爲主宰 …… 況以空蕩蕩之太虛, 一理爲天地萬物主宰根本, 天地間事, 其有濟乎.)

31 『여전2』, 권3, 「중용자잠」: 未發者喜怒哀樂之未發, 非心知思慮之未發. 當此之時, 小心翼翼, 昭事上帝, 常若神明照臨屋漏, 戒愼恐懼, 惟恐有過, 矯激之行, 偏倚之情, 惟恐有犯, 惟恐有萌, 持其心至平, 處其心至正, 以待外物之至, 斯豈非天下之至中乎. 當此之時, 見可喜則喜, 見可怒則怒, 當哀而哀, 當樂而樂.

인간은 감시자(상제)를 의식하면서 사태를 파악하고 판단하며 행위한다는 것인데, 다산이 상정하는 이러한 상제의 특성에 입각하면 인간의 자유성이 온전히 담보되기는 힘들다. 인간이 다만 상제에 대한 존숭감과 두려움으로 도덕적 실천을 하게 된다면, 이는 타자의 규제를 인정하는 것이 될 수밖에 없다. 그러나 이는 인간이 실제적으로 선과 악을 행하는 데 있어서 상제의 뜻에 전적으로 예속(隷屬)되는 것임을 의미하지는 않는다.

이렇게 보면 주자학적 심성론을 결정론적 관점에서 비판하는 다산의 입장과, 인간에게 온전한 자유의지가 부여되어 있다고 주장하는 자주지권의 논점에 다소간 문제가 있다고 볼 수 있다.[32] 그렇다면 다산은 왜 주자학적 심성론을 결정론으로 단정하면서 논박하려 했고, 인간에게 온전한 자유의지가 있음을 역설하려 했는가? 이제 다산의 심성론에 함축된 윤리적 의미를 해명하고자 한다.

4. 자유의지론의 윤리적 특성과 의미

다산은, 인의예지가 본성에 과립(顆粒)처럼 온전히 품부되어 있어서 어떤 경우에도 선을 행하지 않을 수 없다고 보는 것이 주자의 심성론이라고 이해하고 있다. 그러나 우리는 앞에서 주자학적 심성론에 대한 다산의 논박이 온전하게 정당성을 가지는지 의문을 제기해 보았다. 그리

32 필자와는 다른 관점에서 다산 인간관의 문제점을 바라본 김형효는, 다산의 논점에 '사유의 초점 불일치로서의 개념적 혼재성'이 있다고 지적한 바 있다. 즉 김형효는 인성을 三性[生性, 覺性, 人性]으로 보는 다산의 관점에 논리적 문제가 있다고 보았다.(김형효, 「茶山 實學의 독법과 양면성의 이해」, 19쪽 참조.)

고 다산의 자유의지론이 성선의 관점에서 선천적인 인의예지의 경향성, 도심, 양지, 상제를 인정하고 있다는 점에서 온전히 자유의지적이라고 할 수 있는지를 물어보았다.

그렇다면 다산이 주자학적 심성론을 결정론이라고 몰아가면서 드러내고자 했던 그의 심성론의 윤리적 특성은 무엇이었는가?

첫째, 다산은 인간에게 자유의지가 있음을 성선론적 근거에서 밝히고자 했다. 다산은 주자학의 심성론을 비판하지만, 맹자의 성선론을 중시한 주자학의 맥락을 온전히 부정하지는 않는다. 성기호와 자주지권 중심의 다산의 심성론은 인간이 참된 윤리적 주체임을 확언하는 성선설의 한 유형이다. 다산의 심성론이 성선론의 흐름에 있음을 금장태는 다음과 같이 말한다.

> 만일 (다산이) 육체적 욕구 자체에 악이 있다고 인정하게 된다면 다산이 강조하는 자주적 판단과 의지의 주체성은 육체적 조건에 환원되어 버리고 만다. 따라서 다산의 성 개념은 성에 선과 악이 함께 있다는 양웅(揚雄)이나 정자(程子)의 성 개념과는 달리 인성의 고유한 성선을 일관되게 주장하는 것으로 볼 수 있다.[33]

금장태는 성선론이 확고한 다산의 입장이라고 보고 있다. 다산은 그의 심성론에서 성선론과 자유의지라는 두 입장을 동시에 녹여 내려 했는데, 이는 인간에 대한 근본적 신뢰성에 근거한 것이라고 할 수 있다. 인간 존재에 대한 다산의 신뢰는 그의 사상에서 중요한 토대를 이룬다. 다산은 인간의 성이 동물의 성과 같을 수가 없다는 입장에서, 인간

33 금장태, 『心과 性: 茶山의 『孟子』 해석』, 서울대학교출판부, 2005, 75쪽.

을 동물과는 다른 도덕적 특성을 선천적으로 품부한 존재라고 보기 때문에 오직 인간만이 인의예지신(仁義禮智信)과 같은 덕을 가지는 윤리적 존재라고 주장한다. 인간은 윤리적 존재이기에, 만물 중에서 가장 신령한 존재라고 다산은 규정한다.[34] 이렇게 보면 인간에게 자유의지가 있다는 그의 주장은 인간에 대한 성선적 신뢰에 근거한다고 볼 수 있다. 다산은 인간에게 가선가악(可善可惡)의 자주권이 부여되어 있다고 말하지만, 인간의 마음에는 선을 좋아하는 낙선오악(樂善惡惡)의 경향성과 상제의 말에 귀 기울이려는 마음[道心]이 주어져 있다는 점에서 '선을 하고자 하는 속성'이 뚜렷한 성선론적 경향을 드러내고 있다.

둘째, 다산은 자유의지론을 통해 인간을 구체적인 삶의 국면에서 가치 문제에 대해 갈등하는 현실적 존재로 이해한다. 이는 다산이 성선(性善), 형구(形軀), 권형(權衡)에 대해 말하는 점에서 드러난다.

> 천(天)은 이미 인간에게 '선을 할 수도 있고 악을 할 수도 있는[可善可惡]' 권형(權衡)을 부여했지만, 또한 한편으로는 '선을 행하기는 어렵고 악을 행하기는 쉬운[難善易惡]' 형구(形具)를 부여했고, 다른 한편으로는 '선을 좋아하고 악을 부끄럽게 여기는[樂善恥惡]' 성을 부여했다.[35]

성과 형구는 갈등적이다. 성이 선을 지향하는 경향성을 가졌다면, 형구는 악으로 경도되기 쉬운 경향성을 가지고 있다. 다산은 「심경밀험」

34 그러므로 다산은, 천이 草木禽獸와는 달리 인간에게 靈明을 부여하여 萬類를 넘어서 만물을 享用토록 하였다고 하였다.(『여전2』, 권4, 「중용강의」: 況草木禽獸, 天於化生之初, 賦以生生之理, 以種傳種, 各全性命而已, 人則不然, 天下萬民, 各於胚胎之初, 賦此靈明, 超越萬類, 享用萬物.)

35 『여전2』, 권2, 「심경밀험」: 天旣予人以可善可惡之權衡, 於是就其下面, 又予之以難善易惡之具, 就其上面, 又予之以樂善恥惡之性.

에서, 성, 권형, 행사(行事)라는 측면에서 성과 행위의 선악 문제를 논하면서 인간의 성은 낙선치악(樂善恥惡)하며, 권형은 가선가악(可善可惡)하며, 행사의 측면에서는 난선이악(難善易惡)하다고 하였다.[36] 권형은 자유의지이고, 행사는 구체적인 실제 상황에서의 도덕적 행위를 의미한다. 행사의 측면에서는 형구가 개입되는 양상이 두드러지고 물욕에 사로잡힐 수 있기 때문에 난선이악하게 된다는 것이다. 인간에게 내적 갈등성이 있다는 것은 가선가악의 권형, 즉 자유의지가 자리잡을 수 있는 여지를 보장한다. 따라서 다산은 인간이 선·악을 의지함에 있어서 갈등적 존재임을 부각시키고 이를 통해 인간 심성에서 자유의지를 담보하려 한 것이다.

셋째, 다산은 인간을 도덕적 책임성의 문제를 각성할 수 있는 참다운 윤리적 주체로 인식한다. 인간의 내면적 갈등성이 언급되는 맥락에서 인간의 자유의지가 본질적으로 의미를 가질 수 있으며, 또 인간의 자유의지가 전제된 바탕에서 인간은 참된 윤리적 존재임을 확언받게 된다. 다산은 윤리적 행위의 의미에 대해 이렇게 말한다.

> 세(勢)란 영지(靈知)의 처지이며 기틀이다. 식욕과 색욕은 안에서 유혹하고 명리(名利)는 밖에서 끌어당긴다. 기질의 사사로움은 편안함을 좋아하고 힘든 것을 싫어한다. 그러므로 그 세가 선을 따르는 것은 높은 곳을 오르는 것과 같고 악을 따르는 것은 흙담이 무너지는 것과 같으니, 이는 하늘이 몰라서 그렇게 하도록 한 것이 아니다. 이와 같이 한 연후에야 선을 하는 것이 귀한 것이 되기 때문이다.[37]

---

36 『여전2』, 권2, 「심경밀험」: 總之靈體之內, 厥有三理, 言乎其性則樂善而恥惡, 此孟子所謂性善也, 言乎其權衡則可善而可惡, 此告子湍水之喩, 揚雄善惡渾之說所由作也. 言乎其行事則難善而易惡, 此荀卿善惡之說所由作也.

37 『여전3』, 권32, 「매씨서평」: 勢者其地其機也, 食色誘於內, 名利引於外, 又其氣質之

인간이 선을 행하는 것이 의미가 있는 것은 악에 치우칠 수 있는 현실적·형구적 요인이 있기 때문이다. 인간이 어떠한 상황에서도 절대적으로 선하도록 결정되어 있다면 선을 하는 것이 큰 의미가 없다. 다산은 성기호설과 심의 자주지권설을 주장하면서 인간 존재의 윤리적 의미를 밝혔는데, 이는 도덕 실천의 문제와 직결된다. 다산은 심성에 대해 논의하는 실질적 목적을 이렇게 규정한다.

> 성과 심을 논하는 것은 장차 무엇하려고 하는 것인가? 선을 밝히는 것은 장차 몸을 성실하게 하고자 하는 것이고, 성과 심을 논하는 것은 일의 행함[行事]을 위한 것이다. 맹자가 측은히 여기는 마음을 논하는 것은 이 마음을 확충하여 그 인(仁)으로써 온 천하를 덮고자 하는 것이다.[38]

다산은 후천적인 자기 노력에 의해서 선을 행하고 덕을 구현해야 한다는 자기 책임성과 실천성을 강조한 것이다. 그는 맹자가 심성에 대해 문제 삼은 것도 궁극적으로는 인(仁)의 실천에 그 목적이 있다고 주장한다. 다산이 주자학적 결정론을 논박하면서 자주지권을 강조한 것은 근본적으로 도덕적 책임성의 문제를 직시한 때문이었다. 도덕적 책임성의 귀속 문제는 곧 행위자를 윤리적 존재로 규정케 하는 핵심이다. 다산은 행위에 대한 책임을 인간 자신에게 귀속시켜 자기의 의지로써 도덕적 판단과 행위를 해야 한다는 점을 역설하고자 했다. 그는 선천적으로 품부받은 기질의 차이에 따라 인간의 성품이 달라진다고 하는 주

私, 好逸而惡勞, 故其勢從善如登, 從惡如崩, 天非不知而使之然也. 爲如是然後, 其爲善者可貴也.

38 『여전1』, 권19, 「답이여홍」: 論性論心, 將何用也, 明善者將以誠身, 論性論心者, 將以行事. 孟子論惻隱之心者, 將擴充此心, 以之仁覆天下.

장을 논박했다. 그는 모든 인간은 예외 없이 자주지권을 가지고 있기 때문에 태생적인 도덕적 성품의 차이가 있을 수 없다는 평등의식을 표명함으로써 인간 본원의 가치를 동등하게 규정한다. 이렇게 윤리적 주체로서의 인간을 평등하게 바라보는 다산의 관점은 인간 존중 이념을 바탕으로 민본(民本)사상을 적극적으로 전개하는 정치 사회적 지평으로까지 확장된다.

넷째, 다산은 인간을, 자유의지를 부여한 상제와의 교감을 통해서 도덕적 가치를 온전히 구현할 수 있는 존재로 규정한다. 다산의 입론에서는, 인간이 상제를 의식하면서 성과 마음의 선(善) 지향성에 민감성을 발휘하고, 가치를 판단하고 실천해야 한다는 점이 강조되어 있다. 다산의 자주지권설에서 인간을 감시하는 상제는 윤리적으로 중요한 의미를 가진다. 상제는 인간에게 자주지권, 성선, 도심 등을 부여했다는 점에서 인간의 윤리적 존재됨의 근거이다. 그리고 인간은 상제와의 교감을 통해서 존엄성이 확보되고 도덕적으로 완성될 수 있다. 다산에게 도심은 상제의 명(命)에 근원을 두고 있는데, 상제는 도심에 경계의 말을 하고 인간은 도심을 통해서 상제의 뜻과 교감한다. 다산은 인격성과 능동성이 없는 주자학에서의 이(理)가 어떻게 인간의 수양과 덕 실천에 도움이 될 수 있겠느냐고 비판하면서, 인격성을 갖추고 있으면서 인간을 감시하고 교감할 수 있는 존재로 상제를 제시한 것이다. 다산은 상제를 통해서 인간의 가치를 고양한다. 그는 도심에 호덕오악(好德惡惡)의 경향성과 도덕 실천의 바탕이 있다고 인정하면서 인간의 본원적 선성(善性)을 긍정하였는데,[39] 상제는 바로 인간의 선성을 원리

39 이 점에서 오문환은, "다산은 주재천의 보호 아래에서 善 지향성을 선택할 가능성이 높은 자주권을 가진 인간상을 그려냈을 뿐이다."라고 언급하고 있다.(오문환, 「다산 정약용의 근대성 비판: 인간관 분석을 중심으로」, 『정치사상연구』 제7집, 한국정

적·실천적 차원에서 담보하는 자로서 의미를 가진다.

다산은 인간이 윤리적 존재로서 바르게 자리매김하기 위해서는 가치 판단과 실천 문제에 있어서 자율성이 확보되어야 한다고 생각했기 때문에 도덕 선천성의 문제를 중시하는 주자학적 심성론에 예리한 비판을 가했다고 볼 수 있다. 주자학적 심성론을 비판하며 마음의 자유성과 자율성을 역설하는 다산의 자유의지론 역시 상당한 성선적 토대에 근거하고 있기 때문에 그의 심성론도 역시 인간의 본성적 선함이라는 선험성을 뚜렷이 인정하고 있다고 보아야 한다. 그러나 다산에게 있어서 성선의 선험성은 인간의 자주지권과 도덕적 책임성을 훼손하는 것이 아니다. 도덕적 책임성은 인간을 윤리적 존재로 규정케 하는 근거이다. 그러므로 다산은 인간이 상제로부터 자유의지를 부여받았으나, 상제에게 구속되지 않는 자유의지는 인간이 참다운 윤리적 주체임을 담보하는 능력이 된다고 주장한 것이다.

치사상학회, 2002, 27쪽.) 이는 인간 내면에서 주재하고 감시하는 상제의 존재가 인간의 자기 도덕률로 강화되어 있는 다산 인간관의 한 양상에 대해 언급한 것이다.

제6장

도덕적 자율성과 상제(上帝)의 문제

제6장

도덕적 자율성과 상제(上帝)의 문제

도덕적 자율성 부여 근거로서의 상제 • 도덕적 자율성의 제약으로서의 상제 • 도덕적 자율성의 문제에서 상제의 의미

다산은 인간 문제에 관한 주자학적 해석을 비판하면서 인간의 윤리적 문제를 자율, 의지, 책임이라는 맥락에 입각해서 논하고 있다. 주자학자들은 천인일리(天人一理)의 입장에서 인간과 인간 이외의 생명체가 모두 보편적인 이(理)를 가진 존재라고 본다. 사실상 인간과 자연을 동질적으로 바라보는 이러한 주자학의 논변에 입각하면, 인간은 다른 존재와의 관계에서 질적으로 차별적인 지위를 가지지 못한다고 다산은 주장한다. 다산은 주자학의 입장과는 달리, 인간이라는 존재는 인간 이외의 생명체와는 본질적으로 다른 특성을 가진다고 본다. 이 점에서 다산은 천인이분(天人二分)의 입장을 취한다고 할 수 있는데, 그것은 인간은 다른 존재와는 본질이 다른 '윤리적 존재'라는 것이다.

다산은 인간의 '도덕적 자율성' 문제를 집중적으로 다루는데, 그의 심성론과 수양론은 도덕적 자율성 문제를 축으로 거론된다고 할 수 있다. 다산이 인간의 존엄성을 강조하고, 인격 형성의 문제를 역설하는 것도 인간을 윤리적 주체로 인정하는 것에 근거한다. 다산은 인간이 본

성, 가치 판단과 실천 능력의 측면에서 윤리적 주체로 규정될 수 있는 명확한 토대를 확보하고 있다고 인식한다. 다산은 윤리 문제를 거론할 때 주자학에서 핵심 개념으로 삼는 '이(理)'를 통해서가 아니라, 인격적 주재천(主宰天)으로서의 '상제[天]'를 통해서 인간의 윤리적 존재 문제를 해명하고 있다. 본 장에서는 바로 이 점, 다산이 인간을 윤리적 주체로 규정하고, 인간의 도덕적 자율성을 논함에 있어서 상제[天]를 연관 짓는 입장을 분석하고자 한다.

본 장에서는 먼저 상제가 인간에게 도덕적 자율성을 부여한 점에 대해 검토할 것이다. 이 초점에서는 인간 심성의 비(非)결정적 특성, 자유의지, 도덕적 가치 인식 및 판단 능력 문제들과 상제의 관련성에 대해 분석할 것이다. 다음으로 상제가 인간의 도덕적 자율성을 제약하는 듯이 피력되고 있는 다산의 입장을 검토할 것이다. 즉 주자학의 입장을 비판하면서 상제를 중심으로 인간의 도덕적 자율성을 주장한 다산이, 다시 상제를 통하여 인간의 도덕적 동기·수양·실천상에서 도덕적 자율성을 제약하고 있는 듯한 모순적인 양상과 특성을 분석하고자 한다. 이를 통하여 인간의 도덕적 자율성 문제에서 상제가 어떠한 윤리적 의미를 가지는지를 해명할 것이다.

1. 도덕적 자율성 부여 근거로서의 상제

다산은 인간이 윤리적 존재임을 확언한다. 이는 인간은 도덕적 행위를 함에 있어서 타의(他意)나 타력(他力)에 지배당하지 않고 자율적으로 사유하고 실천하는 주체라는 뜻이다. 윤리적 주체라는 초점을 중심으로 인간의 도덕적 자율성 문제를 거론하는 다산의 입론에는 윤리사상에 대한 근본적인 통찰이 함축되어 있다. 주자학적 인간론에 입각하면, 선한 덕은 인간 본성에 이미 선천적으로 결정되어 있다고 할 수 있기에 인간의 도덕적 자율권이 확보되지 못하고 있다고 다산은 비판한다. 다산은, 인간이란 그 본성과 도덕적 가치 판단 능력의 측면에서 자율적인 도덕 능력을 가진 윤리적 주체이며, 이 주체의 도덕적 본성과 능력은 상제에 의해 부여된 것이라고 주장한다. 그러므로 먼저 다산이 인간의 도덕적 자율성의 근거를 상제로부터 찾고 있는 논지에 대해서 검토할 필요가 있다.

1) 심성의 비결정성(非決定性) · 자율성(自律性)과 상제

인간을 이해함에 있어서 다산이 제기하는 주장의 핵심은 주자학의 가치적 본질 개념인 이(理)를 비판하는 데 있다. 주자는 이(理)를 소이연지고(所以然之故)와 소당연지칙(所當然之則)이라고 인식하면서, 일체의 존재와 당위를 담보하는 본질 개념으로 규정하고 있다. 그러나 다산은 주자학에서 주장하는 이(理)의 개념이 왜곡되거나 과장되어 있다고 비판하며, 이(理)는 인간을 윤리적 주체로 정립케 하는 데 도움이 되지 못한다고 주장한다. 다산이 "이(理)는 본래 지각이 없고 위엄이 없는데 무엇을 경계하고 조심하겠는가?"[1]라고 회의(懷疑)한 것은 지각과 위엄을 가진 인격적 실체만이 인간의 도덕적 수양에 도움이 될 수 있다는 판단에 근거한다. 다산은 또 이(理)가 무령(無靈)의 것이므로 주재자가 될 수 없다는 맥락에서, "태허일리(太虛一理)를 천지만물의 주재와 근본으

1 『여전2』, 권3, 「중용자잠」: 理本無知, 亦無威能, 何所戒而愼之.

로 삼으니 천지간의 일들이 어찌 다스려지겠는가?”[2]라고 반문한다. 천지만물의 주재와 근본이 되는 것은 도덕적 지각과 위엄을 가진 인격적[靈的] 존재라야 한다는 것이다. 이에 다산은 천지만상(天地萬象)의 주재자로 상제를 제시한다.

> 상제란 누구인가? 천지신인(天地神人)의 밖에서 천지신인과 만물을 조화(造化)시키고, 주재(主宰)하고, 안양(安養)하는 자이다.[3]

다산은 상제의 권능을 ‘주재’, ‘안양’, ‘조화’로 규정한다. ‘주재’는 모든 것을 통어하고 관장하는 것을 의미하는데, 상제가 주재하는 일은 넓고 크고 신묘하여 모든 것을 할 수 있기에 그 주재성이 발휘되지 않는 대상과 지경은 없다고 본다. 이는 인간의 일과 자연의 운행이 모두 상제의 주재하에 이루어진다는 의미이다. ‘안양’은 모든 것들이 조화롭게 잘 양육되고 발양되도록 하는 것으로, 이는 긍정적인 생육관과 삶의 안정을 의미한다. 그리고 ‘조화’는 창조(創造)와 화육(化育)을 의미하며, 여기에는 질서 창조의 의미가 포함되어 있다고 할 수 있다. 다산이 비록 상제의 창조성을 다양하게 언급하는 것은 아니지만, 상제[天]가 인간에게 본성을 부여하고 있다는 점을 고려하면 조화 개념에는 창조의 의미가 함축되어 있다고 볼 수 있다. 이러한 맥락에서 상제는 인간의 성(性)에 가치적 근거를 부여하고 있다고 다산은 주장한다.

---

2 『여전2』, 권6, 「맹자요의」: 太虛一理, 爲天地萬物主宰根本, 天地間事, 其有濟乎.

3 『여전2』, 권36, 「春秋考徵」: 上帝者何, 是於天地神人之外, 造化天地神人萬物之類, 而宰制安養之者也.

천명의 성 또한 기호(嗜好)로 말할 수 있다. 사람의 배태(胚胎)가 이루어지면 천은 거기에 영명(靈明)하고 무형(無形)한 본체를 부여하니, 그것은 선을 즐기고 악을 미워하며, 덕을 좋아하고 더러운 것을 부끄럽게 여기는데, 이를 성이라고 하고, 성선(性善)이라고 한다.[4]

여기서 말하는 천은 인격천으로서 상제를 의미하므로[5] 다산의 주장은 상제가 인간에게 본성을 부여한다는 것이다. 다만 그 본성은 인간에게 선천적으로 결정된 실체로서의 인의예지의 덕이 아니라 낙선오악(樂善惡惡)하는 기호로서의 경향성을 말한다. 이 점에서 다산은, 맹자가 말하는 성선은 완결된 덕이 품부된 것이 아니라, 기호인 성을 말하는 데 지나지 않는다고 주장한다. 그러므로 상제가 인간에게 부여한 성선은 선을 하도록 결정된 도덕적 본성이 아니라, 선을 행할 수 있는 마음의 비결정적인 경향성을 의미한다. 이 비결정적 경향성으로서의 본성은 인간이 윤리적 존재로 자리매김하는 데 있어서 중요한 의미가 있다. 인간을 윤리적 존재로 규정하는 것은 선천적인 요인에 의해 구속되지 않고 자율적으로 선악을 판단하고 실천할 수 있을 때에만 가능하다. 기호로서의 성은 선을 행하도록 결정된 선천적 특성이 아니라 인간의 자

4 『여전2』, 권3, 「중용자잠」: 天命之性, 亦可以嗜好言, 蓋人之胚胎旣成, 天則賦之以靈明無形之體, 而其爲物也, 樂善而惡惡, 好德而恥汚, 斯之謂性也, 斯之謂性善也.

5 다산은 '상제'의 主宰에 대해서 다양하게 설명하기도 하지만, 많은 경우에 '천'의 주재에 대해서 언급하고 있다. 천을 人格天과 自然天 개념으로 분리해서 이해하는 다산의 주장에 입각하면, 천의 주재라 함은 곧 인격천의 주재를 의미하므로 이는 사실상 상제의 주재를 말하는 것이다. 다산이 '상제의 주재'라고 直說하지 않고, '천의 주재'라고 표현하면서 실제로는 상제의 주재적 威能을 언급한 것은 至高한 존재인 상제를 곧바로 지칭하는 데 대한 삼가함의 의미가 함축된 맥락이라고 볼 수 있다. 이는 다산이 "주재하는 천이 상제이다. 그것을 천이라고 부르는 것은 나라의 군주를 國이라고 부르는 것과 같다. 이는 감히 곧바로 지칭할 수 없다는 의미이다.(『여전2』, 권6, 「맹자요의」: 天之主宰爲上帝, 其謂之天者, 猶國君之稱國, 不敢斥言之意也.)"라고 주장한 바에서 그 본의를 읽을 수 있다.

유가 담보된 경향성으로서의 도덕적 본성을 의미한다.

다산은 인간이 윤리적 존재로 규정되기 위해서는 도덕적 가치에 대한 자유로운 인식·판단·실천 의지를 가능케 하는 본성을 가져야 한다고 주장한다. 다산은 이러한 도덕적 본성에 대해 아래와 같이 설명하고 있다.

> 천이 처음 생명을 부여할 때, 이 성(性)을 주어 우리로 하여금 잘 따르고 행하여 그 도리를 이룰 수 있게 했다. 만약 이 성이 없다면 인간이 비록 순간순간 선을 하려 하더라도 죽을 때까지 하지 못할 것이다. 천이 이미 이 성을 부여하였기 때문에, 시시각각으로 성찰하게 하고 이끌어, 매번 나쁜 일을 저지를 경우에 처하면 한편으로는 악을 하려고 하면서도 한편으로는 저지(沮止)하려고 하니, 저지하는 것은 곧 본성이 받은 천명(天命)이 분명하다.[6]

이는 도덕적 가치를 인식하고 지향하는 도덕적 능력이 성에 갖추어져 있어야 선을 행할 수 있다는 것이다. 그리고 그 도덕 능력은 천이 부여한 것이라는 점에서, 인간이 윤리적 존재로 자리할 수 있도록 한 근원은 상제라고 할 수 있다. 그러나 이 기호로서의 성은 마음의 경향성일 뿐이라는 점에서 다산이 부각시키는 논점은 '성의 도덕적 비결정성(非決定性)'이며, 그것은 마음의 도덕 실천적 자율성과 직결된다.

> 천(天)이 사람에게 자주지권(自主之權)을 주어서, 선을 하고자 하면 선을 할 수 있고, 악을 하고자 하면 악을 할 수 있게 했는데, 유동적이고 정해지

---

6 『여전2』, 권5, 「맹자요의」: 天於賦生之初, 予之以此性, 使之率而行之, 以達其道, 若無此性, 人雖欲作塵刹之善, 畢世不能作矣, 天旣賦之以此性, 故又能時時刻刻, 提醒牖啓, 每遇作惡, 一邊發慾, 一邊沮止, 明沮止者, 卽本性所受之天命也.

지 않아서 권능이 자기에게 있으므로 이는 금수에게 정해진 마음[定心]이 있는 것과 같지 않다. 그러므로 선을 하면 자기의 공(功)이 되고, 악을 하면 자기의 죄(罪)가 되니, 이것은 마음의 권능이며, 소위 성(性)이 아니다.[7]

다산이 말하는 마음의 자주지권은 선천적으로 선이나 악으로 결정되어 있지 않은 성의 특질과 연관되어 있다. 천은 마음의 '기호로서의 성'을 부여하고, 또 마음이 선을 할 수도 있고, 악을 할 수도 있는 자주지권도 부여하였다는 것이다. 그러므로 도덕적 행위에 대한 책임은 자신에게 있다. 이는 다산이 윤리 문제를 거론함에 있어서 핵심적인 요소로 '자율(自律)'과 '책임(責任)'을 초점에 두고 있음을 말한다. 이 두 가지 요소가 확보되지 못한다면 인간을 윤리적 존재라고 규정할 수 없다. 이와 같이 다산은 인간 행위의 윤리 문제를 거론할 때 도덕적 책임성을 핵심적인 근거로 삼고 있다.

벌은 부득불 벌들의 임금을 지키는데, 논자들이 이를 충(忠)으로 여기지 않는 것은 정심(定心)으로 인한 것이기 때문이며, 호랑이는 부득불 다른 동물을 해치는데, 법을 집행하는 사람들이 법률을 인용하여 호랑이를 죽이려고 논의하지 않는 것은 정심으로 인한 것이기 때문이다. 사람은 이와 달라서, 선을 할 수도 있고 악을 할 수도 있으니, 주장(主張)하는 것이 자기에게서 말미암고 활동하는 것이 정해져 있지 않다. 그러므로 선을 하게 되면 공(功)이 되고, 악을 하게 되면 죄(罪)가 된다.[8]

---

7 『여전2』, 권5, 「맹자요의」: 天之於人, 予之以自主之權, 使其欲善則爲善, 欲惡則爲惡, 游移不定, 其權在已, 不似禽獸之有定心, 故爲善則實爲己功, 爲惡則實爲己罪, 此心之權也, 非所謂性也.

8 『여전2』, 권5, 「맹자요의」: 蜂之爲物, 不得不衛君, 而論者不以爲忠者, 以其爲定心也, 虎之爲物, 不得不害物, 而執法者不引律議誅者, 以其爲定心也, 人則異於是, 可以爲善, 可以爲惡, 主張由己, 活動不定, 故善斯爲功, 惡斯爲罪.

동물들의 경우, 성이 선천적으로 결정되어 있으므로 그들의 행동을 윤리적 혹은 비윤리적이라고 규정할 수 없다. 동물들의 행동은 본성에 의해 결정된 것이므로 그 행동에 대해서는 도덕적 책임을 물을 수 없다는 뜻이다. 다산이 언급하는 '주장'은 스스로의 주권으로 선을 하려 하기도 하고, 악을 하려 하기도 하는 가치 판단과 실천 의지를 포괄하는 개념이다. 이 점에서 인간의 자율적 도덕 능력을 의미하는 자주지권은 스스로 선을 하려 하기도 하고 악을 하려 하기도 하는 주장과 능력이라고 할 수 있다.

상제가 인간에게 스스로 선을 행할 수 있는 능력을 부여했지만, 인간의 성이 선하다고 해서 쉽게 선을 할 수 있는 것은 아니다. 다산은 기본적으로 인간은 갈등적 존재여서 선을 행하기보다 악을 행하기 더 쉬운 형세(形勢)에 처해 있다고 본다. 이를 다산은 "선을 따르기란 산을 오르는 것과 같이 어렵고 악을 따르기란 언덕이 무너지는 것과 같이 쉬우니, 이는 사람의 본성이 형구(形軀)에 의해서 파괴된 것이다."[9]라고 주장한다. 상제는 선을 기호하는 본성과, 악에 경도되기 쉬운 형구가 갈등하는 상황에 인간을 두고 있으며, 인간은 이 실존의 국면에서 자주지권을 통해서 윤리적 실천을 해야 한다고 강조하는 것이다.

2) 도덕적 가치 판단 능력과 상제

도덕적 가치 판단 능력은 도덕적 상황이나 도덕적 가치에 대해 인식하고 판단하는 능력, 즉 도덕적 능력의 인지적 측면을 의미한다. 도덕적 가치 판단과 가치 실천의 능력 문제에 대해서 다산은 사람과 동물

9 『여전2』, 권15, 「논어고금주」: 從善如登, 從惡如崩, 此人性之遇形而壞者也.

이 도둑을 만나게 되는 경우를 상정하여 다음과 같이 설명한다.

> 사람이 도둑을 만나면 소리를 질러서 물리치거나, 계책[計]을 내어서 잡을 수 있지만, 개가 도둑을 만나면 짖으며 소리를 내기만 할 뿐, 짖지 않고 계책을 낼 수는 없다. 개가 할 수 있는 것은 모두 정능(定能)에 의한 것 뿐이다. 인성과 동물의 성은 이처럼 현저하게 구분된다.[10]

사람에게는 '계책[計]'이 있지만 동물에게는 없는데, 이것이 사람과 동물의 근본적인 차이라고 다산은 주장한다. '계책[計]'은 '악한 행위의 의미를 이해하고(도덕적 가치 개념 인식)', '도둑질하는 것은 악한 행위라는 판단을 하며(도덕적 상황의 판단)', '도둑을 물리치기 위한 방안을 모색하는(도덕적 문제 해결)' 능력을 포괄하는 개념이다. 즉 '계책'은 도덕적 가치 개념 인식, 도덕적 문제 사태 판단, 도덕적 문제 해결 능력을 포괄한다. 이는 곧 도덕적 사유와 성찰 능력이라고 할 수 있는데, 단순한 도구적인 계책이 아닌 '신령한 앎'을 통해서 할 수 있는 정신의 속성을 의미한다. 다산은 사람이 잉태되면 상제는 곧 영명하고 무형한 정신을 부여한다고 본다. 인간의 영명한 정신은 도덕적 가치를 인식하고 판단할 수 있으며, 윤리적 행위를 할 수 있는 사유와 성찰적 능력이라고 할 수 있다.[11] 이를 다산은 "사람이 천으로부터 받은 것은 단지 영명(靈明)

10 『여전2』, 권6, 「맹자요의」: 人遇盜, 或聲而逐之, 或計而擒之, 犬遇盜, 能吠而聲之, 不能不吠而計之, 可見其能皆定能也, 夫人性之於禽獸性, 若是縣絶.

11 금장태는 다산이 주장하는 '靈明'을 마음의 지각 및 인식 능력이라고 규정하면서, 감각자료를 분별하고 판단하여 결정하는 사유 능력으로 이해하고 있다.(금장태, 『心과 性: 茶山의 『孟子』 해석』, 11쪽 참조.) 필자가 보기에, 다산은 이 '영명'을 단순한 '知的' 사유 능력으로 이해하기 보다는 '도덕적' 사유 능력의 의미가 뚜렷이 함축된 개념으로 간주하고 있다.

뿐인데, 이것으로 인의예지(仁義禮智)를 행할 수 있다."[12]라고 말한다. 인간이 동물과 다른 결정적인 특징은 영명성을 부여받은 것이다. 다산은 "세상의 모든 인간은 배태될 때부터 이 영명을 부여받아서 만물을 초월하면서, 만물을 향용(享用)한다."[13]고 함으로써 인간이 천으로부터 받은 영명성은 만물을 초월하고 지배하는 특별한 능력이라고 본다. 즉 다산이 주장하는 영명성은 도구적인 지적(知的) 능력이라기보다는 도덕적 능력이다. 그러므로 상제가 부여한 영명성은 인간의 윤리적 실천을 가능케 하는 토대가 된다.

다산은 맹자가 말한 무형(無形)한 대체(大體), 즉 마음의 특성을 영명성(靈明性)이라고 하면서 소체(小體)와는 그 특성이 다름을 지적하였다. 이렇게 다산은 몸과 마음의 특성을 차별적으로 인식하여 몸의 기호를 형구의 기호, 천명지성(天命之性)의 기호를 영지(靈知)의 기호라고 규정한다. 그리고 마음의 영명으로 낙선치악(樂善恥惡)하게 된다고 주장한다. 영명은 선악에 대한 이해와 판단을 가능케 하는 도덕적 판단 능력을 의미한다. 영명은 '신묘하고 허령하여 통하지 않는 바가 없으며' 또 '허령하여 항상 깨어 있는' 특성이 있다. 영명은 상제로부터 부여받은 것이라는 점에서 인간이 윤리적 존재로 자리매김할 수 있는 근거는 곧 상제로부터 비롯되었다. 또한 영명은 신적(神的) 속성으로서, 신이 만상(萬象)을 주재하고 안양할 때 발휘하는 것이다. 다산에 따르면 만상 중에서 인간만이 상제가 부여한 영명을 가지므로 인간은 신적(神的) 속성을 가진 존재라고 할 수 있다. 다산에게 상제는 윤리적 온전성을 담지한 자로서 만상을 잘 길러 나가고, 만상 중에서 가장 수월한 존재인 인

12 『여전2』, 권4, 「중용강의보」: 人之受天, 只此靈明, 可仁可義可禮可智, 則有之矣.
13 『여전2』, 권4, 「중용강의보」: 天下萬民, 各於胚胎之初, 賦此靈明, 超越萬類, 享用萬物.

간을 도덕적으로 선하게 만들려는 뜻을 가진 자이다. 이러한 상제의 본질은 영명성이라고 할 수 있으며, 인간은 상제의 영명성을 품부받은 유일한 존재이다. 이 점에서 인간은 상제와 직접 소통할 수 있는 자이기도 하다. 이에 대해 다산은 "천의 영명은 인간의 마음과 곧바로 통하니 아무리 은미한 것이라도 살피지 못하거나 밝히지 않음이 없다."[14]고 주장한다.

상제의 속성을 주재성과 영명성이라고 한다면, 상제가 의지로써 만물을 다스리는 권능인 주재성은 비공유적(非共有的) 속성이므로 인간에게 양도되지 않지만, 도덕적 지각·인식 판단 능력인 영명성은 공유적 속성이므로 인간에게 양도된다고 볼 수 있다.[15] 이 영명의 공유성은 도덕적 가치를 구현하기 위한 목적하에서 이루어지고 있다. 영명성은 인간의 도덕적 인식과 판단을 가능케 하는 것으로서, 도덕적 사태에서 상황을 인식하고, 적합한 가치적 행위와 태도를 취할 수 있게 하는 도덕적 능력이다. 인간은 이 영명의 기능을 활용하여 선과 악에 대한 자신의 입장을 주장할 수 있고 실천할 수 있다. 그러므로 다산은 "도심이 발하는 바에 형체나 바탕도 없으며 영명(靈明)·통혜(通慧)한 것이 기질에 깃들어서 주재하게 된다."[16]라고 언급한다.

인간은 상제로부터 받은 영명을 통하여 상제와 소통한다. 영명한 천이 인간의 모든 것을 살피고 헤아리듯이, 영명한 인간 역시 상제의 뜻과 주재를 살피고 헤아릴 수 있다. 이 점에서 다산은 인간이 윤리적 행위를 할 때 상제를 의식하고 상제의 뜻을 아는 것이 중요하다고 주장한다. 그러므로 다산은 윤리적 문제를 해결하기 위하여 천을 이해하고

---

14 『여전2』, 권3, 「중용자잠」: 天之靈明, 直通人心, 無隱無察, 無微無燭.

15 김영일, 『丁若鏞의 上帝思想』, 경인문화사, 2003, 147쪽 참조.

16 『여전2』, 권6 , 「맹자요의」: 惟其道心所發, 無形無質, 靈明通慧者, 寓於氣質, 以爲主宰.

천의 뜻을 아는 인식적인 노력, 즉 지천(知天)을 강조한다.

> 『대학』,『중용』은 모두 '성(誠)' 자(字)로 으뜸 되는 공부를 삼았는데,『대학』에서는 뜻을 성실하게 하는 자는 먼저 격물치지(格物致知)로 한다고 말하고,『중용』에서는 몸을 성실하게 하는 자는 먼저 선을 밝힌다고 말했으니, 또한 하나의 예이다. 그런데 격물치지는 물(物)의 근본을 아는 데 지나지 않을 뿐이고, 선을 밝히는 것은 반드시 '천을 아는 것[知天]'이다. 천을 아는 것이 신독(愼獨)의 근본이 되니, 이것이 다른 점이다.[17]

격물치지도 상제와 연결되어 있으니, 상제를 의식하고 상제의 뜻을 아는 것이야말로 인간의 도덕적 삶을 담보할 수 있다는 의미이다. 상제를 의식하는 것과 지천은 영명한 도심의 능력으로 가능하다. 그러므로 소사상제(昭事上帝)는 곧 경천(敬天)이며, 경천은 도덕적 성찰 행위라고 할 수 있다. 경천은 행위의 선악을 성찰하여 자신의 도덕적 오류를 반성하는 성찰의 노력이며, 상제의 뜻을 헤아려 선을 행할 수 있는 마음을 갖추는 노력이기도 하다.

2. 도덕적 자율성의 제약으로서의 상제

앞에서는 상제가 인간에게 부여한 도덕적 근거에 대해서 검토했다. 즉 인간의 성과 심에는 선악이 선천적으로 결정되어 있지 않다는 점과, 도

17『여전2』, 권3,「중용자잠」: 大學中庸, 皆以誠字爲首功, 而大學則曰, 欲誠其意者, 先之以格致, 中庸則曰, 欲誠其身者, 先之以明善, 亦一例也, 然格物致知不過知物之本末而已, 明善則必知天, 知天爲愼獨之本, 此其異也.

덕적 가치를 인식하고 판단할 수 있는 인간의 자율적 능력을 상제가 어떠한 맥락에서 부여하고 있는지에 대해 논의했다. 이는 도덕적 자율성을 부여하고 보장하는 주체로 상제를 이해하고 검토한 것이었다면, 이제 인간에게 부여한 도덕적 자율성을 상제 스스로가 다시 제한하는 것처럼 해석될 수 있는 근거에 대해서 검토하려고 한다. 이는 도덕적 동기·수양·실천 문제에 있어서 상제가 인간의 도덕적 자율성을 제한하는 듯이 여겨질 수 있는 논점을 제시하고, 그 본의는 무엇인지를 검토하는 작업이 될 것이다.

1) 도덕적 동기와 상제의 감시 · 경고의 위능(威能)

다산이 인간을 윤리적 존재라고 규정하는 관점을 취하면서 중점적으로 비판한 것은, 선천적으로 품부된 본성에 의해 인간은 선을 행할 수밖에 없는 존재로 결정되어 있다고 주장하는 주자학적 입론이다. 다산은 성에 선이 결정되어 있다는 주자학적인 성선론을 비판하면서, 성을 마음의 기호라고 이해한다. 즉 인간은 자유로운 가치 판단에 근거하여 선을 인식하고 실천할 수 있어야 한다는 것이다. 그런데 윤리적 행위에 있어서 자주(自主)와 주장(主張)을 강조하는 이러한 다산의 논지에 일관성 문제가 제기될 수 있는데, 그 문제의 중심에는 인간에게 자율성을 부여한 주체인 상제가 놓여 있다. 이는 다산의 논지를 분석해 보면, 인간이 도덕적 옳음에 대한 신념에 따라 도덕적 행위를 하게 되는지, 아니면 상제의 감시와 경고라는 위능(威能), 즉 상제의 제재(制裁)를 의식함으로써 도덕적 행위를 하게 되는지 논란의 여지가 있다는 것이다.

이에 대해서는 먼저 선한 자와 악한 자에 대한 상제의 포상(褒賞)과 응징(膺懲)을 주장하는 다산의 논점을 검토해 본다.

심성에 부여해 주고 선을 향하고 악을 멀리하도록 하는 것은 오직 천명이다. 날마다 여기에 있으면서 선한 자는 복을 주고 음란한 자에게 화를 주는 것 또한 천명이다.[18]

천명은 곧 상제의 명이다. 상제는 스스로 살피고 판단하고 포상하고 응징하는 인격적 주체와 같은 존재이다. 이는 상제가 인간의 삶을 전면적으로 통찰하면서 그 행위의 도덕성을 살피고, 또한 인간의 내면에서 인간을 관찰하고 인간 스스로 성찰케 한다는 의미이다. 다산은 "군자가 어두운 방에서 두려워하며 감히 악을 못하는 것은 상제가 자기에게 임해 있음을 알기 때문이다."[19]라고 주장한다. 자신만이 알 수 있는 은밀한 상황에서도 상제는 언제나 자기에게 임해 있으므로 인간은 마땅히 상제를 두려워하고 경계하고 삼가야 한다는 것이다. 상제는 '인간에게 임해 있는 존재'이므로 인간의 내밀한 마음의 방향과 작용을 항상 인지하고 있다. 문제는 '인간이 그 자신 외에는 아무도 모르는 상황에서조차 악을 행하지 못하는 것은 상제가 자신에게 임해 있음을 알기 때문'이라고 주장하는 점에 있다. 이는 상제를 경계하고 삼가고 두려워하기에 인간이 악을 행할 수 없다는 입장이다.

도덕적 각성을 일으키는 존재라는 점에서 상제는 인간에게 도덕 실천을 끊임없이 강화하는 측면도 있지만, 다른 한편으로 상제의 이러한 위능은 상(賞)과 벌(罰)로써 인간을 강박하는 '외재적(外在的) 규율(規律)'로 이해될 수도 있다. 그 결과 인간의 도덕 행위의 동기 면에서 일정한 타율성 논란이 야기될 수 있다. 인간 스스로의 도덕적 각성 그리고 도

18 『여전2』, 권14, 「논어고금주」: 賦於心性, 使之向善違惡, 固天命也. 日監在玆, 以之福善禍淫, 亦天命也.

19 『여전2』, 권3, 「중용자잠」: 君子處暗室之中, 戰戰栗栗, 不敢爲惡, 知其有上帝臨汝也.

덕적 가치에 대한 판단과 신념에 의거해서 선을 행하는 것이 아니라, 인간의 마음을 통해서 간섭하고 경고하는 상제의 규율과 규제에 따라서 도덕 행위를 하게 된다는 것은 도덕적 동기 유발과 행위가 곧 타율적임을 의미한다. 다음은 인간이 마땅히 선을 해야 하는 이유를 귀신(鬼神)으로 귀결시키는 다산의 설명이다.

> 지금의 사람들은 천을 이(理)로 여기고, 귀신을 공능(功能)·조화(造化)의 자취·음양의 양능(良能)으로 여기니, 마음으로 이를 알았다고 하더라도 아득하게 멀어서 한결같이 지각(知覺)이 없는 자와 같다. 어두운 방에서 마음 속이기를 방자하게 해서 거리낌이 없으니, 종신(終身)토록 도를 배워도 요순(堯舜)의 경지에 이를 수 없는 것은 모두 귀신의 설에 대해 명확하게 알지 못하기 때문이다.[20]

여기서 다산이 귀신을 지칭하여 상제를 언급하고자 한 것은 귀신의 무형질성(無形質性), 감응성(感應性), 인격성(人格性)이 상제를 대명(代名)하기에 적절하다고 여겼기 때문이다.[21] 다산은 인간이 상제의 명을 듣는다면 도를 능히 행할 수 있으며, 능히 성인이 될 수 있다고 주장한다. 그렇다면 천명은 인격 수양의 핵심적 계기가 된다. 다산은 도덕적 동기와 연결하여 천명에 대해 다음과 같이 말한다.

---

20 『여전2』, 권4, 「중용강의」: 今人以天爲理, 以鬼神爲功能, 爲造化之跡, 爲二氣良能, 心之知之, 杳杳冥冥, 一似無知覺者然, 暗室欺心, 肆無忌憚, 終身學道, 而不可與入堯舜之域, 皆於鬼神之說, 有所不明故也.

21 이 점은 다산이 "상제는 형질도 없고 귀신과 덕을 같이하므로 귀신이라고 한다. 그것이 감응하여 굽어보는 것으로 말하기 때문에 귀신이라고 한다.(『여전2』, 권3, 「중용자잠」: 上帝之體, 無形無質, 與鬼神同德, 故曰鬼神也, 以其感格臨照而言之, 故謂之鬼神.)"라고 규정한 데서 그 의미가 명료하게 이해될 수 있다.

> 가령 한순간에 갑자기 사람을 상하게 하고 사물을 해치려고 하는 뜻이 싹튼다면, 한편에서 온화한 말로 저지하기를 '잘못은 모두 너로부터 말미암은 것인데, 어찌 그 사람을 원망하겠는가? 만일 네가 풀어 버린다면 너의 덕이 아니겠는가?'라고 한다. 정녕 귀를 잘 살펴 듣는다면 희미한 바가 없다. 모름지기 이 말이 곧 밝은 천명임을 알아서 이를 따라 순종하면 선이 되고 상서로운 것이 되나, 게을리하여 어기면 악이 되고 재앙이 된다.[22]

인간에게 악한 상념이 일 때, 상제는 마음으로 악을 경계하고, 선을 하도록 경고한다. 이 명령을 따르면 선하게 되고 따르지 않으면 악하게 된다는 다산의 논지는, 선악에 대한 성찰을 토대로 도덕적 가치를 이해하고 실천하는 것이 아니라, 상제의 명령에 따르는 것이 바로 선의 실천이 된다는 것이다. 이러한 다산의 입장은 도덕 행위의 동기가 곧 상제의 명령이라는 비판을 벗어나기 힘들다. 상제의 존재를 염두에 두고 상제를 두려워하면서 도덕적인 행위를 해야 한다는 것은, 인간의 도덕적 자율성을 주장하는 다산의 입론상에서 모순을 야기하지 않는가? 이 점에 대해서 이상익은 다음과 같이 말한다.

> 정약용은 군자의 자기 진실성마저도 믿지 않았다. 이와 같이 모든 인간의 자기 진실성을 믿을 수 없다면, '외재적인 상벌(賞罰)'만이 선행의 동기로 남는 것이다. 그러므로 정약용은 '군장이나 상제의 처벌'이 없다면 사람은 누구나 죄악을 범하게 될 것이라고 주장하는 것이다. 선행의 궁극적 동기를 '상제의 보상'으로 설정한 것은 결국 윤리를 '가언명령(假言命令)'의 체계로 전락시킨 것이다. 칸트는 가언명령에 입각한 행위는 적법성(適法性)

---

22 『여전2』, 권3, 「중용자잠」: 假如一刻, 驀有傷人害物之志, 萌動出來時, 覺得一邊有溫言以止之者, 曰咎皆由汝, 何可怨彼, 汝若釋然, 豈非汝德, 丁寧諦聽, 無所熹微, 須知此言, 乃是赫赫之天命, 循而順之則爲善爲祥, 慢而違之則爲惡爲殃.

만 있을 뿐 도덕성은 없는 것이라고 하였다. 여기에 정약용 윤리사상의 중대한 문제점이 있다.[23]

인간이 도덕적 행위를 하게 되는 것은 사실상 상제의 감시·경고·상벌 때문이라고 주장하는 다산의 입론은 '도덕성이 결여된 윤리체계'라는 것이 이상익의 논지이다. 이러한 비판은 타당한 논리적 근거를 가진 발제로서, 다산 윤리학의 본질에 의문을 제기하는 중요한 의미를 갖는다고 하겠다.[24]

그런데 인간의 자주지권을 강조할 만큼 도덕적 자율성과 윤리 문제에 대한 인식이 분명했던 다산이 도덕적 행위의 동기 측면에서 상제를 통하여 타율성의 단서를 언급한 것은 어찌된 일일까? 다산은 그의 도덕적 자율성의 입론을 일관되게 견지하지 못하고 있는 것인가?

다산은 도심의 영명(靈明)을 통해서 상제의 소리를 민감하게 듣고 반응해야 한다고 주장한다. 그런데 인간의 내면을 일깨우는 상제의 경계의 말, 즉 천명은 온전히 외재적인 것이 아니라 '내재화(內在化)된 외재(外在)'로서의 의미를 가진다고 볼 수 있다. 왜냐하면 다산은 "도심과 천명은 두 개로 간주할 수 없다."[25]고 이해하기 때문이다. 마음에 들리는 천명이 온전한 외재가 아니라 '내재화된 외재'이기에 도덕 실천의 동

---

23 이상익, 「丁若鏞의 倫理思想에 대한 朱子學的 反論」, 『東方學志』 제119집, 연세대학교 국학연구원, 2003. 3., 315쪽.

24 그러나 이상익의 이러한 발제가 중요한 의미를 가질 수 없다는 주장도 있다. 이러한 주장은 성태용의 연구에서 볼 수 있다. 그는 다산이 말하는 '상제의 명[天命]'은 곧 '선을 지향하는 경향성'이라고 하면서, 상제는 인간에게 자율성을 부여하였을 뿐 啓示도 주지 않는 등 일체의 개입을 하지 않기 때문에 사실상 '벙어리'와 같다고 규정한다. 그리하여 성태용은, 다산의 상제 개념은 인격성을 지니면서도 그 인격성을 거의 드러내지 않는 문제점을 노출하고 있다고 지적한다.(성태용, 「다산 철학에 있어서 계시없는 상제」, 『다산학』 제5호, 다산학술문화재단, 2004, 103~126쪽 참조.)

25 『여전2』, 권3, 「중용자잠」: 道心與天命, 不可分作兩段看.

기가 상제의 위능(威能)에 굴복하면서 유발된 것은 아니라고 할 수 있다. 다산이 주장하는 핵심은, 상제가 인간을 강박하는 것이 아니라 인간의 도덕적 성찰을 '적극적으로 도와주는 것'이라고 이해할 수 있다.

> 천명은 다만 생명을 부여한 처음에만 이 성을 주는 것이 아니라 원래 무형(無形)의 체(體)와 묘용(妙用)의 신(神)은 같은 무리끼리 서로 들어가고 서로 감응한다. 그러므로 천의 경고는 또한 유형한 이목(耳目)에 말미암지 않고, 매번 무형하고 묘용한 도심을 좇아서 타이르고 깨우쳐 주는 것이니, 이것이 이른바 '천이 그 마음을 깨우쳐 준다.'는 것이다. 그 깨우침을 좇아서 따르면 천명을 봉행하는 것이고, 그 깨우침을 업신여기고 어기면 천명을 거스르는 것이다.[26]

상제는 도심을 통하여 인간 스스로가 경고(警告)하고 달래고 깨우치도록 한다는 것이다. 곧 상제는 인간의 마음을 감시하면서 도덕적 각성을 일으키게 할 뿐, 거부할 수 없는 절대적인 명령으로 강제하는 것은 아니라는 말이다. 이렇게 이해하면 다산에게 상제는 인간의 도덕적 자율성을 해친다고 볼 수 없다.

도덕적 동기를 논점으로 삼는 이 맥락에서, 다산은 인간이 상제의 감시와 경고를 의식하는 것 외의 다른 선 실천의 동기를 상정하지 않는지 물을 필요가 있다. 다산은 인륜(人倫)의 표덕(表德)이라고 할 수 있는 인(仁)에 대해 다음과 같이 언급한다.

26 『여전2』, 권3, 「중용자잠」: 天命不但於賦生之初, 畀以此性, 原來無形之體妙用之神, 以類相入, 與之相感也, 故天之儆告, 亦不由有形之耳目, 而每從無形妙用之道心, 誘之誨之, 此所謂天誘其衷也, 順其誘而從之, 奉天命者也, 慢其誘而違之, 逆天命者也.

> 인(仁)이란 사람이며, 사람과 함께하는 일이다. 의예지(義禮智) 또한 사람과 함께하는 일이다. 그러므로 마침내 인(仁)으로 귀결된다. 만약 발동하는 시단[始]을 논한다면 측은함으로 동하는 것이 있는가 하면, 수치(羞恥)로 동하는 것도 있으므로 반드시 동일할 수는 없다.[27]

인(仁)이 발동하는 '시단[始]'은 인(仁)을 하게 되는 동기를 의미한다. 다산에게 인이라는 덕을 실천하게 되는 동기는 곧 '측은하게 여기는 마음'이나 '수치스럽게 여기는 마음'에 있다. 즉 다산은, 도덕적 행위의 동기는 사람 사이의 도덕적 규범에 대한 정당성, 타인에 대한 배려와 존중의 마음에 있다고 지적하는 것이다. 인의 실천 문제를 통하여 그가 주장하는 것은, 도덕적 실천은 도덕적 가치와 도덕적 문제 상황을 인식하고, 그 토대에서 마음으로부터 스스로 도덕적 가치를 실천하려는 자율적인 실천 동기가 유발될 때 비로소 가능하다는 것이다. 여기서는 인간의 도덕적 실천을 경고하거나 감시하는 상제의 개입이 드러나지 않는다. 이는 상이나 벌을 구(求)하거나 면(免)하려는 동기에 의해서 행위하는 것이 아니라, 자기 판단과 동기에 의해 선을 행하는 것임이 드러난다. 이 점에서 다산은 행위의 도덕적 책임의 소재를 인간 자신에게 귀속시킨다.

> 인(仁)이라는 것은 두 사람 사이의 일이지만 그 책임은 오직 한 사람에게 있다. 그러므로 공자가 그 공효(功效)에 대해 말하면서 극기복례(克己復禮)하면 천하의 사람이 교화되지 않음이 없다고 말했다.[28]

---

27 『여전2』, 권2, 「대학강의」: 仁者人也, 所以與人也, 義與禮智, 亦所以與人, 故終歸於仁, 若論其發動之始, 則有以惻怛動者, 有以羞恥動者, 不必同也.

28 『여전2』, 권12, 「논어고금주」: 仁者二人之事也, 二人之事而專責之於一人, 故孔子說其功效曰, 一日克己復禮, 而天下之人, 無不歸化.

도덕적 책임을 전적으로 자기에게 귀속시킬 수 있는 것은 도덕적 실천의 목적과 동기가 자신의 내적 성실성과 성찰로부터 연원하기 때문이다. "사람과 사람이 서로 접촉하면서 각기 본분을 다하는 것을 인(仁)이라고 한다."[29]는 다산의 말에서 알 수 있듯이, 인의 실천은 '자기 본분을 다함'이라는 내적 동기와 규율성에 의거하는 것이다. 사람들이 인을 하고, 지선(至善)을 하는 것은 개인의 동기와 책임으로 말미암는 것임을 다산은 다음과 같이 밝히고 있다.

> 내가 지선(至善)을 하면 백성은 스스로 나를 따라서 지선을 하게 된다. 그러나 백성의 지선은 내가 강요할 바가 아니다. 인(仁)을 하는 것은 자신에 말미암는 것이니, 어찌 타인에 말미암을 수 있겠는가?[30]

다산은 도덕 실천이 다른 누구, 다른 어느 것에 의해서가 아니라 자신의 동기와 합목적성에 따르는 유기적(由己的) 자율성에 의한 것이어야만 한다는 입장을 견지하고 있다. 즉 인간이 도덕적 실천을 해야 하는 동기와 목적이 천의 감시와 상벌에 의한 것이 아니라고 본다. 다산에게 있어서 인간의 선의 실천은 근본적으로 도덕적 당위성의 실천을 지향하는 자기 규율성의 동기로부터 출발한다.

도덕적 자율성에 있어서 윤리적 행위의 주체 문제와 책임성을 강조하는 다산의 입장에서 볼 때, 천의 도덕적 감시와 경고는 인간의 모든 행위의 동기도 아니며, 절대적 순종만이 가능한 비선택적 명령도 아니다. 따라서 천의 도덕적 감시와 경고는 인간의 도덕적 실천 동기를 강화하

29 『여전2』, 권1, 「대학공의」: 人與人之相接而盡其本分, 斯謂之仁.
30 『여전2』, 권1, 「대학공의」: 我旣至善, 民自隨我而至善, 然民之至善, 非我所强, 爲仁由己, 而由人乎哉.

는 것이라고 이해할 수 있다. 다산은 인간이 도덕적 당위성을 각성하고, 그 당위성을 실천하기 위한 내적 동기를 가진다고 명백하게 인정한다. 도덕적 문제 사태에서 옳고 그름에 대한 성찰이 전제되고, 이를 토대로 도덕적 옳음과 선에 대한 실천 동기가 발현된다는 입장이다. 그러나 형구를 가진 인간은 악에의 형세가 강한 존재이므로 이를 각성하고 절제하고 극기하는 강한 계기가 필요하다. 이 점에서 도심의 영명으로 도덕적 문제를 각성하면서, 상제의 감시와 경고를 엄중하게 여기는 것이다. 그러므로 상제의 경고와 감시 그 자체는 선을 행하게 하는 타율적 동기가 아니라, 인간의 자율적인 동기를 강화하는 것으로 보아야 한다.

2) 도덕적 수양 · 실천에서 도심과 소사상제(昭事上帝)

도덕적 수양과 실천에 있어서 상제는 어떠한 맥락으로 인간의 도덕적 자율성 문제와 연관되어 있는가? 수양의 문제에서 '소사(昭事)'는 타율성을 함의하고 있는 것은 아닌가?

다산은 도덕적인 가치와 덕의 실천에 미치는 상제의 영향을 도심과 연결하여 설명한다. 천의 명령은 인간이 생명을 받은 이래 그 삶에서 결코 떨어질 수 없으며,[31] 상제[天]의 명령과 경고는 도심을 통해 이루어진다는 것이다. 유형(有形)한 이목(耳目)에 말미암지 않고 언제나 무형(無形)하고 묘용(妙用)한 도심을 좇아서 타이르고 깨우쳐 주는 것이 바로 '천이 마음을 깨우쳐 준다.'고 하는 의미라고 다산은 규정한다.[32] 도심은

31 『여전2』, 권3, 「중용자잠」: 天於賦生之初有此命, 又於生居之日, 時時刻刻, 續有此命, 天不能諄諄然命之, 非不能也.

32 『여전2』, 권3, 「중용자잠」: 天之儆告, 亦不由有形之耳目, 而每從無形, 妙用之道心, 誘之誨之, 此所謂天誘其衷也.

상제와 소통하는 중심이며, 도심의 무형적 묘용은 천이 인간에게 부여한 영명의 작용이다. 인간은 영명지심인 도심을 통해서 상제의 뜻을 알 수 있다. 다산은 은미한 도심을 온전히 보존해야 성인(聖人)이 될 수 있다고 하면서 도덕적 실천을 위한 수양의 핵심으로 도심을 제시한다.

> 도심이 있으므로 선악을 잘 분별할 수 있고, 덕을 좋아하고 악을 부끄러워 할 수 있어서, 마침내 살신성인(殺身成仁)하는 데까지 이르는데, 이것이 맹자가 말하는 이른바 성선(性善)의 본질이다. 인심이 있으므로 재물을 탐하고 여색을 좋아하며, 몸의 편안함을 생각하고 귀(貴)함을 좋아하므로, 선을 따르기란 높이 오르는 것처럼 어렵고 악을 따르기란 허물어지는 것처럼 쉬우니 이는 순자(荀子)가 말하는 성악설(性惡說)이다. 도심을 주장하면 선할 수 있지만 인심이 천을 몰락시키면 악하게 된다.[33]

다산은 형구적 기호의 경향성이 중점화된 곳이 인심이고, 영지의 기호가 중점화된 곳이 도심이라고 본다. 도심은 선악을 분별하고, 선을 지향하며, 악을 하려고 하지 않는 마음이다. 그렇기에 그는 '도심을 주장하면 선할 수 있지만 인심이 그 천을 몰락시키면 악하게 된다.'고 주장하는 것이다. 인간은 인심과 도심의 대립적 국면에 있으며, 또 인심에 치우치기 쉬운 형세적 특성이 뚜렷하다. 그렇기에 도덕 실천을 위해서 도심의 은미함을 일깨우고, 생활 가운데서 선악을 성찰하고, 인심에 가려서는 안 된다고 경계한다. 이 점에서 천은 도심에 항상 각성을 일으키고 경계하는 의미가 있다.

33 『여전2』, 권15, 「논어고금주」: 以其有道心, 故能明別善惡, 又能好德而恥惡, 從以至於殺身而成仁, 此孟子所謂性善之本也, 以其有人心, 故貪財好色, 懷安慕貴, 從善如登, 從惡如崩, 此荀子所謂性惡之說也, 道心爲之主而可使爲善, 人心陷其天則可使爲惡.

> 도심이 경고하는 것은 황천(皇天)이 명하신 경계이다. 남은 듣지 못하더라도 나만은 홀로 똑똑히 들으니 이보다 자세할 데 없고 이보다 엄할 데가 없는데, 가르치듯 하고 깨우쳐 주듯 하니, 어찌 그저 차근차근 타이르기만 하겠는가?[34]

상제는 도심을 통해서 가르침을 주고 깨침을 준다. 인간은 천명에 충실하고 따름으로써 마음의 성선적 기호를 온전히 지킬 수 있으며, 선을 행할 수 있다. 이는 인간이 도덕적 존재로서 자신의 가치를 온전히 구현할 수 있는 것은 상제의 가르침 덕분이라는 것이다. 그런데 다산은 도덕 실천을 위한 수양인 계신공구(戒愼恐懼)가 상제와 관련된다고 본다. 이에 대해 다산은 "천의 영명은 인간의 마음과 곧바로 통하니 아무리 은미한 것이라도 살피지 못하거나 밝히지 않음이 없다. 이 방을 비추어 임하고, 날마다 살피며 이곳에 계시니, 사람들이 진실로 이를 안다면 비록 대담한 자라도 계신공구하지 않을 수 없다."[35]라고 주장한다. 주자학의 입장과는 달리 다산에게 있어서 계신공구의 참의미는 상제에 대한 것이다. 즉 다산은 문왕이 지존지대(至尊至大)한 상제를 밝게 섬긴 것을 예로 들면서, 『중용』의 계신공구는 소사상제(昭事上帝)를 배우는 것이라고 규정한다.[36] 계신공구는 상제의 뜻을 알고 정성스럽게 따르는 것이며, 이는 신독(愼獨)이나 성(誠)과 연결된다. 신독의 기본은 '천(상제)에 대해서 인식하는 것[知天]'이다. 이러한 신독은 윤리적 존재로 자기 가치를 구현해야 하는 인간에게 절실한 수양이다.

---

34 『여전2』, 권3, 「중용자잠」: 道心之所儆告, 皇天之所命戒也, 人所不聞而已, 獨諦聽, 莫詳莫嚴, 如詔如誨, 奚但諄諄已乎.

35 『여전2』, 권3, 「중용자잠」: 天之靈明, 直通人心, 無隱無察, 無微無燭, 照臨此室, 日監在玆, 人苟知此, 雖有大膽者, 不能不戒愼恐懼矣.

36 『여전2』, 권4, 「중용강의」: 天地鬼神, 昭布森列, 而其至尊至大者, 上帝是已, 文王小心翼翼, 昭事上帝, 中庸之戒愼恐懼, 豈非昭事之學乎.

> 옛사람은 진심으로 천을 섬기고 진심으로 신을 섬기면서, 동정(動靜) 시에 마음에 어떤 생각을 가지면 그것이 진실인지 거짓인지, 선한지 악한지를 경계하여 날마다 굽어보심이 여기에 있다고 말했다. 그러므로 그 계신공구(戒愼恐懼)하는 신독(愼獨)의 간절한 마음이 독실해야 천덕(天德)에 이를 수 있다.[37]

신독의 정성을 다할 때 천덕을 실천할 수 있다. 신독은 자신의 내밀한 마음에서 이루어지는 것, 즉 혼자만이 알 수 있는 일을 경계한 것이며, 혼자서 거처하는 장소에서 이루어지는 일을 말하는 것이 아님을 다산은 강조한다.[38] 신독이란 다른 사람이 알지 못하는 자기 마음의 내밀한 발동이 도의에 부합하는지를 성찰하여 바른 도리를 행할 수 있도록 마음을 정하는 것이다.[39] 따라서 다산에게 신독은 인간과 상제가 직면하고 소통하는 내밀한 과정이자 수행인 동시에, 타인과의 관계에서의 도덕적 상황을 중시하는 것이다. 이 점에서 다산은, 천이 사람의 선악을 살피는 것은 사람이 인륜(人倫)을 잘 실천하는가에 있으므로 수신(修身)과 사천(事天)은 오로지 인륜을 잘 실천하기 위함이라고 주장한다.[40] 상제는 사람들이 삶에서 '인간으로서의 마땅한 규범(인륜)'을 다하는지를 살핀다. 그렇다면 상제의 뜻을 살피는 신독도 상제에 대

---

37 『여전2』, 권4, 「중용강의보」: 古人實心事天, 實心事神, 一動一靜, 一念之萌, 或誠或僞, 或善或惡, 戒之曰日監在玆, 故其戒愼恐懼, 愼獨之切眞切篤, 實以達天德.

38 『여전2』, 권2, 「대학강의」: 愼獨者所以戒獨知之事, 而先儒解之爲獨處之地, 其所差不小, 人之行惡, 未必每在於隱辟之處, 人之行惡, 未必皆在於獨處之室, 人之行惡, 未必皆微細之事, 聖人所戒, 豈如是偏而不全哉.

39 다산은 신독을 喜怒哀樂의 未發時에도 반성과 판단 등의 마음의 사려가 발휘되는 것이라고 주장한다. 이는 신독을 黙坐나 홀로 있음을 삼가는 것으로 이해하기보다는 도덕적 사유와 성찰로 간주하는 입장이라고 할 수 있다.(『여전2』, 권3, 「중용자잠」, 6면 참조.)

40 『여전2』, 권3, 「중용자잠」 참조.

한 믿음이나 충성 그 자체만을 위한 것이 아니라, 인간관계에서 도리(인륜)를 충실하게 수행하는 것을 목적으로 한다. 그러므로 신독은 인간 내면이 아니라 사회적 관계 속에서 이루어져야 하는 것이다.

다산은 신독·소사상제의 경천(敬天), 경신(敬神)에 대해 다음과 같이 말한다.

> 천을 공경하는 것[敬天]과 신을 공경하는 것[敬神]이 정좌(靜坐)의 공부가 될 수 있지만 반드시 마음과 생각을 묵묵히 하여 천도(天道)를 생각하고, 신(神)의 이치를 궁구하며, 과거의 허물을 반성하고, 새로운 뜻을 이끌어내야 진실한 마음으로 천을 공경하는 것이 된다.[41]

여기서 경천, 경신은 일종의 도덕적 탐구 과정으로 이해되고 있다. '천도(天道)를 생각하고, 신리(神理)를 탐구하는 것'은 도덕원리와 가치에 대한 근본적인 성찰을 의미한다. 즉 상제가 명한 이치와 도리를 탐색하는 것이다. 그리고 '지난날의 허물을 반성하기도 하고, 새로운 의미를 이끌어 내기도 하는 것'은 행위의 과오를 점검하여 삶의 규범을 재정립하는 반성적 성찰을 의미한다. 다산이 "일이 선하지 않으면 도심이 이를 부끄럽게 여긴다. 부끄럽게 여기는 마음이 솟아나는 것은 천명이 차근차근 타이르는 것이며, 행실이 선하지 않으면 도심이 이를 뉘우치는데 그 뉘우치는 마음이 일어나는 것은 천명을 잘 따르는 것이다."[42]라고 언급하였듯이 반성적 성찰은 도심에서 이루어지는 것이며, 이는 관

---

41 『여전2』, 권2, 「대학강의」: 敬天敬神, 可爲靜坐之工, 然亦必默運心思, 或想天道, 或窮神理, 或省舊愆, 或紬新義, 方爲實心敬天.

42 『여전2』, 권3, 「중용자잠」: 事之不善, 道心愧之, 愧怍之發, 諄諄乎天命也. 行有不善, 道心悔之, 悔恨之發, 諄諄乎天命也.

계적 도리를 다하기 위한 윤리적 과정이라고 할 수 있다. 그러므로 다산은 천명을 알고 천명을 성찰할 수 있는 도심의 보존을 강조하는데, 이는 다름 아닌 일상의 도리를 다하는 것을 말한다.

> 이 물(物: 도심)을 보존하고자 하면, 무릇 어버이를 섬기고 어른을 섬기고 임금을 섬기고 친구를 사귀고 백성을 다스리고 사람을 가르칠 때에 정성스럽고 미덥게 힘써 행하여 터럭만큼이라도 속이거나 정성스럽지 못함이 없게 된 연후에라야 비로소 잃지 않았다고 말할 수 있다.[43]

도심의 보존은 정좌(靜坐)로 마음의 순수성을 견지하는 것이 아니라 인간관계의 도리를 실천하는 것이라는 점에서 관계적이며 실천적이다. 이는 도심에서 상제를 각성하고 계신공구하는 것이 상제를 섬기는 것 자체에 목적이 있는 것이 아니라, 인(仁)의 실천에 궁극적인 목적이 있다는 것을 알 수 있다. 즉 다산은 "계신공구의 태도로 상제를 잘 섬기면 인을 행할 수 있다. 헛되게 태극을 공경하고 이(理)를 천이라고 생각하면 인을 행할 수 없다."[44]라고 주장한다. 이는 도심의 도덕적 각성과 실천이 내성적이고 내찰적인 데 머무는 것이 아니라, 타인과의 관계에서 덕을 실천하는 것임을 말한다. 즉 소상상제(昭事上帝)의 일은 관계적이며, 사회적 도리의 실천이다. 다산에게 있어서 계신공구하고 신독하는 수양은 상제에 대한 믿음을 공고하게 하거나 상제에 대한 일념의 충성을 강요하는 것이 아니라, 인간의 도리를 사회적인 차

---

43 『여전2』, 권6, 「맹자요의」: 欲存此物, 則凡事親事長事君交友牧民教人之際, 勉行其忠信, 無一毫欺詐不誠之差, 然後方可曰不失也.

44 『여전1』, 권16, 「자찬묘지명」: 恐懼戒愼, 昭事上帝則可以爲仁, 虛尊太極, 以理爲天則不可以爲仁.

원에서 실천하는 것을 의미한다. 그렇기에 다산에게 상제는 인륜의 상제이며, 인륜을 돕는 상제라고 할 수 있다. 이에 대해 다산은 다음과 같이 말한다.

> 천이 사람의 선악을 살피는 바는 항상 인륜에 있어서이다. 그러므로 사람이 수신(修身)하고 사천(事天)하는 일은 역시 인륜으로써 힘을 다함이다.[45]

상제는 비록 인간의 도심을 통해서 내밀하게 소통하지만, 인간의 도리를 실천하도록 지지(支持)하는 존재이며, 인간의 공동체적 삶의 윤리를 강화하는 데 기여하는 존재이다. 그러므로 '상제를 섬김[昭事上帝]'이라는 것도 '인간의 도리를 다함'이라는 인간의 문제로 귀속시킬 수 있다.

다산은 상제의 명령에 따라야 한다는 도덕 실천적 명제를 강조하지만, 실제로 그의 논지에 따르면 상제의 명령은 인간의 모든 의지를 지배하고 행위를 강박하여 절대적으로 따를 수밖에 없도록 하는 것은 아니다. 그것은 단지 인간의 도덕적 삶을 도와주는, 이른바 조력적(助力的) 경고이며 감시라는 점에 주목할 필요가 있다. 다산이 언급하고 있는 인간 행위에 대한 상제의 상벌도 실은 인간의 자유의지를 지배할 정도로 위압적이고 전면적인 위능으로 강조된 것은 아니다. 뿐만 아니라 지천(知天)의 소사상제와 같이 상제를 섬기고 따르는 것도 도덕적 가치와 원리에 대한 숙고를 수반하는 성찰적 의미가 있다.

---

45 『여전2』, 권3, 「중용자잠」: 天之所以察人善惡, 恒在人倫, 故人之所以修身事天, 亦以人倫致力.

3. 도덕적 자율성의 문제에서 상제의 의미

다산은 인간이 도덕적 자율성을 가졌다는 입장을 견지하고 있으며, 또 상제의 감시와 경고가 인간의 도심을 통하여 작용하고 있다고 주장한다. 도덕적 자율성 문제에서 논란이 되고 있는 이 양론의 충돌성은 윤리적으로 어떠한 의미가 있는가? 이는 다산의 윤리사상이 가진 한계인가, 아니면 심화된 사유의 한 양상인가? 이 점을 두고 이희평은 상제의 주재권과 인간의 자주지권에 대한 다산의 입장이 모순된다는 입장을 피력하고 있다.

> 다산의 이러한 세계관을 보다 거시적 입장에서 살핀다면, 상제의 주재권과 인간의 자주적 결정권은 서로 모순된다. 형식논리의 입장에서 세계 전체를 다스리는 상제와 자유로운 결정권을 가진 인간이 양립할 수 없기 때문이다.[46]

그는 다산의 윤리사상에서, 모든 존재의 주재자인 상제의 주권과 인간의 도덕적 자율성이라는 주권이 양립할 수 없다고 보아, 결국 다산의 논지는 모순적이고 불완전한 입론이라고 주장한다. 그런데 다산은 주자학의 윤리사상에 대해 인간의 도덕적 자율성을 보장하지 못하는 선천적인 선 결정론(善決定論)의 입장이라고 비판하면서, 성기호와 자주지권을 강조하였다. 즉 다산은 윤리 개념에 대한 명확한 이해를 토대로 인간의 도덕적 자율성을 중심으로 윤리 문제를 제기한 것이다. 이러한 도덕적 자율성에 대한 가치의식을 명확하게 견지한 다산의 입장에

---

46 이희평, 「다산의 天人相關에 관한 一考: 上帝의 主宰權과 인간의 自主之權을 중심으로」, 『한국철학논집』 제3집, 한국철학사연구회, 1993. 12., 134쪽.

서 어떻게 상제가 개입하여 인간의 도덕적 자율성을 훼손하는 것처럼 여겨질 수도 있는 논지를 취할 수 있었을까?

다산이 상정하는 상제는 우주의 모든 존재를 주재하는 영명(靈明)한 권능을 가지고 지공(至公)·지인(至仁)·지의(至義)의 덕으로 만물을 대하며,[47] 인간에게 선한 본성을 부여하는 존재이므로 윤리적으로 선한 속성을 가지고 있다고 볼 수 있다. 그런데 이 선한 상제로 인해 존재하게 된 인간이 악을 행하는 것은 어찌하여 그런가? 상제가 그의 선한 본성으로 인간을 포함한 모든 물상들을 지인(至仁)·지의(至義)의 덕으로 다스린다면, 인간이 윤리적으로 그릇된 판단을 하고 악을 저지르는 것은 상제의 통제함인가, 아닌가? 다산에 따르면 상제는 모든 존재들을 주재하므로 악을 저지르는 인간의 행위도 본원적으로 말하면 상제 주재하의 행위라고 해야 할 것이다. 그런데 이러한 입장을 수긍한다면 상제는 선하다거나, 지인(至仁)·지의(至義)의 덕으로 다스린다고 말할 수 없을 것이다.

그러면 상제의 주재는 어떠한 것인가? 그것은 인간이 '선을 하고 악을 함에 있어서의 자주지권, 즉 주권을 부여하는 방식의 주재'를 의미한다고 해야 할 것이다. 따라서 다산의 입론에 근거하면 상제는 인간에게 도덕적 자율성을 본래적으로 부여하고 있으며, 그것은 결코 훼손되지 않고 있다고 할 것이다. 이 점에서, 상제의 명령은 인간이 수용하거나 거부할 수 있는 선택적인 것이다. 인간이 형구를 가짐으로써 악을 행할 형세적 특성이 매우 뚜렷하다고 하는 점에 있어서, 인간의 모든 것을 주재하는 상제로서는 이미 악의 개념, 악의 단초, 악의 가능 근거를 인정한 셈이다. 그렇다면 상제가 주재하는 이 세상에는 선과 악의 개념

47 『여전2』, 권19, 「詩經講義」: 上天, 至公至仁至義之德.

이 공존하고, 모든 존재 가운데 유일하게 인간만이 독립적이고 주체적으로 선악을 인식하고 판단함으로써 선이나 악을 행할 수 있다는 것이다. 인간에게 이러한 조건을 부여하고, 인간이 스스로의 주권으로 선을 할 수 있도록 하였다는 점에서 상제의 주재는 '인간의 자율적인 도덕적 판단과 실천을 온전히 부여하는 주재'라고 보아야 할 것이다. 이렇게 이해할 때, 인간은 오로지 선악의 행위에 대한 책임을 상제가 아닌, 인간 자신이 진다고 하는 다산의 입론이 일관성을 유지할 수 있다.

도덕 갈등 상황에서 인간이 상제의 명령(천명)을 수용할지 수용하지 않을지 결정하는 권한은 인간 자신에게 있다. 그러므로 다산이 상제의 감시와 경고와 보상을 언급한 것은 상제의 도덕적 특성과 위능, 그리고 인간의 도덕 실천 문제의 중요성을 강조하는 맥락이라고 할 수 있다. 비록 상제의 상벌이 제시되고 있다고 하더라도 그것이 곧 인간의 행위를 직접 강제하는 절대적인 것은 아니며, 단지 인간이 도덕 실천에서 고려해야 할 '선택적 강조'의 의미를 가질 뿐이다. 이 점과 관련하여 부언할 필요가 있는 것은, 다산은 상제의 상벌 개념의 실체와 내용을 명확하게 제시하지 않고 있다는 점이다. 인간의 선악 행위에 대해 상제가 보상을 하거나 벌을 준다는 점을 다산이 더욱 구체화했다면, 인간에게 미치는 상제의 상벌의 영향이 훨씬 강화되었을 것이다. 그러나 상제의 상벌에 대한 다산의 언급은 지극히 간명하다. 따라서 다산이 언급하는 상제의 상벌은 지선(至善)을 할 수 있는 인간 마음의 권능을 상제를 통해서 강화하려는 맥락의 개념이라고 볼 수 있다. 즉 다산에게 상제는 그 명령[天命]을 통하여 인간의 도덕적 결정을 절대적으로 강제함으로써 도덕적 자율성을 훼손하려는 것이 아니라, 인간에게 선한 본성과 마음의 자유의지를 부여하고 이를 온전히 발휘토록 함으로써 인륜을 실천하게 도와주는 조력적·강화적 의미를 가진다. 이러한 맥락에서 다산은 자율적인 도덕 성찰 능력과 도덕적 책임성이 인간에게 있다고 주장한다.

> 그 성을 다하는 것은 그 천으로부터 받은 바의 본분을 다하는 것이다. 스스로 닦아서 지선(至善)에 이르면 나의 본분을 다하는 것이고, 사람들을 다스려 지선에 이르면 사람이 각각 그 본분을 다하는 것이니 그 공이 나에게 있다.[48]

상제로부터 부여받은 본분을 다하는 것은 스스로 닦음에 있다. 즉 오직 자기의 수양으로 지선(至善)에 도달할 수 있다. 그러므로 인간의 도덕 수양을 강화하고 추동하는 존재가 바로 상제이며, 상벌은 상제의 덕의 다른 표현이라고 이해할 수 있을 것이다. 이는 다산이 "『중용』의 배움은 천명에 근본을 두고 계신공구함으로써 그것을 지키고 오래도록 계속하여 쉬지 아니함으로써 이룬다."[49]라고 하는 것에서 그 의미를 더욱 명료하게 알 수 있다. 즉 『중용』의 학문은 천명에 근본을 두면서 수양하고 선을 실천하는 것을 의미한다. 다시 말해, 상제가 부여한 본성과 권능을 근거로 하여 인간 스스로 덕을 실천함으로써 윤리적 존재가 되어야 한다는 것이다.

> 성인(聖人)의 도는 비록 성기(成己)와 성물(成物)을 처음과 마침으로 삼고 있으나, 성기는 자신을 닦는 것으로써 하고, 성물도 자신을 닦는 것으로써 하니, 이를 일러 자신을 교육함이라고 한다.[50]

---

48 『여전2』, 권3, 「중용자잠」: 盡其性者, 盡其所受於天之本分也, 自修而止於至善, 則我之本分盡矣, 治人而止於至善, 則人各盡其分, 而其功在我矣.

49 『여전2』, 권23, 「尙書古訓」: 中庸之學, 本之於天命, 持之以戒愼恐懼, 成之以恒久不息.

50 『여전2』, 권1, 「대학공의」: 聖人之道, 雖以成己成物爲始終, 成己以自修, 成物亦以自

성기·성물하는 성인을 이루는 본령의 성취는 유기(由己)로써 해야 하며, 이 점에서 인격 형성의 책임은 자신에게 있다. 따라서 선악을 할 수 있는 권능, 즉 도덕적 자율성을 온전하게 실현하는 존재인 성인은 윤리적 주체가 될 수 있는 핵심적 가치인 자기 인격 형성의 자율성과 책임성을 확보한 자라고 할 수 있다. 비록 다산이 "군자가 어두운 방에 홀로 있으면서 두려워하여 감히 악을 못하는 것은 상제가 자신에게 임해 있음을 알기 때문이다."[51]라고 주장한 것은, 상제를 통해 인간의 도덕적 실천을 철저화하려는 의미로 볼 수 있으나 그 자체가 인간의 자주지권을 본질적으로 훼손하는 것은 아니다. 다산은 근본적으로 인간의 자발적이고 주체적인 덕의 실천을 지향하고 있었기 때문에 상제의 감시·경고·상벌 등의 위능(威能)을 언급한 것은 도덕 문제 성찰의 엄밀성과 도덕 실천의 철저성을 강조하기 위한 것이었다고 할 수 있다. 따라서 다산의 사상에서 상제는 인간의 자주지권, 즉 주권을 훼손하지 않는다고 보는 것이 정확할 것이다. 이 점과 관련하여 다산의 윤리사상에 대해 송영배가 언급하고 있는 다음의 주장을 상기하고자 한다.

> 다산의 윤리사상은 『천주실의(天主實義)』에 소개된 서구적인 윤리사상의 구도를 원용하여 '명상적·관념적인 성리학'의 패러다임을 '실천적 윤리중심'의 새로운 패러다임으로 전환시킨 것이다.[52]

다산의 윤리사상을 '실천적'이라고 규정한다면 상제도 바로 이 실천

修, 此之謂身教也.

51 『여전2』, 권3, 「중용자잠」: 君子處暗室之中, 戰戰栗栗, 不敢爲惡, 知其有上帝臨汝也.

52 송영배, 「정약용철학과 성리학적 리기관의 해체」, 『철학사상』 제13호, 서울대학교 철학사상연구소, 2001. 12., 142쪽.

적 윤리사상의 맥락에서 구축되고 있다고 할 수 있다. 즉 다산의 실천적 윤리사상에서 상제의 경고·감시·상벌은 인간이 성선을 구현하고, 인륜을 행하기 위한 실천적 강화의 맥락으로 이해된다는 것이다. 인간은 도심을 통하여 상제의 명령뿐만이 아니라, 도덕적 가치·원리·상황·문제 해결 방안을 이해하고 성찰한다. 그리고 이러한 도덕적 성찰은 전적으로 도덕적 실천을 위한 토대이다. 이 점에서 볼 때, 상제의 위능도 인간이 스스로 도덕적 실천을 강화해 나가는 과정에서 개입되는 조력적(助力的)인 것이라고 할 수 있다.

한편 유초하는, 상제를 창조 등의 권능을 지닌 인격적 절대자나 존재근원으로 보지 않고 인간의 도덕성을 근거 짓기 위해 도입된 도덕적 요청 개념으로 보는 것[53]은 합당하지 않다는 입장을 취하는데,[54] 이러한 그의 입장은 타당한 점이 있다고 하겠다. 필자로서도 상제에 관한 다산의 입론을 이해함에 있어서, 상제를 단지 인간의 도덕성을 담보하기 위해 요청된 비실체적 개념으로 간주하는 것은 확실히 문제가 있다고 생각한다. 왜냐하면 다산에게서 상제는 외재적 실체로서의 성격도 분명히 함의하고 있기 때문이다. 그러므로 다산의 윤리사상에서, 상제의 위능은 인간의 자주지권을 전제로 인간관계적 차원의 규범을 적극적으로 실천토록 조력하고 강화하는 윤리적 의미가 있다고 규정하는 것이 합당하다.

---

53 이러한 입장의 논지는 정순우의 연구에서 볼 수 있는데, 그는 다산의 상제는 洙泗學과 西學의 상제관을 종합하여 도덕적이고 윤리적인 차원에서 시대가 '요청한' 초월적 인격신이라고 규정한다.(정순우, 「다산에 있어서의 천과 상제」, 『다산학』 제9호, 다산학술문화재단, 2006, 37쪽 참조.)

54 유초하는 상제의 외재적 존재성을 부정하고 도덕성의 근거로만 인정하는 연구들을 분석해 보면, 그 논리들이 실제로는 상제의 존재론적 실재성을 부정하는 것이라기보다는 상제가 기독교의 천주와 다르다는 것을 주장하는 데 불과하다고 평가한다.(유초하, 「정약용철학의 上帝 개념에 관한 이견들과 그에 담긴 오해들」, 『한국철학논집』 제20집, 한국철학사연구회, 2007. 8., 210쪽 참조.)

다산의 윤리사상에서 상제의 권능은, 선을 행하기에 용이하지 않은 형구적 특성을 지닌 인간이 도덕적 성찰과 실천의 노력을 투철하게 하도록 강화하는 데 있다. 다산은 인간이 상제의 감시·경고·명령에 귀를 기울이고 따라야 한다고 말하지만, 그것들이 무조건적으로 인간의 행위를 강제하는 절대성을 가진다고 주장하지는 않는다. 상제의 감시·경고·명령의 위능은 인간의 선 실천을 도와주고 강화하려는 추동성이 부각되는 개념이므로, 도덕적 가치 실천의 동기와 실천 의지의 측면에서 보면, 인간은 도덕적 가치를 자율적으로 실천할 수 있는 '윤리적 존재'이다. 그러므로 인간은 상제로부터 품부받은 도덕적 자율성을 바탕으로 도덕적 가치를 인식하고, 상제의 감시·경고·명령·상벌 등을 '각성하면서' 도덕적 문제 상황에서 적절한 도리를 판단하고 자율적으로 선을 실천해야 한다는 것이 다산의 본의라고 할 수 있다.

제7장

수양론의 특성과 윤리교육적 의미

제7장

수양론의 특성과 윤리교육적 의미

수양의 목적으로서의 성인 • 수양의 가능 근거로서의 성선과 자율
• 행사적 수양 방법의 특성 • 수양론의 윤리교육적 의미

유학사상은 인간의 도덕적 완성을 목적으로 한다는 점에서 수양론의 중요성이 특히 강조되고 있다. 인간의 자기 탐구와 인격 형성을 사상의 핵심으로 설정하고 있다는 점에서 유학은 윤리교육을 본질로 하는 교학체계(教學體系)라고 규정될 수 있는데, 본 장에서는 다산의 수양론과 그 윤리교육적 의미에 대해 탐구하고자 한다. 다산의 수양론은 인간의 본성과 윤리에 대한 그의 입장과 직결되어 있다. 다산은 인간이 '기호(嗜好)로서의 성선(性善)'의 특성을 지니고 있으며, 또 자유롭게 가치를 선택하고 실천할 수 있는 '가치 선택 능력과 실천 의지'를 지닌다는 것에 주목함으로써 윤리사상과 수양의 문제에서 의미 있는 논거를 제시하였다. 다산은 도덕적 가치에 대한 선택과 실천 의지의 문제는 궁극적으로 행사(行事)에서의 실천 문제로 직결되어야 한다고 주장한다. 이는 도덕적 자기 형성이라는 수양의 문제는 곧 '실제적인 삶에서 가치와 도리를 실천'하는 문제임을 표명하는 입장이다. 이 점에서 다산의 수양론은 철저하게 행사의 문제를 중심으로 구축되는 '행사적

수양론'이라고 규정할 수 있다.

다산은 인간의 본성 구현과 가치 실천의 문제는 삶에서 야기되는 도덕적 문제 사태를 중심으로 이루어져야 한다는 입장을 취한다. 그러므로 다산의 수양론은 인간관계에서의 규범과 도덕적 문제 사태의 본질을 직시하고, 그 가치를 적합하게 실천할 수 있는 도덕적 능력과 인격을 함양하는 것을 목표로 하고 있다. 본 장에서는 이러한 다산의 행사적 수양론의 목적과 가능 근거가 어떻게 구축되어 있는지를 해명하고, 그가 제시하는 다양한 수양 방법들의 특성을 분석하고자 한다. 그리고 다산의 행사적 수양론이 현대 윤리교육의 방향에 어떠한 시사점을 줄 수 있는지를 탐색하고자 한다.

1. 수양의 목적으로서의 성인(聖人)

다산학의 핵심은 수기(修己)와 치인(治人)으로 집약될 수 있는데, 이는 공자와 맹자의 실천유학적 가치를 본질로 하는 것이다. 즉 다산은 "군자의 학문은 두 가지를 벗어나지 않는다. 첫째는 수기(修己)이고, 둘째는 치인(治人)이다. 수기는 자신을 선하게 하는 것이고, 치인은 남을 사랑하는 것이다. 자신을 선하게 하는 것은 의(義)가 되고, 남을 사랑하는 것은 인(仁)이 되니, 인(仁)과 의(義)는 상호 작용을 하여 어느 한쪽도 없앨 수 없다."[1]고 주장한다. 다산은 유학을 '관념적 사변(思辨)의 학'이 아니라 삶에서 실제적인 의미를 구현해야 할 '실천(實踐)의 학'으로 규

1 『여전2』, 권6, 「맹자요의」: 君子之學, 不出二者, 一曰修己, 二曰治人, 修己者所以善我也, 治人者所以愛人也, 善我爲義, 愛人爲仁, 仁義相用, 不可偏廢.

정하기 때문에 수기와 치인이라는 유학의 실천적 목적 달성이 유가들의 본령이라고 간주하는 것이다.

유학의 실천적 목적인 수기와 치인은 자기와 타인의 인격적 완성을 의미한다. 이는 자기와 아울러 모든 다른 존재의 가치를 구현하는 것을 이상적 가치로 지향하는 유가(儒家) 교학(教學)의 본령이라고 할 수 있다. 다산은 이러한 유학의 교학적 근본이념을 견지하면서, "도(道)라는 글자는 위로는 성(性)에 이어지고 아래로는 교(教)에 연결되니 이는 바로 '자기를 이루고 남을 이루어 주는[成己·成物]' 요체이다."[2]라고 말한다. 다산이 이해하는 '도'는 교학에서 추구하는 실천적 가치를 의미하며, 성기·성물은 인간이 마땅히 추구해야 할 자기 목적이며, 이는 오직 치열한 수양으로 가능하다.

다산은 실천유학의 입장에서, 성리(性理)에 대한 주자학자들의 공부가 실천 문제에 주력하지 못하고 사변적인 경향으로 치우쳤다고 비판한다.[3] 이 점에서 다산은 성리학과 공자·맹자의 유학을 비교하여 다음과 같이 말한다.

> 옛날의 학문은 힘쓰는 것이 일을 행함에 있기에 일을 행함으로써 마음을 다스렸으나, 지금의 학문은 힘쓰는 것이 마음을 배양하는 데 있기에 마음을 배양하는 데 빠져서 일을 버리게 된다. 자신만을 선하게 하고자 하는 자는 오늘날의 학문도 좋지만, 천하도 함께 구하고자 하는 자는 옛 학문

2 『여전1』, 권8, 「中庸策」: 道一字, 上承乎性, 下接乎教, 卽成己成物之樞紐.

3 다산은 「五學論」에서 당시의 성리학자들이 理와 氣, 體와 用, 理發과 氣發, 已發과 未發 등의 문제를 논하면서 실제적인 의미가 없는 사변적인 다툼을 일삼는다고 지적하고, 이들의 논쟁은 세월을 다해서도 그 다툼을 해결할 수 없고, 代를 이어 가더라도 결코 해명할 수 없는 공소한 것이라고 비판하였다.(『여전1』, 권11, 「五學論」, 19면 참조.)

이라야 비로소 가능하다.[4]

이는 다산의 위학(爲學) 이념과 수양론의 방향을 명확하게 제시한 것이다. 다산은 유학의 실천적 이념을 충실하게 지지하는 입장에서 수양의 궁극적인 목적으로 성인(聖人)을 상정한다. 다산이 언급한 '군자(君子)의 학'은 곧 도덕적 자기 형성의 학이며, 이는 수기와 치인을 온전히 할 수 있는 성인이 되는 공부이다. 성리학의 인간 본성론과 수양론을 비판하는 입장에서 구축되고 있는 다산의 수양론에는 엄정한 자기 인격 연마와 교육의 가치가 함축되어 있다.

> 성인(聖人)의 도는 비록 성기(成己)와 성물(成物)을 처음과 마침으로 삼고 있으나, 성기는 자신을 닦는 것으로써 하고, 성물도 자신을 닦는 것으로써 하니, 이를 일러 자신을 교육함이라고 한다.[5]

수양은 곧 교육의 문제이며, 배우고 닦아서 이루어야 할 성인의 도는 성기·성물의 도이다. 다산은 성기뿐만이 아니라 성물을 이루는 것도 기본적으로는 '자기를 닦음[修己]'에 의한다고 주장한다. 이는 공자가 그의 실천유학적 사유의 선상에서 역설한 핵심인데, 곧 인격 형성 문제에서의 책임성을 자신에게 온전히 근거 짓는 '유기(由己)'의 입장이다. 수양에 있어서 유기적 입장은 행위 주체의 자율적이고 능동적인 인격 형성을 통한 자기 완성과, 타인을 위해 덕을 실천하는 성물적(成物的) 이

4 『여전2』, 권6, 「맹자요의」: 古學用力在行事, 而以行事爲治心, 今學用力在養心, 而以養心之廢事故也, 欲獨善其身者, 今學亦好, 欲兼濟天下者, 古學乃可.

5 『여전2』, 권1, 「대학공의」: 聖人之道, 雖以成己成物爲始終, 成己以自修, 成物亦以自修, 此之謂身敎也.

타(利他)의 행위를 가능케 하는 토대가 된다.

성인이 되기 위해 수양하는 것은 유학을 공부하는 사람들의 마땅한 길이다. 다산은 "'성(誠)이란 것'은 힘쓰지 않아도 맞는 것이요, '성하려고 하는 것[誠之]'은 선을 택하여 지켜 나가는 것이다. '택한다'는 것은 배워서 알고 힘써 행하는 것이다."[6]라고 언급하면서, 도리를 깨닫고 실천하기 위해 노력하는 교학(教學)과 수양에 대해 설명하고 있다. 선의 가치를 판단하고 실천할 때 반드시 교육적 활동이 수반되어야 한다고 보는 점에서 다산은 인격 형성에 있어서 교육적 의미를 중시하는 입장을 취한다.

다산은 『중용』을 해설하면서 교학과 역행(力行)에 힘쓰는 '성지자(誠之者)'가 궁극적으로 도달해야 할 경지는 '성자(誠者)'라는 성인의 격(格)임을 밝힌다.

> 『중용』에 비추어 보면, 성(誠)이란 성인(聖人)이요, 성을 생각함[思誠]이란 배우는 것이다.[7]

다산은 '성지자(誠之者)'의 수양을 '사성(思誠)' 개념으로 설명하고 있는데, 그는 사성(思誠)이 생각하는 것에 머무는 것이 아니라 '인(仁)에 힘쓰는 것'이라고 해석했다. 즉 '성지(誠之)'와 '사성(思誠)'은 모두 덕 실천의 문제로 보아야 한다는 것이 다산의 입장이다. 그는 인의(仁義)의 단초는 모두 심의 속성에서 발하는 것이지만, 인의의 덕은 모두 실천을 통해 이루어지는 것이라고 인식함으로써 덕은 생활 가운데 실천될 때

6 『여전1』, 권8, 「中庸策」: 誠者不勉而中, 誠之者擇善而執, 蓋擇者, 學而知勉而行之類也.
7 『여전2』, 권5, 「맹자요의」: 然觀於中庸, 誠者乃聖人, 思誠者乃學者.

비로소 구현되는 것이라고 본다.

다산에게 성인은 가치와 덕[仁]의 온전한 실천을 통해서 이루어질 수 있는 인격적 주체인 동시에 그 가치와 덕을 온전하게 실천할 수 있는 윤리적 주체이기도 하다. 이 점에 대해 다산은, 성인이란 다름 아닌 신독(愼獨)으로 사천(事天)하고 힘써 서(恕)를 행하여 인(仁)을 구하며 오래도록 할 수 있는 사람이라고 규정한다.[8] 가치와 도리 실천의 문제를 성인과 직결시키는 다산의 입장과 관련하여 주목되는 것은, 성인은 자기 마음의 깨끗함과 마음의 안정만을 견지하는 자가 아니라는 점이다. 다산은 인간관계의 도리를 온전히 구현할 수 있는 인격을 강조한다. 그는 세상의 모든 선과 악이 사람과 사람과의 관계에서 연유한다는 관계 중심적·생활 중심적 가치관을 표명한다. 이는 성인의 마땅한 행위로서의 선의 실천은 인간관계와 유리(遊離)된 탈(脫)생활적·탈(脫)관계적 과제가 아니라, 철저하게 인간의 생활 속에서 이루어져야 할 가치임을 말하는 것이다. 그러므로 다산에게 있어서 성인이 되는 수양은 생활 가운데서 마땅한 도리를 온전하게 실천하는 '행사적(行事的) 수양'으로 볼 수 있다.

다산이 수양의 목적으로 삼는 성인의 본질로 주목되는 것은 치인(治人)의 가치 실천이다. 따라서 그의 수양론에서 부각되는 것은 도리의 사회적 실천 문제라고 할 수 있다. 즉 성인이라는 이름을 얻을 수 있는 것은 수기하고 치인하는 것이 온전하게 이루어질 때이며, 성기(成己)·성물(成物)이 온전하게 이루어질 때라는 것이다. 다산은 성기에 머물러서는 결코 성인이 될 수 없다는 입장에서, 도의 사회적 실천이라는 치인(治人)의 문제를 온전히 수행할 때 비로소 성인이 될 수 있다고 주장한

8 『여전2』, 권2, 「심경밀험」, 40면 참조.

다. 다산은 이를 '위육(位育)'의 문제로 연결시켜서 말한다.

> 성인이 중화(中和)의 공부를 극진히 하여 천도(天道)와 합하게 된다면 천인(天人) 간에 감응이 되어서 위육(位育)의 공(功)을 이루게 될 것이다. 위육은 조화(造化)하고 주관하는 힘이지만 중화의 공부를 통해 이에 이르게 된다면 성인의 극치라고 해도 좋다.[9]

천지가 자리 잡히도록 하고[位], 만물을 기르는[育] 것은 성인이 구현할 수 있고, 또 구현해야 할 마땅한 도리이다. 그런데 이 맥락에서 유념할 것은 성인이 되기 위해 실천해야 할 도리, 그리고 성인의 도리로서의 치인(治人)의 도리는 도덕적·기능적으로 우월한 자의 시혜(施惠)가 아니라 인간이 해야 할 마땅한 도리로 이해되고 있다는 점이다. 사람이란 모두 서로 돕고, 도덕적 결함을 서로 교정해 주는 관계적 존재이며, 성인 역시 사람들 사이에서 도리를 깨쳐 가고 도리를 실천하면서 자기의 본성을 온전히 이룰 수 있는 존재라고 다산은 규정한다. 성인은 인간관계에서의 바른 도리를 온전히 실천할 수 있는 역량을 갖춘 '윤리적 인간'으로 규정될 수 있다.[10] 성인은 사람들과의 관계를 중시하고, 그 관계 가운데서 자기 가치를 성취하는 관계적 존재이다. 인(仁)이라는 글

9 『여전1』, 권8, 「중용책」: 聖人極中和之工, 與天道相合, 則天人之際, 交相感格, 方成位育之功, 位也育也, 雖是造化宰制之力, 而中和之工, 有以格之, 則雖謂聖人之極致亦可也.

10 다산은 聖人을 오류 불가능한 絶對善의 顯現으로 간주하지 않는다. 오히려 성인은 어떤 점에서는 많은 약점과 단점을 지닌 인간이지만 성실하게 도덕적 가치를 실천하려고 하는 윤리적 존재로서의 격을 지닌다고 본다.(정순우, 「다산 교육론의 두 과녁: 聖人과 上帝」, 『다산학』 제18호, 다산학술문화재단, 2011, 58쪽 참조.) 그렇기에 다산이 수양의 목적으로 삼는 성인은 高遠한 至高의 존재가 아니라 모든 사람들이 교육과 수양을 통해서 충분히 본받을 수 있는 실제적인 대상으로 자리하고 있는 '윤리적 인간'이라고 할 수 있다.

자의 뜻은 성인의 도와 성인의 학문에 가장 크게 관련된 대강령(大綱領)이고, 심성을 다스리고 수양하는 근본이라고 주장하는 다산에게 있어서, 성인은 인을 온전히 실천할 수 있는 인인(仁人)이다.

2. 수양의 가능 근거로서의 성선(性善)과 자율(自律)

다산은 모든 인간은 수양을 통해서 성인(聖人)이 될 수 있으며, 또 마땅히 성인이 되어야 한다고 말한다. 그런데 이러한 다산의 주장, 즉 '수양을 통해서 성인이 될 수 있다.'는 명제에 다음과 같은 의문을 제기할 수 있다. 수양을 통해서 모든 사람들이 성인이 될 수 있다고 말하는 근거는 무엇인가? 인간은 타고난 본성과 바탕이 어떠하기에 수양을 해야 하는가?

다산은 인간의 본성을 '기호(嗜好)'라고 이해함으로써 인간 본성이 선과 악으로 온전히 결정된 것은 아니라는 입장을 취한다. 이 점에서 다산은 인간의 본성에 사덕(四德)이 본체적으로 부여되어 있다고 보는 주자학의 입장을 비판한다. 기호의 관점으로 인간의 본성을 이해하면, 인간에게 주어진 본질은 '결정성'이 아니라 '경향성'이라고 할 수 있는데, 이 경향성은 바람직한 가치를 구현할 수 있는 잠재력을 말한다. 다산이 주장하는 이 본성의 기호가 함의하는 '경향성'의 경지에는 수양의 맥락에서 의미를 가지는 '과정'과 '완성'의 문제가 개입되어 있다. 즉 인간은 출생과 동시에 생물학적으로는 인간이지만, 도덕적으로 온전한 존재는 아니다. 그러므로 인간은 삶을 통해서 그 가치를 이루어 나가는 '과정적 존재'이며, '도덕적 온전함을 이루기 위해 수양해 나가야 할 존재'라고 할 수 있다. 이 점에서 본성을 기호로 보는 다산의 논점에 함축된 의미는 수양과 인격 완성의 문제라고 할 수 있다.

다산은 인간의 기호로서의 본성을 천명(天命)과 관련시켜 다음과 같이 규정한다.

> '천이 명(命)한 것을 성(性)이라고 한다[天命之謂性].'는 것은 천이 사람이 태어나는 처음에 허령한 본체 중에 덕을 좋아하고 악을 부끄러워하는 성을 부여한 것을 말하는 것이니, 성을 본체라고 이름 할 수 있음을 말하는 것이 아니다. 성이란 선을 좋아하고 악을 미워하는 것으로 이름을 지은 것이다.[11]

천명 즉 인간의 성은 완결적 본체로서가 아니라 '선 지향적 경향성'의 의미를 가지므로 인간은 '덕을 좋아하는 경향성'을 이어 가고 또 온전하게 이루어 나가야 한다. 인간이 본래 천으로부터 받은 바는 비록 경향성으로서의 기호이지만, 인간은 그 경향에 머물러 있어서는 안 되며, 그것을 온전하게 실천하여 확고한 자신의 덕으로 관철해 내야 한다는 것이 이 '천명지위성'론에 함축된 의미이다. 그리고 그 실천적 노력은 곧 수양을 의미한다.

다산의 '본성=기호'의 입론은, 인간을 완결적인 선천적 도덕 본체를 갖춘 완전한 존재로 규정하려는 것이 아니라, '기호로서의 존재(즉 경향성으로서의 존재)'로 규정하여, 인간이 자기를 온전하게 형성하려는 치열한 노력을 경주해야 함을 강조하는 것이다. 인간은 이러한 자기 노력, 자기 수양을 통해서 자기의 가치를 온전하게 구현하는 존재이므로 수양은 도덕적 존재인 인간의 자기 본령이기도 하다. 다산의 수양론에서 인간의 성의 가치적 특성은 중요한 의미가 있다. 그는 인성에 도의

11 『여전2』, 권15, 「논어고금주」: 天命之謂性者, 謂天於生人之初, 賦之以好德恥惡之性於虛靈本體之中, 非謂性可以名本體也, 性也者, 以嗜好厭惡而立名.

(道義), 선(善), 영명(靈明)이 있다고 함으로써 성의 특성을 선하게 본다. 그리고 성을 천명과 연결시켜 그 선함에 대해 설명한다.

> 천명의 성 또한 기호(嗜好)로 말할 수 있다. 사람의 배태(胚胎)가 이루어지면 천은 거기에 영명(靈明)하고 무형(無形)한 본체를 부여하니, 그것은 선을 즐기고 악을 미워하며, 덕을 좋아하고 더러운 것을 부끄럽게 여기는데, 이를 성이라 하고, 성선(性善)이라고 한다.[12]

인간이 천으로부터 품부받은 기호로서의 성은 선하다는 것이다. 성선은 기호의 의미를 가지는데, 이는 수양을 통해서 선한 사람이 될 수 있는 근거가 된다는 점이 주목된다. 다산은 "만일 이 본성이 없었다면 우리 인간은 예로부터 하찮고 조그만 선일지라도 그것조차 실행한 사람이 한 사람도 없었을 것이다."[13]라고 언급한다. 인성이 선하다는 것은 선한 성을 따라서 마음을 바르게 하고 자신을 닦아 끝까지 의(義)를 행하고 인(仁)을 이루어 그 덕을 온전히 할 수 있는 역량을 가졌음을 인정하는 것이다.

다산의 사상에서 성기호론이 의미를 가지는 것은, 본성이 도덕 본체로서의 결정적인 도덕 능력이 아니라 자기의 도덕적 책임하에 도덕적 가치와 문제를 스스로 인식·판단·실천할 능력을 가지고 있음을 인정하기 때문이다. 인간이 가진 이러한 도덕적 자율성은 '영명'에 대한 다산의 설명을 통해서도 이해할 수 있다.

---

12 『여전2』, 권3, 「중용자잠」: 天命之性, 亦可以嗜好言, 蓋人之胚胎旣成, 天則賦之以靈明無形之體, 而其爲物也, 樂善而惡惡, 好德而恥汚, 斯之謂性也, 斯之謂性善也.

13 『여전2』, 권2, 「심경밀험」: 若無此性, 吾人從古以來, 無一人能作些微之小善者也.

인간이 천으로부터 받은 것은 단지 영명(靈明)뿐인데, 이것으로 인의예지(仁義禮智)를 행할 수 있다. 만약 천이 인의예지를 인성 가운데 주었다면 이는 실상이 아니다.[14]

영명은 인의예지를 '알고 행할 수 있는 바탕'일 뿐이며, 본체적 덕이 아니다. 영명과 같은 능력이 있으므로 인간은 선을 알 수 있고, 선택할 수 있고, 행할 수 있다는 것이다. 또한 다산은 천이 인간에게 선을 할 수도 있고 악을 할 수도 있는 '마음의 권능(자주지권)'을 부여함으로써, 선을 하고 악을 하는 데 따른 공과(功過)가 온전히 인간 자신에게 귀결될 수 있다고 주장한다.[15] 이는 인간이 수양을 통해 윤리적으로 책임 있는 주체가 될 수 있는 근거는 마음에 부여된 도덕적 자율성에 있음을 말하는 것이다. 도덕적 자율성은 인간이 스스로 자기를 형성하고, 덕을 닦아 나갈 수 있는 능력을 말한다. 이렇게 보면, '성선(性善)'과 '자율(自律)'은 인간이 스스로의 노력으로 덕을 닦아 나감으로써 자기의 인격을 온전하게 형성할 수 있도록 하는 근거가 된다.

한편 인간에게는 육체[形軀]가 주어져 있어서 품부한 성을 갈등 없이 따르는 것이 거의 불가능하다. 선을 좋아하는 인간의 마음[大體]과는 달리 몸[小體]은 악으로 치우치기 쉽다. 이에 대해 다산은 권형(權衡), 형구(形軀), 성(性)을 각각 선악의 가치와 연결시켜 말한다. 즉 천은 인간에게 '선할 수도 있고 악할 수도 있는[可善可惡]' 권형을 부여했지만, 또 한편으로는 '선을 행하기는 어렵고 악을 행하기는 쉬운[難善易惡]' 형구를 주었고, 다른 한편으로는 '선을 좋아하고 악을 부끄럽게 여기

---

14 『여전2』, 권4, 「중용강의보」: 人之受天, 只此靈明, 可仁可義可禮可智, 則有之矣, 若云上天以仁義禮智四顆, 賦之於人性之中, 則非其實矣.

15 『여전2』, 권5, 「맹자요의」, 34~35면 참조.

는[樂善恥惡]' 성을 부여했다는 것이다.[16] 본성은 선을 좋아하지만, 몸(형구)은 악에 빠지기 쉬운 특성이 있다. 이러한 대립적인 특성으로 인해 인간은 실제적인 삶의 국면에서 빈번하게 갈등하게 되는데, 이 지점에 수양의 필요성이 자리한다. 다산은 '난선이악'하는 인간의 몸의 특성을 인간이 처해 있는 '세(勢)'라고 표현하기도 한다. 즉 다산은 세를 '영지(靈知)의 처지'로 이해하면서 식욕(食欲)과 색욕(色欲)을 그 세의 핵심으로 보고, 이것들이 인간의 마음에서 유혹하고, 또 기질의 사사로움은 편안함을 좋아하고 힘든 것을 싫어한다고 설명하고 있다.[17] 요컨대, '낙선치악'하는 본성과 '난선이악'하는 몸의 욕구가 선악을 다투는 형국이 인간의 실존적 상황이므로 인간은 필연적으로 선과 악 사이에서 고민하고 갈등하지 않을 수 없다. 이러한 갈등적 양상에 처한 인간은 선을 온전히 구현할 수 있는 성인이 되기 위해 치열하게 자기 수양을 해야만 한다. 다산은 수양이 필요한 이유를 역설하기 위해 인간이 처한 갈등적 양상을 더 명확하게 열거하는데, 그것은 천리(天理)와 인욕(人欲) 사이의 갈등, 인심(人心)과 도심(道心) 사이의 갈등으로 집약된다.

> 사람에게는 항상 두 개의 상반된 뜻[志]이 있어 일시에 같이 발하게 되니, 이것이 곧 인간과 귀신의 관계이며, 선(善)과 악(惡)의 기미(幾微)이다. 인심과 도심이 교전(交戰)하여 의(義)가 이기느냐 욕(欲)이 이기느냐 하는 판

---

16 『여전2』, 권2, 「심경밀험」, 28면 참조.

17 '勢'는 삶의 윤리적 문제 사태에서 악으로 흐를 수 있는 '難善易惡'의 경향성을 의미한다. 이는 形軀의 기질적 사사로움이 편안함과 즐거움을 좇는 데서 말미암아 그 食欲과 色欲이 도리에 부합하지 못하게 되고, 利欲과 名譽欲이 발동하여 의리에 어긋날 수 있는 인간의 실존적 상황을 말한다. 다산의 수양론은 이 세를 극복해야 한다는 윤리적 과제를 설정하고 있는데, 세를 극복함으로써 인간은 비로소 온전한 윤리적 존재로 자리할 수 있다고 주장한다. 이 점에서 세는 몸을 가진 역동적이고 욕구적인 인간의 '필연적인 조건'이면서, 동시에 인간이 스스로를 온전한 윤리적 존재로 정초해 나가는 데 있어서 극복해야 할 '필수적인 장애'이다.

결에서, 사람이 이에 엄정하게 성찰하여 힘써 이기면 도에 가깝게 된다. 하지 말아야 하는 것과 하고자 하지 말아야 하는 것이 도심에서 발하게 되면 이것이 바로 천리(天理)이고, 하지 말아야 할 것을 하고, 하고자 하지 말아야 할 것을 하고자 하는 것이 인심에서 발하게 되면 이것이 사욕이다.[18]

인간은 삶의 도덕적 문제 사태에 직면하여 항상 인심과 도심, 의(義)와 욕(欲)이 다투는 상황에 처할 수밖에 없다는 것이다. 이 경우에 올바른 이치를 탐색·판단·실천함으로써 인심에 빠지거나 욕심을 따르는 경우가 없도록 늘 마음을 닦아 나가야 한다. 이러한 수양의 노력은 다산에 의해서 '깊이 성찰하고 힘써 이김', '인심을 극복하여 제압함' 등으로 묘사되고 있다.

다산은, 천이 왜 인간에게 어떤 경우에도 선을 할 수 있는 강력하고 확고한 본성을 부여하지 않고, 기호라는 성의 경향성과 마음의 영명성(靈明性)을 부여하여 '난선이악'의 형세에 인간을 던져 두었는지를 묻고는 그 이유를 윤리적 관점에서 해석하고 있다. 즉 다산은 "선악에 있어서 인간은 모두 자작(自作)하여 스스로 주장(主張)할 수 있지만 금수는 자작할 수 없다."[19]라고 함으로써, '가선가악'의 권능을 부여받은 존재인 인간만이 참된 윤리적 존재가 될 수 있다고 본다. 인간의 가치는 천에 의해서 부여된 본체적으로 완결된 덕으로 결정되는 것이 아니라, 선을 행하기 어려운 형세에 처하여 치열한 자기 수양으로 선을 좋아하는 기호, 즉 성선을 따르면서 인격을 형성해 나가는 데 있다는 것이다.

---

18 『여전2』, 권6, 「맹자요의」: 人恒有二志, 相反而一時並發者, 此乃人鬼之關 善惡之幾, 人心道心之交戰, 義勝欲勝之判決, 人能於是乎猛省而力克之則近道矣, 所不爲所不欲, 是發於道心, 是天理也, 爲之欲之, 是發於人心, 是私欲也.

19 『여전2』, 권6, 「맹자요의」, 19면 참조.

> 세(勢)가 선을 따르는 것은 높은 곳을 오르는 것과 같고 악을 따르는 것은 흙담이 무너지는 것과 같으니, 이는 하늘이 몰라서 그렇게 하도록 한 것이 아니다. 이와 같이 한 연후에야 선을 하는 것이 귀한 것이 되기 때문이다.[20]

수양은 사사로운 욕구를 극복하고 선을 온전하게 실천하는 것이며, 인간은 이를 가능케 하는 마음의 능력을 가지고 있다는 것이다. 그렇기에 다산에게 있어서 수양은 자율적인 의지로써 자신을 형성해 나가는 윤리적 주체의 책임 있는 행위이며, 인간이 실존하고 있는 국면에서 자기 가치를 구현하는 성실성의 징표이다.

3. 행사적(行事的) 수양 방법의 특성

도덕적 가치와 규범은 실제적인 삶의 과정에서 형성되는 것이라는 입장을 취하는 다산에게 있어서, 가치의 성찰과 실천을 통하여 인격을 형성하는 수양의 문제는 철저하게 관계 중심적인 것으로 이해되고 있다. 성인도 삶에서 도리를 다하는 자이며, 선과 악도 실제 삶에서 행위로써 그 가치가 이루어지는 것이라고 규정된다. 다산은 사람과 사람의 접촉이 곧 인륜(人倫)이며, 인륜을 스스로 극진히 하는 것이 곧 지선(至善)이라고 강조함으로써 생활을 떠난 공허하고 관념적인 가치의 추구는 윤리의 본령이 아니라고 간주한다.[21] 따라서 다산은 생활 가운데 발생하

---

20 『여전3』, 권32, 「매씨서평」: 勢從善如登, 從惡如崩, 天非不知而使之然也, 爲如是然後其爲善者可貴也.

21 관계 중심적·생활 중심적 윤리관을 피력하는 이러한 다산의 입장을 세계관의 관점에서 해석한 연구도 있다. 즉 장승구는, 다산에게 있어서 참된 세계는 마음의 주관적인 세계가 아니라, 사람과 사람이 마주치며 함께 살아가는 상호주관 공동세계라

는 도덕적 문제 사태를 중심으로 수양해야 한다는 입장, 즉 '행사적 수양'의 입장을 취한다. 다산은 "옛 성인들의 치심선성(治心繕性)은 항상 행사에 있었으며, 행사는 인륜을 벗어날 수 없었다."[22]고 강조한다. 또 "천리(天理)를 보존하고 인욕(人欲)을 막을 수 있는 기회는 사람과 사람이 서로 접촉하는 데 있다."[23]고 하여 일체의 수양이 삶의 도덕적 문제 사태에서 이루어져야 하며, 그렇게 할 때 수양의 공효가 있을 수 있다는 입장을 취한다. 이러한 입장에 근거하여 다산은 행사적[24] 수양의 방법을 제시한다.

1) 성의(誠意)와 궁리(窮理)의 수양

다산의 행사적 수양 방법은 도덕적 사태(상황)에서 사욕에 휩쓸리지 않고 도리를 실천하는 것을 요체로 하며, 철저하게 삶의 도덕적 문제 상황에서 이루어져야 한다는 입장을 취한다. 따라서 다산은 도덕 사태와 무관하게 마음을 보존하고 성찰하는 주정적(主靜的)인 수양법을 비판한다. 이러한 맥락에서 다산은 내심(內心)의 수양적 속성을 뚜렷이

고 함으로써, 다산의 관계 중심적·생활 중심적 세계와 마음의 주관적인 세계를 각각 眞·僞의 세계라고까지 보고 있다.(장승구, 「조선후기 실학자들의 심론」, 『한국철학논집』 제26집, 한국철학사연구회, 2009, 88쪽 참조.)

22 『여전2』, 권1, 「대학공의」: 先聖之治心繕性, 每在於行事, 行事不外於人倫.

23 『여전2』, 권1, 「대학공의」: 存天理遏人慾, 其機其會, 在於人與人之相接.

24 김형효는, "다산의 심학이 실학으로 전이되는 과정에서 시종일관 그 출발점과 종착점을 잇는 끈이 있는데, 그것은 行事의 개념이라고 생각된다."(김형효, 『원효에서 다산까지』, 청계, 2000, 522쪽.)라고 하면서 다산의 行事 개념을 주목하고 있다. 김형효는 나아가서 다산의 철학을 '행동의 철학(philosophy of doing)'이라고 규정하는데, 그 이유는 다산이 행사적인 행동주의의 결과에만 의미의 무게 중심을 두는 효과주의사상을 견지하고 있기 때문이라고 주장한다. 이러한 다산의 행동의 철학 체계에서는 필연적으로 實事에서의 수양이 중점적으로 문제될 것이다. 따라서 내성적인 자기 탐색과 탈생활적 心安보다는 실사적·관계적 상황에서의 도덕 실천이 그의 수양론의 초점이라고 할 수 있다.

함의한 '성의(誠意)'의 수양에 대해서 다음과 같이 말한다.

> 성의(誠意)와 정심(正心)이 비록 학자들의 지극한 공부지만, 항상 어떤 구체적인 사업과 관련하여 뜻을 성실하게 하고, 마음을 바르게 해야 하니, 벽을 마주 보고 마음을 관조하여 마음의 허령한 본체로 하여금 텅 비고 밝아 하나의 티끌도 물들지 않도록 하는 것을 성의와 정심이라고 하는 사람은 없었다.[25]

다산은 성의를 실제적인 도덕적 문제 사태에서 구체적으로 뜻을 성실하게 하는 것으로 규정한다. 실제적인 일을 벗어나서 마음의 본체만을 들여다봄으로써 본성을 흔들림 없이 유지하는 것을 성의·정심으로 이해해서는 안 된다는 주장은 실사(實事)에서 도덕적 인격을 함양해 나가야 한다는 행사적 수양론에 근거한 것이다. 이는 성의를 효, 충, 의(義)와 같은 도덕적 실천의 문제에 적용하지 않고 마음을 관조하는 수양으로만 치부하면 결코 올바른 수양법이 될 수 없다는 것이다. 그러므로 다산은 명덕(明德)을 오륜(五倫)으로 이해하면서, 오륜을 의리에 밝히는 것이 성의(誠意)라고 규정하고, 밝힌다는 것은 말로 밝히는 것이 아니니 실행한 뒤에야 밝혀진다고 주장한다. 즉 성의(誠意)는 오륜과 같은 덕을 생활 가운데서 구현하는 것을 의미한다.

> 부모에게 효도하는 사람은 한번 방안이 따뜻한지 살피더라도 반드시 성의를 다하고, 한번 시원한가를 살피더라도 반드시 성의를 다하고, 한 가지 맛있는 음식을 드리더라도 반드시 성의를 다한다.[26]

---

25 『여전2』, 권1, 「대학공의」: 誠意正心, 雖是學者之極工, 每因事而誠之, 因事而正之, 未有向壁觀心, 自檢其虛靈之體, 使湛然空明, 一塵不染, 曰此誠意正心者.

26 『여전2』, 권1, 「대학공의」: 欲孝於其父者, 察一溫必誠, 察一凊必誠, 具一甘旨必誠.

도덕 공부의 본령이 허령한 본체적 마음을 도덕적 사태와 무관하게 보존하는 데 있는 것이 아니라, 인(仁)이라는 덕과 올바른 도리를 실천함으로써 성인이 되는 것이라면 삶의 도덕적 문제 사태를 초월하여 마음을 고요히 관조하는 것은 참된 의미의 성의라고 할 수 없다는 것이다. 다산의 입장에 따르면 덕은 마음 안에 있는 심성을 지칭하는 것이 아니라, 오로지 일과 행위로 드러나는 것일 뿐이다.[27] 그러므로 성의(誠意)의 과업은 실사에서 구현되어야 한다. 그리고 성의(誠意)의 공부는 상하로 두루 통하므로 하나의 공부만으로 다 하였다고 말할 수 없다. 성의(誠意)는 한 가지 일에만 구속되는 것이 아니라 모든 도덕 사태에서 덕을 실천하기 위해 해야 하는 보편적인 수양법이다.

> 하나의 성의(誠意) 공부를 한 사람이 모두 방자하고 거리낌없이 '마음이 하고자 하는 대로 해도 법도에 넘지 않는다.'고 자부하여 다시 계신공구(戒愼恐懼)의 공부를 하지 않는다면 이는 이단(異端)과 사도(邪道)에 가깝지 않겠는가?[28]

어떤 도덕적 문제 사태에서 한번 성의(誠意)를 했다고 하더라도 이를 통하여 성의(誠意)가 모두 다 이루어진 것이 아니므로 정심이나 수신·제가·치국·평천하의 모든 국면에서 독실하게 성의를 다해야 한다는 것이다. 그러므로 성의(誠意)는 항상, 그리고 다양한 실제적 문제 상황에서 여러 수양 방법과 아울러 닦아야 할 기본적인 수양법이다.

다산은 이치와 도리의 탐색이라는 지적(知的) 문제로 간주될 수 있는

---

27 『여전1』, 권18, 「상엄원서」, 40면 참조.

28 『여전2』, 권2, 「대학강의」: 一番用工於誠意者, 皆放恣無忌, 以從心所欲不踰矩自處, 而無復有戒愼恐懼之工, 則幾何不爲異端邪道乎.

궁리(窮理) 역시 실제적 도덕 사태와 무관한 것으로 규정해서는 안 된다고 지적한다. 다산은 궁리가 삶의 이치, 선악과 같은 것을 밝히는 수양의 한 방법이라고 보는 것이다.

> 반드시 먼저 격물치지를 통해 사물의 이치를 궁구하고 학문의 본원을 거슬러 올라가서 이치의 극진한 데까지 이르게 하는 데 노력을 아끼지 말아야 한다. 그러면 착한 것과 사특한 것의 구별이 마음의 눈에 밝아지고, 상서로운 일이나 재앙을 초래하는 것이 명료하여져서, 두려워하지 않으면서 경계하고 겁주지 않아도 조심하여 저절로 천리(天理)가 유행하는 경지에 이르게 된다.[29]

격물치지의 수양 공부는 '착한 것과 사특한 것'을 구분하는 마음의 능력을 함양하는 것이다. 격물치지는 마음의 이치가 무엇인지를 해명하는 내찰이 아니라 실제적 상황에서 적용 가능한 도덕 가치에 대한 이해를 의미한다. 즉 궁리는 선악에 대해 탐구하고, 이를 삶에서 선택하고 실천하는 방법인 것이다. 다산은 단지 인간의 본성을 알고, 천의 이치를 아는 데 머무는 궁리만 한다면, 어버이를 섬기고, 어른을 공경하며, 임금에 충성하고, 백성을 다스리며, 예악(禮樂)·형정(刑政)·군사(軍事)·재정(財政)을 위한 실천·실용의 학문은 결함이 있게 될 것이라고 함으로써 궁리가 실제적인 삶의 문제를 실천적으로 해결하기 위한 것임을 역설한다.[30] 이러한 궁리 능력의 함양을 강조하는 다산의 입장은 도덕 문제에 있어서 가치의 본질, 문제 상황의 핵심, 적용 가치의 적합

29 『여전1』, 권8, 「중용책」: 必也先之以窮格, 次之以體驗, 覽物理而究其本, 道問學而溯其原, 直窮到底, 無遺餘力, 則淑慝之分, 皦列心目, 祥殃之初, 瞭如指掌, 莫之惴而戒愼, 莫之警而恐懼, 自底乎天理流行之域.

30 『여전2』, 권6, 「맹자요의」, 37면 참조.

성 등을 파악할 수 있는 '도덕적 사유[思]'를 중시하는 것으로 연결된다.

> 따르기도 하고 어기기도 하는 것은 심관(心官)이 능히 생각[思]하기 때문이다. 한결같이 생각하면 반드시 소체를 따르고 대체를 어기거나 소체를 기르고 대체를 해치게 할 수는 없으며, 생각하지 않으면 반드시 그 마음을 사욕에 빠지게 하여 따르고 어기는 것의 바름을 잃게 할 것이다.[31]

도덕적 문제 사태에서 사욕을 따르느냐, 도의를 따르느냐 하는 일차적인 계기는 '도덕적 사유[思]'를 정밀하게 함에 있다는 것이다. 이는 실제적인 도덕적 문제 사태에서 가치를 탐구하고, 해결의 방략을 모색하는 궁리적인 도덕적 사유가 중요하다는 것을 의미한다. 금장태는, 다산의 '사(思)'는 무엇을 따르고 무엇을 어길지 판단하여 결정하는 주체적 역할, 즉 가치 판단과 결정의 주재 역할이라고 인식하고 있다.[32] 즉 '사(思)'는 도덕적 가치의 실천을 염두에 두고 선악과 도리를 판단하고 결정하는 능력이므로 가치 초월적인 관념의 추구를 지향하는 것이 아니다. 그러므로 '천을 아는 것[知天]'이라는 궁리의 노력도 실천적인 목적을 벗어날 수 없다. 다산은 "지천(知天)을 수신의 근본이라고 하는 것은 천을 안 뒤에야 성(誠)이 가능하기 때문이다. 『대학』에서는 성의(誠意)를 수신의 근본이라고 하였고, 『중용』에서는 지천을 수신의 근본이라고 했는데, 그 의미가 이와 같다."[33]고 주장한다. 지천의 궁리적 수양은 곧 천이 낙선치악(樂善恥惡)하는 성을 부여한 의미와, 도덕 실천

31 『여전2』, 권6, 「맹자요의」: 其能或從而或違者, 以心官之能思也, 苟一思之, 必不可從小而違大, 養小而害大, 苟不思之, 必至陷溺其心而失其從違之正.

32 금장태, 『心과 性: 茶山의 『孟子』 해석』 10쪽 참조.

33 『여전2』, 권3, 「중용자잠」: 知天爲修身之本者, 知天而後能誠也, 大學以誠意爲修身之本, 中庸以知天爲修身之本, 其義一也.

상에서 천이 가지는 실제적 위능(威能)을 깨닫고, 인간관계에서의 선을 실천하려는 진실한 마음을 가지는 것이다.[34] 그러므로 다산에게 지천은 『대학』의 성의(誠意)의 수양법과 아울러서 닦아야 할 가치 있는 공부로 자리하게 된다.

2) 신독(愼獨)과 경(敬)의 수양

관계 중심적 윤리사상을 견지하고, 실제적 삶의 경과를 중심으로 선악 문제를 이해하는 다산에게 있어서 신독의 수양은 중요한 의미를 가진다. 다산은 신독이란 자기가 홀로 아는 일에 삼간다는 의미이지 혼자 거처하는 곳에서 삼간다는 의미가 아니라고 주장한다. '홀로 거처하는 곳에서 삼간다.'는 의미의 신독 수양은 마음의 본체를 도덕적 문제사태와 분리하여 보존하는 것으로서, 본성의 선함을 잃지 않도록 하는 데 치중하는 것이다. 그러나 다산은 혼자 있을 때의 잘못된 행위는 그 무게가 크지 않다고 말한다. 즉 사람들이 어두운 방에서 혼자 할 수 있는 것이라고 해 봐야 드러눕거나 음란한 짓을 하는 데 불과하다고 본다. 이는 홀로 있을 때 마음과 몸을 함부로 해도 된다든지, 도리에 어긋나게 처신해도 문제될 것이 없다는 입장이 아니다. 다산이 강조하는 것은 인간이 범할 수 있는 악 중에서 특히 문제가 되는 것은 다른 사람과 함께하는 중에 그 관계적 국면에서 초래되는 것이라는 점이다. 그러므로 다산은 다음과 같이 지적한다.

---

34 다산이 말하는 知天은 주자학에서 말하는 格物致知와는 그 의미가 다르다. 다산은 "격물치지는 物의 근본을 아는 데 지나지 않을 뿐이고, 선을 밝히려면 반드시 知天해야 한다. 知天이 愼獨의 근본이 되니, 이것이 다른 점이다."(『여전2』, 권3, 「중용자잠」)라고 하여 선의 이해·판단·실천이 곧 知天의 본래 목적이며, 이것이 가능해야 신독이 온전히 이루어질 수 있다는 입장을 취한다.

> 요즘 사람들은 신독 두 글자에 대해 분명하게 알지 못하기 때문에 혼자 있는 방에서 혹 옷깃을 여미고 반듯이 앉아 조심을 하다가도 사람과 서로 접촉하는 데서 늘 속임수와 험악한 행위를 하고서 남들이 알지 못한다고 생각하며, 하늘이 듣지 못한다 생각하니 신독이 어떻게 이 같을 수 있겠는가?[35]

신독이란 인간관계에서 도리에 어긋나지 않도록 하는 것임을 강조하고 있다. 그러므로 사람들과 어울릴 때 '저속하게 해서는 안 된다.', '거짓되게 해서는 안 된다.', '음험하고 편파적이어서는 안 된다.'는 식으로 '하지 말 것[勿]'이라는 도덕적 당위의 명령을 제기하는 것이다. 이는 신독을 구체적인 도덕적 사태에서 가치를 실천하는 수양이라고 보는 입장이다. 그런 점에서 다산이 주장하려 한 신독의 의미는 '처사(處事)에서 스스로 마음의 바름을 잘 견지하는 것'이라고 함이 옳다. 오직 자신만이 알 수 있는 자기 내면의 정직성과 성실성을 견지하는 것이 신독인 것이다. 그러므로 신독은 마음의 일관된 도덕적 순일성(純一性)과 정직성(正直性)을 함의한 실천적 성찰을 의미한다. 실제적인 일에 임하여서 설령 다른 사람이 알지 못하더라도 스스로 도덕적 가치를 온전히 견지하려 하고 실천하려고 하는 성찰이 신독의 본의이다.

이제 다산이 신독에 대해 말하면서 천(天)을 직결시킨 점에 주목해 보자. 다산은 인격천으로서의 상제(上帝) 개념이 수양론에서 중요한 의미를 가진다고 인정한다. 다산은 주자학의 이(理)가 수양론에서 의미를 가질 수 없는 이유는 이(理)에 위능(威能)이 없기 때문이라고 한다. 그러므로 다산에게 상제는 인격 형성이라는 수양 문제에 적극적으로 개

---

35 『여전2』, 권2, 「심경밀험」: 今人認愼獨二字, 原不淸楚, 故其在暗室, 或能整襟危坐, 而每到與人相接之處, 施之以鄙詐險詖, 謂人罔覺, 謂天罔聞, 所謂愼獨, 豈如是乎.

입하는 존재로 자리한다. 다산은 신독으로 사천(事天)하고 서(恕)로 인(仁)을 실천하는 존재를 성인(聖人)이라고 함으로써[36] 신독이 곧 사천(事天)의 수양임을 밝히고 있다. 천은 도심(道心)을 통하여 도덕적 당위를 명령하게 되므로 그 소리를 귀 기울여 듣는 것이 수양의 요체라고 보는 것이다. 그러므로 신독은 천의 경계(警戒)와 교회(敎誨)에 깨어 있도록 하는 도덕적 각성 방법을 의미한다.

> 옛사람은 진심으로 천을 섬기고 진심으로 신을 섬기면서, 동정(動靜) 시에 마음에 어떤 생각을 가지면 그것이 진실인지 거짓인지, 선한지 악한지를 경계하여 날마다 굽어보심이 여기에 있다고 말했다. 그러므로 그 계신공구(戒愼恐懼)하는 신독(愼獨)의 간절한 마음이 독실해야 천덕(天德)에 이를 수 있다.[37]

천[上帝]의 경계와 감시가 동정 간에 모두 이루어지므로 사천(事天)하는 신독 역시 동정 간에 어긋남이 없어야 한다. 신독은 천에 대한 각성과 도덕적 당위에 대한 성찰로서, 실제적인 상황에서 선을 실천하기 위한 동시(動時)의 수양 의미가 더욱 강조되고 있으며, 도덕적 사태와 직면하기 전에 마음을 경계하고 각성하는 정시(靜時)의 수양적 의미도 포함된다.[38]

---

36 『여전2』, 권2, 「심경밀험」, 40면 참조.

37 『여전2』, 권4, 「중용강의보」: 古人實心事天, 實心事神, 一動一靜, 一念之萌, 或誠或僞, 或善或惡, 戒之曰日監在茲, 故其戒愼恐懼, 愼獨之切眞切篤, 實以達天德.

38 朱子는 戒愼恐懼를 未發 시의 공부로 간주하고 신독을 已發 시의 察識 공부로 간주하기에, 신독은 곧 마음 살핌의 공부라고 할 수 있다. 그러나 다산은 도덕 사태 중심의 행사적 신독, 그리고 상제의 命을 살피고 따르는 昭事上帝의 신독의 의미를 강조하고 있다.(이광호, 「〈중용강의보〉와 〈중용자잠〉을 통하여 본 다산의 誠의 철학」, 『다산학』 제7호, 다산학술문화재단, 2005, 65쪽 참조.)

다산은 사천(事天)의 수양을 논함에 있어서 그 방법으로 경(敬)을 언급하는데, 그에게 경(敬)은 동정 간의 상황에서 아울러서 해야 할 긴요한 수양이다. 다산은 경이 극기복례(克己復禮)와 상제를 섬기는 수양의 방법임을 설명하여, "성(誠)은 서(恕)를 실천하는 데 정성을 다하는 것이요, 경(敬)은 예(禮)로 돌아가는 것이다. 인(仁)이 되는 것이 성(誠)과 경(敬)이다. 그러나 두려워하고 조심하면서 상제를 밝게 섬기면 인이 되고, 태극을 헛되이 높이고 이(理)를 천으로 삼으면 인이 될 수 없다."[39]라고 하였다. 경은 실사(實事)를 초월하여 마음을 안정시키는 것이 아니라, 실사의 도덕 문제를 고려하면서 선악을 성찰하고 실천하는 수양이며, 상제의 경계의 소리에 민감하게 따르는 수양이다. 경(敬)을 극기복례의 방법, 즉 인의 실천이라고 직설하는 다산의 의도는 경을 사태와 단절된 정좌(靜坐)의 수양으로 이해하는 입장을 경계하는 데 있다.[40]

> 반드시 마음과 생각을 묵묵히 하여 천도(天道)를 생각하고. 신(神)의 이치를 궁구하며, 과거의 허물을 반성하고, 새로운 뜻을 이끌어내야 진실한 마음으로 천을 공경하는 것이 된다. 만약 생각과 염려를 끊어버리고 경계하거나 두려워하지도 않으며 오직 연못이 고요하여 물결이 일어나지 않게

39 『여전1』, 권16, 「자찬묘지명」: 誠也者, 誠乎恕也. 敬也者, 復乎禮也, 以之爲仁者, 誠與敬也, 然恐懼戒愼, 昭事上帝則可以爲仁, 虛尊太極, 以理爲天則不可以爲仁.

40 朱子가 수양의 방법으로 거론하는 경은, 관계와 사태에 대처하는 '적극적인 힘'으로서의 경과 정서적 긴장상태를 유지함으로써 사특한 욕구의 발출을 경계하는 '소극적인 힘'으로서의 경이라는 양면의 특성을 함의하고 있다.(장성모, 『주자와 왕양명의 교육이론』, 교육과학사, 1998, 108~109쪽 참조.) 다산은 주자학자들이 경의 '소극적인 힘'에 지나치게 의지하여 내면적인 마음의 추이와 경과에 몰입함으로써 수양에서 경이 구현할 수 있는 '적극적인 힘'의 역량을 약화한 점을 심각한 폐단으로 여긴다.

힘쓰듯이 하면 이것은 정(靜)이지 경(敬)이 아니다.[41]

마음을 모으고 집중하는 경우에도 이전의 일들을 반성하고 거기에서 올바른 도리를 찾아내는 행사적 성찰을 하는 것이 경의 참모습이라는 것이다. 이 점에서 보면 다산도 정시(靜時)의 경을 인정하지만 그것은 도덕적 상황을 끊은 상태의 무념무상(無念無想)의 명상이 아니라 도덕적 상황을 고려한 것임이 주지되어야 한다. 그렇지만 경에 대한 다산의 근본적인 입장은 동시(動時)의 경을 강조하는 데 있는데, 이는 경(敬)을 통한 인(仁)의 실천이라는 행사적 수양 방법을 의미한다. 경은 마음을 바르게 하는 것이지만 그것은 마음에 갇혀 있는 것이 아니라, 삶 가운데서 드러나고 발하는 선악의 양상을 마음에서 성찰하는 것이다. 이것이 다산이 생각하는 '경이직내(敬以直內)'의 참의미이다.

> 경(敬)의 덕은 안[心]에서 단속하여 밖으로 베푸는 것이요, 의(義)의 덕은 밖에서 규율하여 안을 선하게 하는 것이다. 안과 밖이 서로 필요로 하고 저쪽과 이쪽이 서로 발하므로 '덕은 외롭지 않다[德不孤]'고 한다. 경(敬)의 덕은 반드시 일에 대응하고 사물에 접촉한 다음에 시행할 수 있다.[42]

경과 의(義)를 하는 것은 마음의 안과 밖에서 각각 공능을 발휘하는 것으로서, 실제적으로 도덕적 문제 사태에서 마음을 올바르게 하는 방법이다. 경의 수양은 반드시 일에 대응하고 사물에 접촉해야 이루어진

41 『여전2』, 권2, 「대학강의」: 必默運心思, 或想天道, 或窮神理, 或省舊愆, 或紬新義, 方爲實心敬天, 若絶思絶慮, 不戒不懼, 惟務方塘一面, 湛然不波, 則此靜也, 非敬也.

42 『여전2』, 권2, 「심경밀험」: 敬之爲德, 束於內而施諸外, 義之爲德, 制於外而善其內, 表裏相須, 彼此胥發, 故曰德不孤, 敬之爲德, 必應事接物而後, 乃得施行.

다고 하여 행사적 의미를 부각시키는 다산은, "'경천(敬天)', '경군(敬君)', '경형(敬兄)', '경장(敬長)', '경빈(敬賓)', '경사(敬事)' 등과 같이 지향하는 대상이 있은 다음에 경이라는 이름이 성립한다."[43]고 함으로써 임금, 형제, 연장자, 손님, 일 등과 같은 일체의 인간관계에서 행해야 할 마땅한 도리의 실천이 곧 경의 수양이라고 규정한다. 이러한 경의 수양은 생활에서 사특한 욕구를 이겨 내고 바른 도리를 실천하는 복례(復禮)의 방법이다.

3) 솔성(率性)과 치심(治心)의 수양

다산은 "사람은 선을 좋아하고 악을 부끄러워하여 자신의 몸을 닦고 도를 지향하고자 하는 것이 그 본연이다."[44]라고 인식한다. 그렇기에 낙선치악(樂善恥惡)의 자기 본성을 온전히 구현하는 것은 솔성의 노력을 통해서 이루어진다. 다산은 "솔(率)이란 '따른다'는 뜻이다. 성품이 본래 착하기 때문에 따르고 순응하면 도로 나아갈 수 있다."[45]고 밝힌다. 이 점에서 다산은 자기 수양의 핵심적 방법으로 솔성(率性)을 제시한다. 즉 선한 성이 인간에게 기호로 주어져 있다면 인간은 그 선한 자기 본성을 따라야 하며, 이 솔성의 노력을 통해서 인(仁)을 온전히 실천할 수 있고, 성인이 될 수 있다는 것이다.

> 천이 처음 생명을 부여할 때, 이 성(性)을 주어 우리로 하여금 잘 따르고 행하여 그 도리를 이룰 수 있게 했다. 만약 이 성이 없다면 인간이 비록 순간

43 『여전2』, 권6, 「맹자요의」, 23면 참조.
44 『여전2』, 권6, 「맹자요의」, 20면 참조.
45 『여전2』, 권6, 「맹자요의」: 率也者循也, 唯性本善, 故循之順之, 可以適道.

> 순간 선을 하려 하더라도 죽을 때까지 하지 못할 것이다. 천이 이미 이 성을 부여하였기 때문에, 시시각각으로 성찰하게 하고 이끌어, 매번 나쁜 일을 저지를 경우에 처하면 한편으로는 악을 하려고 하면서도 한편으로는 저지(沮止)하려고 하니, 저지하는 것은 곧 본성이 받은 천명(天命)이 분명하다.[46]

솔성은 도리를 실천하고 선을 행하는 것이다. 즉 실제적인 도덕적 문제 상황에서 악한 일을 하려는 사특한 욕구가 발출되는 경우에, 본성의 선함으로 인해 사특한 욕구를 제지하려는 마음이 일어나서 악을 저지르지 않게 되는 것이 솔성이다. 그러므로 솔성은 실제적인 일을 단절한 상태로 본성을 바라보면서 관조하는 내성적인 것이 아니다. 솔성은 실제적인 일에서 선을 따르려 하고 악을 하지 않으려고 하는 행사적인 수양이다. 성은 선을 좋아하고 악을 수치로 여기기 때문에, 실제적인 사태에서 이 성을 거스르고 악을 하는 것은 본성을 거스르는 것이며, 마음에서 우러나오는 선을 따르는 것이 곧 솔성이라고 주장한다. 이에 다산은 솔성을 도심(道心)과 연결하면서 그 의미를 설명한다.

> 솔성(率性)하는 것을 도(道)라고 한다. 그러므로 성이 발한 것을 도심(道心)이라고 한다. 도심이란 항상 선하려고 하며 또한 능히 선을 택하기도 한다. 한결같이 도심이 하고자 하는 대로 따르는 것을 솔성이라고 하니, 솔성이란 천명을 따르는 것이다.[47]

46 『여전2』, 권5, 「맹자요의」: 天於賦生之初, 予之以此性, 使之率而行之, 以達其道, 若無此性, 人雖欲作塵刹之善, 畢世不能作矣, 天旣賦之以此性, 故又能時時刻刻提醒牖啓, 每遇作惡, 一邊發慾, 一邊沮止, 明沮止者, 卽本性所受之天命也.

47 『여전2』, 권3, 「중용자잠」: 率性之謂道, 故性之所發, 謂之道心, 道心常欲爲善, 又能擇善, 一聽道心之所欲爲, 玆之謂率性, 率性者, 循天命也.

선한 본성이 발현된 도의(道義)의 마음인 도심은 실제적인 도덕적 문제 상황에서 택선(擇善)하는 마음이다. 솔성이 도심과 직결되는 것은 본성의 기호가 삶에서 직면하는 선악의 갈등 국면에서 곧바로 선한 마음의 작용으로 발현될 수 있다는 것을 의미한다. 그러므로 도덕적 사태에서 솔성하는 것은 곧 도심에 따르는 것을 의미한다. 다산은 또한 솔성과 연결된 수양 개념으로 양성(養性)에 대해서도 언급한다. 양성은 선한 본성을 잘 기른다는 의미이나, 다산의 실천적 수양론의 입장에서 보면, 실제적인 일을 벗어난 양성은 있을 수 없다. 그러므로 다산은 실행(實行)과 실사(實事)에서 양성을 요체로 삼지 않으면 공적(空寂)에 빠져서 결국 선승(禪僧)이 하는 일이 되고 말 것이라고 주장하기에 이른다.

다산은, 인간의 본성은 본래 선하므로 이에 따르는 솔성은 가능하나, 사사로운 마음을 따르면 욕심이 되므로 마음을 따르는 것은 적절하지 않다고 본다. 그러므로 마음 다스림인 치심(治心)이 수양의 주요 명제가 된다. 성과 심을 수양함으로써 성인이 될 수 있다는 다산의 입장은 치심과 솔성이 각각 조리가 되는 두 가지 공부라는 것으로 집약된다. 솔성이 선한 성을 따르는 것이라는 점에서 본래적 긍정 가치에 근거한 수양이라면, 치심은 사특한 욕구라는 부정적 속성을 제어하는 것을 목적으로 삼는 수양이다.

> 치심의 방법으로는 선을 실천하는 것이 으뜸이요, 숙면하는 것은 다음이다. 악행을 저지르기보다는 숙면함으로써 허물이 적게되는 것이 낫다. 따라서 야기(夜氣)로 배양하고자 하는 것이 선이 되는 까닭은 숙면하는 동안에는 악을 저지르지 않기 때문이다.[48]

48 정약용·이재의, 實是學舍經學硏究會 편역, 『다산과 문산의 인성 논쟁』, 서광사, 2001, 131쪽.

다산은 치심의 방법으로 '선의 실천'과 '숙면'을 언급하고 있다. 숙면은 맹자가 야기를 보존하려 한 존양(存養) 방법의 일종인데, 다산은 여기서 정시(靜時)의 치심의 의미를 어느 정도 인정하고 있다. 그러나 다산이 비록 "심을 다스리고 성을 기르는 방법에는 두 가지가 있다. 하나는 고요히 심을 지켜 함양(涵養)하는 것이요, 다른 하나는 의(義)를 쌓아 배양하는 것이다."[49]라고 하지만, 숙면을 통한 야기의 보존은 소극적인 치심의 방법이므로 행사적 수양을 강조하는 다산에게 그다지 의미 있는 수양법은 분명히 아니다. 다산은, 치심의 핵심은 실제적인 삶에서 '의(義)를 모으고 선(善)을 쌓아 나가는 것[集義積善]'이라고 강조한다. 그러므로 다산의 치심의 수양은, 행사를 버리고 인륜을 떠나서 마음의 지어지선(止於至善)을 구한다는 것은 옛 성인(聖人)의 본래의 법이 아니라는 입장[50]에 의거하여 행사에서 사욕을 극복하고 인의(仁義)를 실천하는 도덕적 실천의 공부를 의미한다.

다산은 치심의 수양과 관련하여 '존심(存心)'의 수양에 대해서도 언급하고 있다. 존심은 도심의 보존을 의미하는데, 그 보존은 어버이를 섬기고 어른을 섬기고 임금을 섬기고 붕우와 교제하고 백성을 다스리고 사람을 가르칠 때에 정성스럽게 행하는 것을 의미한다.[51] 인심을 제어하는 치심이나 도심을 보존하는 존심의 수양 모두 마음속에 갖추어진 선을 보존하는 것이 아니라 실제적인 생활 가운데서 선을 실천함으로써 가능하다는 것이 다산의 입장이다. 다산은 이를 공자의 실천적 마음 수양인 '조존(操存)'으로 연결하여 이해하고 있다.

49 정약용 이재의, 실시학사경학연구회 편역, 『다산과 문산의 인성 논쟁』, 130쪽.
50 『여전2』, 권1, 「대학공의」, 13면 참조.
51 『여전2』, 권6, 「맹자요의」, 3면 참조.

> 공자의 조존(操存)이란, 일에 대응하고 사물에 접할 때 서(恕)에 힘쓰고 인(仁)을 행하며, 말은 반드시 충직하고 신실하며 행동은 반드시 독실하고 공경하여 사욕을 따르지 않고 한결같이 도심을 따르고자 하는 것이요, 눈을 감고 단정히 앉아서 보고 듣기를 중단하고 빛을 안으로 돌리고 돌이켜 비추어 보는 것으로써 함양(涵養)의 공부로 삼으려고 하는 것이 아니다.[52]

행사에서 치심하고 존심하는 마음의 수양은 궁극적으로 서(恕)를 통해 인(仁)을 실천하는 것이다.[53] 인(仁)은 인륜(人倫)의 명덕(明德)으로서 행사에서 마땅한 도리를 온전하게 실천하는 것을 말하며, 효(孝)·제(悌)·자(慈)를 통합한 명칭으로서 제가(齊家)·치국(治國)·평천하(平天下)의 영역에 포괄되므로 다산의 행사적 마음 수양은 곧 인의 실천과 다르지 않다고 할 것이다. 그러므로 다산의 솔성과 치심의 수양은 심과 성을 관조하는 내성적(內省的) 몰입이 아니라, 행사에서 선을 실천함으로써 성을 이루고 심을 다스리는 실천적 수양을 의미한다.

4. 수양론의 윤리교육적 의미

다산은 행사적 수양의 입장에서 성의(誠意)와 궁리(窮理), 신독(愼獨)

52 『여전2』, 권6, 「맹자요의」: 孔子之所謂操存者, 欲於應事接物之時, 强恕行仁, 言必忠信, 行必篤敬, 勿循私慾, 一聽道心, 非欲瞑目端坐, 收視息聽, 回光反照, 以爲涵養之功也.

53 다산은, 存心을 留住나 住存의 뜻으로 해석하는 주자학의 住靜說을 부정하는 것이 아니라, 기본적으로 留住나 住存의 수양도 의미가 있음을 인정한다. 그러나 다산은 이 說이 儒家의 경전에 본래 있는 내용도 아닐뿐더러 도덕적 문제 사태에 직면했을 때 실질적인 덕의 실천으로 온전히 이어진다고 담보할 수 없다는 점 때문에 動的 현실에서 恕로써 仁을 실천하는 등의 행사적 治心의 수양을 강조하고 있다.(금장태, 「다산의 『맹자』 해석과 수양의 방법」, 『퇴계학보』 제115집, 퇴계학연구원, 2004, 230쪽 참조.)

과 경(敬), 솔성(率性)과 치심(治心)의 동시적(動時的) 수양 특성을 부각시킨다. 이러한 수양법의 동시적 특성은 인간관계와 삶의 실제적 가치를 중심으로 수양하는 것을 의미한다. 다산은 성의와 궁리의 수양을 논함에 있어서 탈(脫)생활적 성실성이나 공허한 지적(知的) 탐색을 엄중하게 비판한다. 마음의 성실성과 이치의 탐구 모두 실제적인 도덕 사태를 중심으로 실행되어야 한다고 보는 것이다. 다산은 신독과 경의 수양에 있어서는 천[上帝]과의 연관 맥락을 강조함으로써 그의 수양론에서 천[上帝]이 차지하는 위치를 분명하게 밝히고 있다. 그리고 마음을 다스리는 치심(治心)의 수양이나 성을 따르는 솔성(率性)의 수양도 행사를 중심으로 이루어져야 한다고 주장하는데, 다산의 행사적 수양의 의미는 치인(治人)·안인(安人)의 의미까지 포괄하고 있다. 다산이 주장하는 수양론의 함의가 경세론에까지 연결되고 있다는 점에서, 그의 수양론은 실학적인 정신에 근거하여 수기치인(修己治人)의 유학적 본령을 구체화한 입론이라고 할 수 있다.

수기와 안인을 위한 행사적 수양을 강조하는 다산의 사상은 윤리교육론의 전형을 보여 준다고 할 수 있다. 이렇게 말할 수 있는 근거는 인간이 윤리적 주체로 자리하기 위해서 갖추어야 할 기본적인 조건에 대해 다산이 인간 심성과 윤리 문제를 초점으로 명확하게 밝히고 있기 때문이다. 다산은 본성의 선 지향성, 마음의 자율적인 가치 판단 능력, 마음의 자율적인 가치 실천 의지(능력)라는 3가지 요소가 인간을 윤리적 존재로 규정하는 데 합당한 요건이라고 주장한다.

다산은 삶의 문제를 초월하여 부동심(不動心)을 가지도록 하는 정시(靜時)의 수양이 아니라, 생활 중에 직면하는 도덕적 문제 사태에서 실제적으로 덕·가치·도리를 각성하고 실천하려고 노력할 때 수양의 참된 공효가 있다고 보는 것이다. 이 점에서 다산의 수양론은 '도덕적 문제 사태[行事]'에서 도덕적 가치와 원리를 자율적으로 성찰하고, 이를 온전히 실천토록 하는 행사적 도덕 실천의 수양론이라고 할 수 있다.

이러한 다산의 수양론을 통하여 현대에 강조되거나 보완되어야 할 윤리교육의 방향에 대해 진술하면 다음과 같다.

첫째, 윤리교육에서 '도덕 문제와 가치에 대한 행사적 성찰의 수양교육'이 강화되어야 한다.

행사적 성찰은 도덕적 가치를 구체적인 도덕적 문제 상황에서 성찰하는 수양을 의미한다. 성찰의 수양은 관념적·개념적으로 도덕적 가치를 묻는 것이 아니라, 선악의 가치와 인간의 도리 등이 실제 삶에서 어떻게 이해되고 구성되는지를 묻는 수양의 방법을 의미한다. 이 수양은 그 지향점이 철저하게 가치와 도리의 실천에 있기 때문에 도덕교육의 근본적인 지향점을 도덕적 문제 해결 능력으로 설정하고 이를 위해 다양한 문제 해결식 수양을 시행한다. 이는 예컨대 효·정의·배려·사랑과 같은 도덕적 가치를 실제 상황에서 어떻게 실천할 것인지를 고민하고 검토하는 도덕적 성찰 교육이다. 이 성찰적 수양은 문제 사태 중심, 인간관계 중심, 실천 문제 중심이기 때문에 행사적 성찰의 수양을 의미한다. 다산은 "행사(行事)가 없이 뜻에서 성(誠)을 구하고 사물이 없이 마음에서 바른 것을 구한다면 그에게 마음의 병이 발생됨을 이루 말할 수 있겠는가?"[54]라고 주장함으로써, 행사의 상황과 무관하게 마음을 닦는 것은 실제로 도덕 문제에 직면했을 때 그 수양의 효과를 장담하기 어렵다고 지적한다. 다산에게 있어서 '궁리(窮理)'와 '생각함[思]'은 도덕원리와 가치에 대한 근본적인 사유와 통찰을 함의하는 성찰적 수양이기도 하지만, 그 요의는 실제적인 도덕적 문제 상황에 처했을 경우, 사욕

54 『여전2』, 권1, 「대학공의」: 求誠於無事之意, 求正於無物之心, 其發心疾, 可勝言哉.

(私欲)이 유발되는 것을 어떻게 제어하고, 도덕적 문제를 적절히 해결하면서 예(禮)를 행할 수 있는가 하는 것이다. 오늘날 우리가 주목해야 할 행사적 성찰의 수양교육은 다양한 윤리이론들을 관념적으로 탐색하는 논변 중심이 아니라, 자신이 처한 삶의 도덕적 문제 사태에 대해 직접 묻고 그 도덕적 처방에 대해서 모색하는 성찰적 방법이다. 그러므로 이 행사적 수양교육은 도덕적 사태에 대한 분석, 도덕적 가치의 적용과 분석, 도덕적 실천의 조건과 한계 등에 대한 숙고가 중심이 될 것이다. 행사적 성찰의 수양교육을 통하여 개인적·사회적 차원의 가치 갈등 문제를 실제적인 도덕적 성찰의 주제로 고민하게 되고, 그 수양이 숙성됨에 따라 도덕적 상황을 적절히 고려한 의미 있는 도리와 규범을 창의적으로 모색할 수 있는 능력을 함양할 수 있을 것이다.

둘째, 윤리교육에서 '도덕 문제와 가치에 대한 행사적 실천의 수양교육'이 강화되어야 한다.

윤리교육의 본령은 이론적 지식을 습득하는 것이 아니라, 도덕적 인격을 형성하는 것이다. 도덕적 인격은 곧 가치 판단과 실천 능력이 온전히 겸비된 실천적 인격이라고 할 수 있다. 다산은 윤리교육의 궁극적 지향점을 실천의 문제에 두고 있는데, "성(性)을 논하고 심(心)을 논하는 것은 구체적인 실천을 하자는 것"[55]이라는 그의 입장은 윤리교육에서 지향해야 할 방향을 명확하게 제시하는 것이라고 할 수 있다. 한국의 전통적인 윤리교육에서는 가치 실천의 수양교육이 핵심적인 의미가 있었으나, 현대의 윤리교육의 방향에서는 지적(知的) 탐구나 이론적 논변 교육이 중시됨으로써 수양교육은 형식적인 범주에 머무르고 있다. 따라서 윤리교육은 삶의 실제적인 도덕적 사태에서 가치 갈등 문

55 『여전1』, 권19, 「답이여홍」, 30면 참조.

제를 해결해 나가는 데 거의 도움을 주지 못하고 있다. 뿐만 아니라 오히려 윤리교육이 실제적 문제 해결을 중시하지 않는 교육인 양 왜곡될 수도 있다. 그러나 윤리교육의 본령이, 삶에서 직면하는 다양한 도덕적 가치 문제를 해결할 수 있는 능력을 함양하는 교육이므로 이러한 가치를 구현하는 데 역점을 두어야 할 것이다. 다산이 언급한 성인(聖人)은 실제적인 가치 문제를 합당하고 일관성 있게 해결할 수 있는 능력을 가진 도덕인이다. 다산이 행사적 수양의 방법으로 신독(愼獨)·경(敬)·솔성(率性)·치인(治心) 등을 주장하고 삶의 가치와 도리의 실천 문제를 고민했던 것은, 구체적인 삶의 도덕적 문제 사태를 벗어난 내성적(內省的) 차원의 수양의 한계를 직시했기 때문이다. 다산의 수양론이 담지한 이러한 문제의식은 오늘날의 윤리교육에서도 시사하는 바가 적지 않다. 오늘날의 학교 윤리교육은 학습자들이 직면한 삶의 문제를 진지하고 정연하게 고민하고 이를 스스로 해결할 수 있는 능력을 함양하는 데 심각한 문제를 노정하고 있다. 그러므로 현재의 윤리교육의 문제를 타개하기 위해 행사적 실천의 수양교육을 강화할 필요가 있다. 즉 자신의 삶의 문제를 직접 고민하고 그 해결을 모색하면서 다양하고 새롭고 첨예한 도덕적 문제 사태에서 선을 실천하도록 하는 행사적 실천의 수양교육이 현대 윤리교육에서 더욱 강화되어야 한다는 것이다. 윤리교육은 삶의 도덕적 문제 상황을 해결하기 위한 교육이라는 점에서 행사적인 실천의 과제를 수양교육의 본질로 삼아야 한다. 현실의 도덕적 문제 상황을 묵수(墨守)하는 것이 아니라, 비판적으로 성찰하면서 창의적으로 모색한 가치와 규범을 능동적으로 실천하도록 하는 행사적인 실천의 수양교육을 통해서 윤리교육은 그 가치를 보다 명확하게 증명할 수 있을 것이다.

셋째, 윤리교육에서 '다른 사람들이 지향하는 의미 있는 가치를 구현할 수 있도록 도와주는 안인적(安人的) 수양교육'이 강화되어야 한다.

인간은 공동체에서 관계적으로 영위되는 삶을 통하여 자신의 가치를 이루어 나가는 존재이므로 상호 간에 존중감을 가지고 자아 형성을 도와주는 노력이 필수적이다. 이 점에서 개인의 도덕적 인격 형성은 다른 사람과의 연계적인 노력을 통하여 이루어진다고 할 수 있다. 그러므로 윤리교육에서 공동체 구성원들 상호 간에, 다른 사람들이 가치로운 삶을 영위할 수 있도록 도와주고 헌신하는 안인적 수양교육이 중시되어야 한다. 인간의 삶과 자기 성장 문제는 관계적인 맥락에서 진보할 수 있기에 안인적 수양교육을 강화해야 한다는 것이다. 다산은 군자의 학문을 수기(修己)와 치인(治人)으로 규정하면서 자기를 사랑하는 의(義)와 아울러 애인(愛人)·치인(安人)하는 덕인 인(仁)을 잘 실천해야 한다고 강조함으로써 안인적인 수양의 한 전형을 보여 준다. 안인적인 수양교육은 인간 상호 간에 조력적(助力的)·공업적(共業的)인 노력과 수행을 강조하는 것으로서, 개인주의 가치관이 팽배한 현대 사회에서 인간이 상호 공존적으로 자기 발전과 인격 성장을 도모할 수 있는 헌신성과 성실성을 고취하는 윤리교육의 방법이라고 할 수 있다. 이와 같은 안인적(安人的) 수양교육은 타인에 대한 헌신성을 더욱 부각시킬 뿐만 아니라, 배려윤리와 같은 현대 윤리교육의 가치를 더욱 강화할 수 있는 교육 방법이다.

제8장

정의론(正義論)의 윤리적 특성

제8장

정의론(正義論)의 윤리적 특성

정의에 대한 문제의식 • 생명의 문제와 정의 • 공정의 문제와 정의
• 인륜의 문제와 정의 • 정의론의 특성과 윤리적 의미

다산은 당시의 조선 사회에서 표출되고 있었던 여러 부정의(不正義) 문제를 해결하기 위해 주목할 만한 입론을 제시했다. 다산은 수기치인(修己治人)이라는 유학의 본령에 충실했기에 개인의 인격 수양뿐만이 아니라, 사회적 관계에서 형성·지속되어 온 삶의 실상에 깊은 관심을 가지면서 사람들이 삶에서 직면하는 고충·갈등·모순 등에 대해 고민했던 것이다. 이러한 다산의 고민은 사회 정의를 구현하려는 주체적인 사유로 전개되고 있으며, 그것은 현실의 부정의(不正義)를 지적하고 비판하면서 사회의 적폐(積弊)를 해소하기 위해 여러 대안을 제시하는 것으로 나타나고 있다. 다산이 여러 측면에서 사회의 모순 문제를 비판하거나 사회적 관계에서의 불공정(不公正) 문제를 다양하게 개진하고, 「흠흠신서(欽欽新書)」에서 사회의 법규범을 집중적으로 제시하였음에도 불구하고, 그의 정의론에 대한 연구는 아직 부족하다고 볼 수 있다.[1]

1 다산의 정의론과 관련된 그간의 연구들을 보면, 주로 법학 분야에서 「흠흠신서」 연

본 장에서는 「흠흠신서」와 「목민심서(牧民心書)」 등에 나타나 있는 다산의 정의에 대한 윤리적 입장을 탐색하고자 한다. 아울러 다산의 정의론을 해명함에 있어서, 그가 근거하고 있는 윤리적 초점에 주목하면서 생명(生命), 공정(公正), 인륜(人倫)과 정의의 문제를 논할 것이다. 이 초점들은 다산의 정의론의 윤리사상에서 가장 중요한 구조를 형성하고 있는 핵심 문제이므로 이의 분석을 통하여 그가 구축하고 있는 정의론의 면모를 확인할 수 있을 것이다. 그리하여 사회적 차별이 법적·문화적으로 구조화된 조선 사회에서 다산이 어떻게 정의의 입장을 개진했는지, 그의 정의론의 윤리적 특성과 한계는 무엇인지를 해명하고자 한다.

1. 정의(正義)에 대한 문제의식

'정의(justice)'라는 개념 자체는 서구적 전통에서 고유명사로 형성되고 사용되어 왔기에 유학사상의 전통에서 명확하게 정의라는 단어를 사용한 것은 드물다. 그러나 유학사상에서 정의의 의미를 포괄하는 개념어는 이미 분명하게 사용되어 왔는데, 그것은 바로 '의(義)'이다. 서

구가 이루어지고 있음을 알 수 있는데, 그중 박홍규의 논문은 다산의 법문화와 법의식을 다양하게 분석한 것이며(박홍규, 「〈흠흠신서〉 다시 읽기 – 정약용의 법문화론적 법인식과 그 한계」, 『민주법학』 제51호, 민주주의법학연구회, 2013. 3.), 철학 분야에서 백민정의 논문은 禮를 중심으로 다산의 「흠흠신서」를 분석하고 있다.(백민정, 「정약용의 형법사상에 반영된 禮와 德治의 문제의식」, 『한국실학연구』 제28권, 한국실학회, 2014.) 이들 연구는 다산의 정의론을 직접적인 주제로 설정한 것은 아니지만, 다산의 법문화와 사회윤리에 대한 가치 있는 연구라고 할 수 있다. 이들의 연구와는 달리 김호는 다산의 정의론을 명시적인 주제로 설정하였는데, 그는 「흠흠신서」의 내용을 정의라는 관점에서 독해하고 분석함으로써 이 방면의 연구에 의미 있는 길을 열어 주었다고 할 수 있다.(김호, 『정약용, 조선의 정의를 말하다』, 책문, 2013.)

구에서 구축된 정의의 개념에 대한 철학적 규정은 플라톤(Platon)으로부터 비롯된다. 플라톤은 『국가론(*The Republic*)』에서 정의를 '올바름(righteousness)'으로 규정하고 있는데, 이는 공동체와 공적(公的) 관계에 있어서의 공정(公正)함을 의미하는 것으로 그 외연이 점차 확대되어 왔다.[2] 공정으로서의 정의는 신분이나 지위의 차이로 인해 부당한 일을 강요하거나 강요당하지 않는 덕목이다. 즉 정의는 인간의 존엄성에 입각하여[3] 생명의 보호를 포함한 생존권 확보와, 자기 성취 기회의 보장 등을 가능케 하는 도덕적 정당성을 의미한다. 이 점에서 보면 정의는 아리스토텔레스(Aristoteles)의 규정대로 '각자가 타인과의 관계에서 실현해야 할 사회적 도덕'과 같은 의미를 가진다고 할 수 있다.[4] 즉 정의는 인간과 인간 간의 정당한 관계적 도리인 것이다.

정의와 유사한 의미 범주를 가진 유학의 개념은 '의(義)'이다. 『중용(中庸)』에서는 "의(義)는 마땅함이다.[義者宜也.]"[5]라고 규정하고 있으며, 이에 대해 주자(朱子)는 "의(宜)는 사물의 이치를 분별함에 있어서 각각의 마땅함이다.[宜者, 分別事理, 各有所宜也.]"라고 해석했다. '마땅함'은 바로 '도덕적 옳음'을 말한다. 도덕적으로 옳음은 이치(도리)에 맞는 정당성(正當性)과 사사로이 치우치지 않는 공정성(公正性)을 의미한다. 마땅한 도리로서의 의(義)는 인간의 존엄한 가치에 근거하는 것으로서, 인간의 기본적인 권리의 보장에 대한 정당성과 공정성의 의미를 포괄

---

2 신승환, 「正義 개념의 현재적 이해」, 『해석학연구』 제31집, 한국해석학회, 2013, 248쪽 참조.

3 회페는, 인간은 불가침적인 존엄성을 지니므로 그 인격을 침해해서는 안 된다는 것이 정의의 이념이라고 주장한다. 그리고 인간의 존엄성에 근거한 인간의 기본권을 인권이라고 명명한다.(오트프리트 회페 엮음, 임홍빈 외 옮김, 『윤리학사전』, 예경, 1998, 439쪽 참조.)

4 이동명, 「동서양의 정의론에 관한 법철학적 고찰」, 『법학연구』 제7권, 한국법학회, 2001, 100쪽 참조.

5 『中庸』 20장.

하고 있다. 또한 유학의 의(義) 개념은 인륜(人倫)의 질서에 따라 자기 본분을 지킨다는 의미이기도 하다. 이 점에서 본다면 유학의 의(義)는 정의와 그 의미가 유사하다고 할 수 있다.

다산은 의(義)를 주장함에 있어서 개인의 기본 권리 문제에 대한 각성이 뚜렷했는데, 이는 당시 조선의 많은 유학자들이 개인의 권리를 주장하기보다는 공동체주의적인 입장에서 사회의 안정과 공고화를 위해 개인의 복종을 강조하고 있었던 점을 감안하면 중요한 의미를 가진다고 할 수 있다. 즉 조선 사회에서 충(忠)과 절(節) 같은 덕들은 공동체의 안정적 영속을 위해 요청되는 측면이 강했기 때문에, 개인의 기본적인 권리 문제에 대한 이해와 각성은 취약할 수밖에 없었다. 그러나 다산은 개인의 권리 문제에 대한 각성을 토대로 의(義)를 강조하기도 했는데, 이러한 다산의 각성과 주장은 인권(人權)의 법적 보장을 강조하는 입장으로 전개된다. 다산은 법(法)의 정신은 정의의 실천에 있으며, 법을 통해서 인간의 기본적인 권리를 보장해야 한다고 주장한다.

다산이 표명하고 있는 정의에 대한 입장은 기본적으로 인간의 가치적 존엄성에 대한 인식에 토대하고 있다. 즉 다산의 정의론은 인간의 존엄성에 대한 각성을 바탕으로 한 인권의식과 직결되어 있다. 다산이 「흠흠신서」를 저술한 목적은 인간 생명의 소중함을 일깨워 인간의 존엄성을 강조하려는 데 있다. 그는 「흠흠신서」에서 법에 대한 인식이나 지식을 결여한 사대부를 비판하고, 법을 통해서 개인의 권리를 보장하고 강화하려 하였다. 인간 존엄성에 대한 다산의 이러한 인식의 근거는 인간의 가치가 다른 존재의 가치에 비해서 특별히 우월하다고 보는 그의 인간관에 있다.

다산은 인간의 가치를 매우 존귀하게 여기지만, 이는 주자학과는 다른 관점에 입각해 있다. 주자학에서는 만물이 이(理)를 품부했기 때문에 '성즉리(性卽理)'이며, 이 명제에 따라 인간과 다른 만물의 성(性)은 근본적으로 차이가 없다고 본다. 그러나 다산은 인간의 가치와 다른 존재의 가치는 질적으로 명확한 차별성이 있다고 규정한다. 즉 다산은 인간에게는 선천적으로 영명(靈明)한 마음이 부여되어 있으며, 이 점에서 모든 존재들과는 다른 차별성을 가진다고 본다. 이러한 맥락에서 인간은 '만물을 향유'하는 권리를 가지고 있으며, 다른 존재에 대해서 종(從)이 아니라 주(主)의 지위를 가진다고 주장한다. 따라서 다산은 인간의 존귀성을 강조하여 "(사람의) 성은 본래 선한데, 성이 선(善)하므로 금수와 구별된다. 사람이 귀한 것은 바로 이것 때문이다."[6]라고 하면서, 모든 인간은 성이 선하며, 이 점에서 인간은 모두 예외없이 평등하다고 인식한다. 이러한 다산의 입장은 인간의 보편적인 존엄성을 인정하는 것이다.

다산은, 인간의 존엄성에 대한 존중은 실제적·사회적인 관계에서 인간의 생명권과 차별의 해소[7]라는 인권 보장으로 실현되어야 한다고 본다. 이러한 맥락에서 다산은 법에서의 인간의 생명 보장이나 차별의 해소를 문제 삼고 있다. 즉 그는 형법상의 여러 사건을 다룬 「흠흠신서」에서 인간의 기본권인 생명권이 엄정하게 다루어져야 함을 주장하는데, 이러한 인간의 기본권 담보가 바로 정의의 핵심적인 덕목에 해당한다.

> 오직 천(天)만이 사람을 살리기도 하고 또 죽이기도 하니 사람의 생명은 천에 달려 있다. 그런데 목민관이 그 중간에서 선량한 사람은 편히 살게

6 『여전1』, 권19, 「답이여홍」: 性之本善, 以其性善之故, 可別於禽獸, 人之良貴, 亶在是也.

7 다산은 기본적으로 신분제 자체를 부정하는 입장에 서 있지는 않다. 다산은 단지 생명과 재산 같은 기본적인 인간의 권리 문제에 있어서 신분의 차별로 인해 지나치게 부당한 *危害*를 당하거나 손해 보는 일이 있어서는 안 된다는 입장을 취하는데, 이러한 주장은 '제한적인 범위 내에서의 평등'의 입장으로 규정될 수 있다.

> 해 주고, 죄지은 사람은 잡아서 죽이는 것이니, 이것은 천의 권한을 드러내 보이는 것일 뿐이다.[8]

인간의 생명에 대한 결정권은 근본적으로 천에 있다고 주장하는 점에 있어서 다산은 천부인권적(天賦人權的)인 의식의 일단을 드러내고 있다. 천이 인간 생명권의 근거이므로 죄에 따라 사람을 살리고 죽이는 관리의 위임된 업무의 핵심은 공정하게 죄를 분별하는 것이다. 다산이 사람들의 생명 문제에 대해 주목한 것은 사대부보다는 일반 백성들이 법 집행상에서 부당하게 목숨을 잃는 상황을 적지 않게 보았기 때문이다. 사형(死刑)을 포함한 여러 종류의 신체형(身體刑)에서 정의가 구현되지 못하고 있는 실상을 다산은 자주 목도했는데, 그는 귀양 시절에 보고 들은 여러 살인 사건의 판결 상황을 회고하면서 법 집행의 문제를 다음과 같이 비판하고 있다.

> 내가 강진에서 귀양 살던 때에 살인 사건이 하나같이 뇌물을 받고 팔리는 것을 보았다. 반드시 죽여야 할 사람은 돈을 주고 벗어나고, 무고(誣告)를 당한 사람은 뇌물을 아끼다가 마침내 걸려서 죽게 되니 한 사건이라도 맑게 처리된 것이 없었다.[9]

범죄자가 뇌물을 쓰면 처벌을 면하고, 청렴하고 가난한 사람은 억울하게 처벌받은 실태가 예외적으로 한두 건 있었던 것이 아니다. 다산

8 『여전5』, 권30, 「欽欽新書序」: 惟天生人而又死之, 人命繫乎天, 迺司牧又以其間, 安其善良而生之, 執有罪者而死之, 是顯見天權耳.

9 『여전5』, 권30, 「흠흠신서1」, '經史要義1' – '獄貨降殃之義': 余在南土見, 凡人命之獄, 無一不鬻, 眞殺者行貨而得脫, 被誣者靳賂而遂罹, 其有一明淸之獄哉.

의 경험에 따르면 대부분의 살인사건에서 부당한 처결이 이루어졌다는 것이다. 이것은 인간의 존엄성에 대해 특별한 인식을 갖고 있었던 다산에게는 충격이었을 것이다. 다산은 그가 목도한 여러 불의(不義)한 문제를 분석하고 평가한 「흠흠신서」를 저술하여, 죄에 따라 정당하게 법적 처결을 함으로써 응분(應分)의 정의가 구현될 수 있도록 하였다. 또한 「목민심서」의 '청송(聽訟) 편'에서는 송사(訟事) 처리에 있어서 공정성을 강조하는데, 정의에 대한 다산의 이러한 입장은 애민의식(愛民意識)에 근거하고 있다. 백성들은 사회적으로 열악한 지위에 처해 있으므로 부당한 대우를 받는 일이 다반사였다. 따라서 다산은 백성들의 생명권을 다루는 법을 공정하게 집행함으로써 백성들의 억울한 죽음을 방지해야 한다고 주장했다. 이렇게 보면 다산의 사상에는 인간의 생명권에 대한 보편적 존중과, 공정한 판결에 따른 처벌이라는 입장이 명료한데 이것은 곧 다산의 정의관을 나타낸다.

다산의 정의론의 입장은 단지 시시비비(是是非非)에 따른 엄격한 처벌만을 강조하는 것이 아니다. 다산은 「흠흠신서」에서 "형사사건 처리의 기본은 흠휼(欽恤)에 있다. 흠휼이란 사건을 조심해서 다루고, 사람을 가련하게 여기라는 뜻이다. 또한 형사사건의 처리 방법에 원칙과 예외가 있어야 하지만, 조금도 융통성이 없으면 안 된다."[10]고 언급하고 있다. '흠휼'은 '사람을 가련하게 여긴다.'는 의미인데, 이는 유가적(儒家的) 측은지심(惻隱之心)의 표현이다. 다산이 '흠휼'을 언급한 것은 인간의 생명에 대한 판결이 단지 엄정함에만 의거해서는 안 된다는 점을 부각시킨 것이다. 다산은 기본적으로 인간에 대한 애정과 연민의 마

10 『여전5』, 권30, 「흠흠신서1」, '경사요의'序: 斷獄之本, 在於欽恤, 欽恤者, 敬其事而哀其人也, 然且斷獄之法, 有經有權, 不可膠柱.

음 즉 인(仁)의 마음으로 사람들의 행위를 처결해야 한다고 강조한다. 이러한 다산의 정의론은 실제적인 생활 가운데서 사회적 지위나 세력이 약한 일반 백성들의 생명권, 평등권, 재산권 등의 보장과 인륜(人倫)의 구현을 지향하는 것으로 나타난다.

2. 생명(生命)의 문제와 정의

인간의 존엄성을 실질적으로 보장하는 정의의 실현 가운데서 가장 근본이 되는 것은 생명권(生命權)이다. 다산은 인간의 생명의 원천이 인간 자신에게 있는 것이 아니라 천(天)에 있다고 주장한다. 다산은 '오직 천만이 사람을 살리기도 하고 또 죽이기도 하니 사람의 생명은 천에 매여 있다.'고 하면서, 인간의 생명은 매우 신성(神聖)하다고 천명한다. 생명의 신성함에 근거하여 다산은 기본 인권인 생명권의 보장을 강조한다. 다산은 "천지의 덕은 자애심(慈愛心)을 베풀어 살생(殺生)을 꺼림에 있을 뿐이며, 법률의 엄정함은 사람의 생명을 귀중하게 여긴다."[11]는 입장, 즉 법을 통한 생명의 존중을 지향하고 있다. 생명의 근본인 천은 생명의 가치를 존귀하게 여기고 생명을 고양하고자 한다. 그러므로 사람들은 마땅히 천의 뜻에 따라 다른 사람의 생명을 존중하는 태도를 견지해야 한다. 따라서 인간의 생명권 보장이 정의의 핵심이 된다.

다산은 목민관이 죄지은 사람에게 응분의 대가로 사형을 집행하는 것은 천의 권한을 대행하는 것이라고 주장한다. 즉 법을 통하여 인간

---

11 『여전5』, 권31, 「흠흠신서2」, '批詳雋抄1' – '徐斯適人命首議': 天地之德, 惟在好生, 律法之嚴, 最重人命.

의 생명을 처결하는 행위는 천으로부터 위임받은 제한적 권한이므로 법을 집행하는 관리들은 백성들의 생명권을 존중하고, 억울함이 없도록 정의롭게 처결해야 한다는 것이다.

> 마땅히 죽여야 할 사람을 오래 감금하여 그 생명을 갚게 하는 것은 옳은 처사라고 하겠지만, 마땅히 살려야 할 사람을 하급관리의 태만으로 옥중에서 고통받게 하면 억울하지 않겠는가? 벼슬하는 사람으로서 간혹 범죄에 의문이 있어서 살려 주어야 할 만한 사건을 처리할 때는, 마땅히 화산지상(火山之象)을 생각하여 빨리 판결하고, 석방하는 것을 마치 불이나 물속에서 사람을 구해 내는 것처럼 해야 할 것이니 게을리해서는 안 된다.[12]

법을 집행할 때 억울한 피해자가 생기지 않도록 해야 하며, 조사 과정에서 불필요하게 구금(拘禁)하여 곤욕을 치르게 하는 일을 막아야 하고, 억울한 피해자가 없도록 하고, 피해자의 고충을 신속하게 해결해야 한다는 다산의 입장은 일반 백성들의 고충을 직접적으로 염두에 둔 것이다.

법 집행 정신의 핵심은 형평(衡平), 즉 공정(公正)이라고 할 수 있는데, 다산이 견지하고 있는 형평의 윤리적 준거는 생명 존중에 있다. 이에 대해 다산은 말한다.

> 사건의 판결이라는 것은 천하의 저울이다. 죄수를 죽일 방도를 찾는 것도 형평이 아니며, 살릴 방도를 찾는 것도 형평이 아니다. 그러나 살릴 방도를 찾고 죽일 방도를 찾지 아니함은 진실로 죽은 자는 다시 살아날 수 없으

12 『여전5』, 권30, 「흠흠신서1」, '경사요의1' – '明愼不留之義': 其當死者, 以久囚贖其生命, 猶之可也, 其當生者, 掾官怠慢, 老瘦獄中, 不亦寃乎, 居官者或遇傅生之獄, 宜念火山之象, 亟決亟放, 如捄焚拯溺, 不可慢也.

> 므로 일단 살려 놓고 죽일 방도를 찾으려 함이니, 이렇게 하면 오히려 어긋나지 않는다. 죽여 놓고 살리는 방도를 찾을 수 있겠는가? 그러므로 형사사건을 다스리는 사람은 반드시 죄수를 살리는 방도를 찾아야 한다.[13]

사람을 죽이고 살리는 법의 집행상에서 가장 중요한 것은 형평의 문제이며, 법 집행상의 형평성의 위배로 인해 사람들이 억울하게 죽임을 당하게 될 수도 있음을 유념해야 한다고 주장한다. 그러므로 궁극적으로 사람을 살리고자 하는 마음으로 법을 집행하여 억울한 피해자를 줄이거나 없애는 데 힘을 쏟아야 한다는 것이다. 법 집행상에서 형평성의 문제로 야기되는 결과는 생명권의 심각한 위해(危害)로 귀착될 수 있으므로 다산은 이를 방지하기 위해 근본적으로 생명존중의 가치에 입각해야 한다고 보았다.

이와 같은 다산의 입장은, 특히 법에 무지(無知)하고, 사회적 지위가 취약한 일반 백성들이 억울하게 생명을 잃게 될 수 있는 처지를 고려한 맥락에 서 있다. 따라서 다산의 정의론은 '애민(愛民)의 정의론'이라고 할 수 있으며, 이 입론은 일반 백성들의 가장 기본적인 권리인 생명권의 보장을 핵심으로 삼고 있다. 이제, 다산이 일반 백성들의 생명권을 중시하는 실제적인 사례를 검토해 보자. 다산은 「흠흠신서」에서 관리가 백성들의 생명을 함부로 다루는 것을 문제 삼기 위해, 절도사가 사람을 죽인 사건을 다음과 같이 거론한다.

> 조선 선조 때에 함경남도 절도사 소흡(蘇潝)이 사사로운 분노로 함경

13 『여전5』, 권30, 「흠흠신서1」, '경사요의1' – '明愼不留之義': 獄者, 天下之平, 爲囚求死, 則非平也, 爲囚求生, 亦非平也, 然其所以求生, 而不求死者, 誠以死者不可復生, 生之而求其死, 尙未脫矣, 死之而求其生, 何嗟及矣, 故按獄者, 必爲囚而求生也.

북도의 관노(官奴) 두 사람을 죽이고 의금부에 구속되어 심문(訊問)을 받았다. 조사를 마치자 대신들은 함부로 형벌을 가한 행위에 대해 규정에 맞게 처벌하자고 논의했는데, 대간(臺諫)이 '만약 공사(公事)로 관할하에 있는 백성을 죽였다면 남형(濫刑)을 적용할 수 있으나 사사로운 분노로 다른 도의 백성을 죽였으므로 당연히 살인죄로 논해야 한다.'라고 주장했다. 이에 임금이 2품 이상의 관리들에게 조정 의론을 모으니 모두가 살인으로 논의할 수 없다고 했다. 사헌부와 사간원에서 여러 달에 걸쳐 다시 벌주기를 청했으나 임금은 끝내 허락하지 않았다.[14]

절도사가 관노를 죽인 이 사건에서 대간의 의견과 2품 이상 고위 관료들의 의견이 달랐는데, 선조가 취한 것은 고관들의 입장에 따르는 것이었다. 다산은 이러한 임금의 판단이 부적절하다고 생각한 듯하다. 그래서 다산은 이 사건에 대해서 율곡(栗谷) 이이(李珥)가 취한 입장을 상기함으로써 자신의 입장을 간접적으로 표명한다.

율곡 이이가 말하기를, '살인한 자는 죽인다고 하는 법이 있으니 용서할 수 없다. 순(舜)임금의 아버지 고수(瞽瞍)가 사람을 죽이면 고도(皐陶)는 구속할 것이며, 순임금은 힘으로 고수의 구속을 막지 못할 것이다. 소흡이 도대체 어떤 사람이길래 그가 감히 멋대로 사람을 죽였는데도 사형에 처할 수 없다는 말인가? 만일 팔의(八議)의 법을 들어 말한다면 해당 관아는 마땅히 소흡을 사형의 죄로 판결해야 하고, 이후 혹 특별하게 은전(恩典)을 시행하여 사형에서 감형시킬 수 있다. 그는 함부로 형벌을 행했으니, 국법(國法)을 크게 문란시킨 것이다. 2품 이상에서 어느 한 사람도

14 『여전5』, 권30, 「흠흠신서1」, '경사요의3' – '使臣濫殺': 宣祖朝, 咸鏡南道節度使蘇瀗, 以私怒殺北道官奴二人, 拿鞫于禁府, 旣服, 議于大臣, 照濫刑之律, 臺諫, 以爲因公事, 殺其管下軍民, 則可照以濫刑, 今以私怒殺他道之民, 當論以殺人, 上收廷議, 二品以上皆曰, 不可論以殺人, 兩司復爭之屢月, 終不允.

정당한 논의를 하지 않았으니, 조정이 공허해진 지가 오래되었다. 이렇게 해서야 어떻게 일을 바르게 처리하겠는가?'라고 했다.[15]

율곡의 의견은 단호하다. 절도사 소흡은 살인죄를 저질렀으므로 마땅히 사형에 처해야 한다는 것이다. 율곡이 생각하기에는 이것이 합당하고 정의로운 판결이다. 율곡은 조정의 고위 관료들이 의견을 모아 절도사를 무죄로 처리한 것은 '국법의 문란'이며, 이와 같은 판결이 이루어진 것은 나라의 중심이 바로 서지 못하고 정의롭지 못해서라고 보았다. 다산은 절도사 소흡의 살인사건에 대한 선조의 처결을 정면으로 비판하기가 조심스러워 자신의 입장을 명확하게 밝히지 않고 있다. 그러나 이미 선대(先代)에 처리된 사안을 재검토하면서 임금의 처결과는 다른 율곡의 비판적인 의견을 인용한 것은 이 사건에 대한 다산의 입장이 어떠한지를 잘 보여 준다.

백성의 생명권을 중시하는 위와 같은 다산의 입장은 부사(府使)가 함부로 사람을 죽인 다음의 사건을 언급하는 데서도 확인할 수 있다. 다산은 회양부사(淮陽府使) 유신일의 살인사건에 대한 경과와 숙종의 입장을 다음과 같이 기술하고 있다.

『국조보감(國朝寶鑑)』에 숙종 25년 때의 일을 다음과 같이 기록하고 있다. 회양부사 유신일은 유생(儒生) 이우백이 부사의 행차를 무시했다고 해서 곤장을 쳐 죽게 했다. 유신일은 이 일로 인하여 구속되었으나 (관에서는) 이우백이 전염병에 걸려 죽은 것으로 처리했다. 의금부에서 이에

15 『여전5』, 권30, 「흠흠신서1」, '경사요의3' – '使臣濫殺': 栗谷曰, 殺人者死, 在法罔赦, 瞽瞍殺人, 皐陶執之, 而帝舜之力, 不可沮, 則蘇瀹何人, 敢肆意殺人, 而得無刑辟乎, 若擧八議之法, 則有司當照以大辟, 而或可以特恩貸死矣, 今乃照以濫刑之律, 則大紊國法矣, 二品以上, 無一人正議者, 朝廷空虛久矣, 安得以正事乎.

> 대해 조사를 요청하자 강원도와 함경도에서는 곤장을 맞아 죽었다고 장계를 올렸다. 임금은 이러한 사건 내용에도 불구하고 대신들이 그 정황만을 가지고 사건을 판결한다면 뒤에 수반될 폐단이 염려된다며 다음과 같이 판결했다. '살인한 자를 죽인다고 하는 것은 법의 존엄함이다. 그런데 우리나라에서는 목숨으로 살인죄를 보상하는 규정이 사대부에게만 시행되지 아니하므로 이같이 지방관리가 거리낌없는 짓거리를 한다. 간혹 감정에 따르거나 사사로운 혐의에 따라 함부로 형벌을 가함으로써 사람 죽이기를 풀 베듯이 하니 이것이 어찌 마음 아픈 일이 아닌가?'[16]

숙종은 유신일의 처사가 사사로운 살인 행위에 해당한다고 보고 승정원의 반대에도 불구하고, '유신일을 법률에 따라 처단하라.'고 명을 내린다. 숙종은 이 사건을 결재한 뜻이 목숨으로 보상하는 형률을 무겁게 하여 죽은 자의 원통함을 위로하려는 데서 나온 것임을 천명한다.[17] 일반 백성이 부사에게 죽임을 당한 이 사건을 거론하면서 다산은 관리들이 백성들을 징벌할 때 정의롭지 못한 행태를 보이는 경우가 적지 않다고 지적했다. 다산은 이 사건을 처결한 숙종의 입장에 대해 다음과 같이 의견을 표명한다.

> 수령이 공적인 일을 담당하면서 (정당하게) 사람을 죽인 경우에는 죽음에서 벗어날 수 있으나, 사사로운 일로 사람을 죽이면 목숨으로 보상해야 한다. 유신일이 작은 일로 다른 고을 선비를 함부로 죽인 행위는 사사로운 분노로 인해서 야기된 것이다. 그러므로 숙종이 법을 집행하는 데 있어서 정당하지 않음이 없었다.[18]

---

16 『여전5』, 권30, 「흠흠신서1」, '경사요의3' – '官長濫殺', 29면 참조.
17 『여전5』, 권30, 「흠흠신서1」, '경사요의3' – '官長濫殺', 30면 참조.
18 『여전5』, 권30, 「흠흠신서1」, '경사요의3' – '官長濫殺': 守令因公事殺人, 則免死, 以私事殺人, 則償命, 今此兪信一, 乃以唐突之微事, 濫殺他縣之儒生, 係出私怒, 故聖祖

다산은 관리들이 일반 백성들을 터무니없는 이유로 벌주고, 또 죽이는 문제가 심각하다고 인식하고 있었다. 앞에서 본 바와 같이 다산은 절도사 소흡이나 회양부사 유신일이 백성의 생명을 하찮게 여겨 억울하게 죽였다는 점을 상기하면서 인간의 생명권이 보장되지 않는 실상을 비판하고 그 개선을 역설한 것이다. 이것은 당시의 양반 중심 사회에서 빈번하게 발생하는 힘 없는 백성들의 인권 유린 문제를 해결하려 한 의지의 표명이다.

다산은 또한 여종의 남편을 사사로이 죽인 『국조보감』의 사례를 거론하면서 노비의 생명권에 대해 강조하고 있는데, 이 사건의 개요는 다음과 같다.[19] 태종 때 원윤(元尹)인 이백온이 그 여종의 남편을 죽였다. 그런데 태종이 이백온의 죄를 용서하자, 대사헌 이래(李來) 등이 살인죄로 처리할 것을 왕에게 요청하였다. 태종은 직언한 이래를 벌주고 함주로 유배시키려고 했으나, 사헌부에서는 왕의 뜻과는 달리 이백온을 하옥시켰다. 이에 태종이 사헌부 관리 이흡(李洽)을 순금사 감옥에 가두었는데, 간관(諫官)들이 이흡의 법 집행은 정당했으므로 이흡을 석방하라고 주장하였고, 태종은 마침내 이흡을 풀어 주었다. 다산은 원윤 이백온이 그 여종의 남편을 사사로이 죽인 이 사건을 처결하는 과정을 진술하면서 다음과 같은 의견을 제시하였다.

> 예로부터 여종의 남편이 죽음을 당한 것에 대해서는 목숨으로 보상하는 일이 많지 않았다. 생각해 보면, 여종의 남편에 대해서 일괄적으로 말할 수는 없으나, 조정 관리나 양반이 남의 여종을 길러서 첩으로 삼은 사람도 이런 경우에 여종의 남편으로 여겨서 논하겠는가? 비록 천민(賤民)으로서

執法而不撓也.

19 『여전5』, 권30, 「흠흠신서1」, '경사요의3' - '私殺婢夫', 31~32면 참조.

사역(使役)을 당하는 자라고 하더라도 그 죄를 물어 죽여야 할 때에는 마땅히 법관이 맡아서 죽여야 하고, 그 죄의 정상으로 볼 때 죽여서는 안 될 사람을 함부로 홧김에 죽인 사람에게 어찌 목숨으로 보상토록하지 않겠는가? 조선 초기에 종친(宗親)이 그 여종의 남편을 죽이므로 사헌부에서 강력하게 법에 의거하여 처벌을 요청했으니, 아아! 법은 엄격했던 것이다.[20]

다산은 왕의 종친인 이백온이 사사로이 여종의 남편을 죽인 것은 인간의 생명권을 해치는 악행이며, 이를 임금이 처벌하지 않는 것은 심각한 불의(不義)라고 보았다. 노비는 당시 사회의 신분질서하에서 최하위 등급에 속하는 계층이어서 인간적 존엄성이 가장 심각하게 위해(危害)를 받는 사람들이었다. 다산은 노비들이 관리들에 의해 사사로이 목숨을 잃는 사안에 주목하면서 노비들의 인권 문제가 법에 의해서 보장되어야 한다는 입장을 개진한 것이다. 다산의 이러한 입장은 사회에서 가장 열악한 지위에 있는 소외된 사람들의 기본 인권을 보장하려는 정의의 입장이다.

3. 공정(公正)의 문제와 정의

정의의 본질은 공정성(公正性)에 있다고 볼 수 있는데, 다산은 당시 사회에 존재하는 여러 층차의 차별 구조에 주목하면서 사회적 불평등 문제의 심각성을 제기한다. 조선은 신분제 사회라는 특성상 기본적으로 일정한 불평등 구조가 존재하고 있었다. 다산은 사회에서 발생하는

---

20 『여전5』, 권30, 「흠흠신서1」, '경사요의3' – '私殺婢夫', 32면 참조.

불평등 구조의 문제를 민감하게 관찰하면서 공정성 확보의 문제를 논하고 있다. 다산이 주목하는 공정성 문제로는, 인정(人情)에 치우쳐서 공정성을 훼손하는 문제, 재산 처리 과정에서 야기되는 공정성 문제, 노비의 신분으로 인해 초래되는 불평등 문제, 왕과 관련된 사안의 법 적용상에서 야기되는 공정성 문제 등이 있는데, 이에 대한 다산의 논점을 통해서 그의 입장을 밝혀 보기로 한다.

먼저, 인정에 치우치지 않고 공정하게 일을 처리해야 한다는 다산의 주장을 검토해 보자. 다산은 한 고을을 다스리는 수령에게 이웃 고을 사람이 와서 송사(訟事)를 제기할 경우, 수령이 견지해야 할 올바른 처신에 대해서 다음과 같이 언급한다.

> 이웃 고을의 백성이 와서 송사를 하는 경우에, 내 고을 백성이 사리에 맞지 않고 이웃 고을 백성이 사리에 맞으면 수령은 사사로운 정에 연연해 하지 말고 명백하게 바로잡아 주어야 할 것이다. 묘지 관계라면 독려해서 파내기를 배나 엄중히 하고, 빚 관계라면 독려해서 받아 주기를 배나 급하게 해서, 이웃 고을 백성이 오래도록 머물도록 하지 말아야 한다. 그렇지 않으면 주객(主客)의 형세가 다르고, 어렵고 편리한 처지가 같지 않아서, 이웃 고을 백성들이 억울한 마음으로 돌아가지 않는 사람이 없을 것이다.[21]

수령이 바르게 처신해야 할 준거는 사사로운 정이 아니라, 오직 누가 정당하고 누가 정당하지 않느냐 하는 것이어야 한다고 다산은 말한다. 만약 자기 고을 사람이 이치에 어긋나는 행위를 하여 이웃 고을 사

21 『여전5』, 권24, 「목민심서」, '刑典六條' – '聽訟下': 凡隣邑之民來訟者, 若吾民理曲, 隣民理直, 牧宜勿顧私愛, 明白伸理, 墓地則督掘倍嚴, 債貨則督徵倍急, 使隣邑之民, 毋至留滯, 不然, 主客勢殊, 勞逸情異, 未有不負寃而歸者矣.

람에게 피해를 주고 또 원성을 샀다면, 수령은 더욱 엄정하게 자기 고을 사람의 죄를 묻고 처결해야 한다고 강조한다. 이러한 다산의 입장은 사사로운 정에 이끌릴 수 있는 여지를 확실하게 차단하고, 자기 고을 사람의 죄를 더욱 엄정하게 응징함으로써 소송을 제기한 다른 고을 사람이 공정성을 의심하지 않고 수긍할 수 있도록 해야 한다는 것이다. 즉 다산은 먼 곳의 백성이 자기 고을에 와서 송사할 때 그의 억울함과 절박한 사정을 잘 헤아려서 처결해야 한다고 강조하고 있다. 수령이 자기 고을 사람의 죄를 은폐하려 하거나, 자기 고을 사람이 유리하도록 상황을 조성하면 안 되는 것은 물론, 그 소송 당사자가 멀리서 왔다 하여 업신여기거나 판결을 지연시킴으로써 불편을 초래한다면 이는 공정하지 못한 처사라고 주장하는 것이다. 이러한 입장에서 다산은 법 집행에서 중요한 것은 공정성의 유지임을 역설한다.

> 마음가짐이 공정해야 일을 잘 처리한다는 소문이 멀리까지 퍼질 것이니, 스스로 자기 마음의 경계를 만들어서 백성들에게 편협함을 보여서는 안 된다. 관장(官長)이 된 사람으로서 어떻게 '사(私)'라는 한 글자를 마음속에 두겠는가?[22]

법을 수행하는 사람의 책무는 공정하게 사람을 대하고 죄를 평결하는 것이므로 한 점의 사사로운 정(情)에도 치우치지 않고 법을 집행해야 한다. 조선 사회에서는 유교적 덕을 중시하므로 이웃 간의 인정(人情)을 귀하게 여기는 것이 일반적인 문화로 자리잡은 측면이 있었는데, 다

---

22 『여전5』, 권24, 「목민심서」, '형전육조' – '聽訟下': 秉心旣公, 聲聞以遠, 不可自設畦畛, 示民不廣也, 身爲官長, 豈可以一私字存諸中乎.

산은 이러한 사적(私的)인 정을 중시하는 관습이나 행태가 야기하는 공정성의 훼손과 이로 인한 인권의 침해에 대해 엄중하게 경계한 것이다.

다산이 제기하는 또 다른 공정성의 입장은, 백성들의 재산과 관련된 사례에서 드러난다. 다산은 「목민심서」 '청송상(聽訟上)'에서 "전지(田地)의 소송은 민산(民産)에 관계된 바이니 한결같이 공정하게 처리해야 백성이 이에 승복할 것이다."[23]라고 전제하면서 선조 때의 관리 신응시의 사례를 들고 있다.

> 신응시가 호남 지방 감사로 있을 때의 일이다. 남원의 한 부민(府民)이 불교에 현혹되어 가산(家産)을 모두 바쳐서 부처를 섬기어 만복사(萬福寺)에 전지(田地)를 시납(施納)하고는 문권(文券)으로 영원히 준다고 하면서 자기의 정성을 표했으나 후에 굶어 죽음을 면치 못하게 되었다. 그에게는 아들 한 명이 있었는데, 구걸하면서 다니다가 죽을 처지가 되자 소장(訴狀)을 준비해서 관(官)에 하소연하여 시납한 전지를 돌려받으려고 소송을 여러 번 했지만 매번 지자, 감사에게 호소했다. 이에 따라 신응시가 그 소장의 마지막 부분에 판결한 내용을 직접 기록하기를 '전지를 시납한 것은 본래 복(福)을 구하고자 한 일인데, 몸은 이미 굶어 죽게 되고 자식마저 빌어먹으니 부처의 영험이 없다는 것을 이에 의거하여 판결할 수 있다. 그러므로 전지는 그 주인에게 돌려주고 복은 부처에게 받으라.'라고 했다. 이에 온 도(道)의 사람들이 통쾌하다고 여겼다.[24]

다산은 남원의 어떤 사람이 재산 문제에 대한 소송을 제기한 것에 대해 신응시가 판결한 것을 평하여 '온 도가 통쾌하게 여겼다.'라고 하였

---

23 『여전5』, 권24, 「목민심서」, '형전육조' – '聽訟上': 田地之訟, 民産所係, 一循公正, 民斯服矣.

24 『여전5』, 권24, 「목민심서」, '형전육조' – '聽訟上', 24면 참조.

다. 즉 다산은 소송인이 그 아버지가 시납한 만복사의 전지를 돌려받으려고 한 청원이 정당하다고 보고, 만복사는 시납받은 전지를 돌려주라고 판결한 것은 공정한 처사라고 인정한 것이다. 이 사례는 가산을 사원에 모두 바치고 생활이 어렵게 된 백성의 고충을 이해하고, 시납한 재산의 일부를 돌려받아 어려운 생계를 해결토록 한 점에 있어서 애민의 정신이 부각되는 처결의 예라고 할 수 있다. 이 사례를 통해서 이해할 수 있는 것은, 다산은 불교사원에서 백성들을 '현혹'해 재산을 시납받는 것에 대해 불만을 가지고 있다는 점, 그리고 어렵게 생활하는 불교 신자들이 이전에 사원에 시납한 재산을 돌려받는 것이 공정하다고 여긴다는 점을 알 수 있다. 백성들의 재산 문제에 대한 처리를 강조하는 이 사례에는 다산의 애민의 정의론의 입장이 잘 나타난다.

다음으로, 다산이 신분상의 불평등 문제를 제기함으로써 사회의 공정성을 제고(提高)하려 한 점에 대해 검토해 보자. 다산은 신분상의 불평등 문제와 관련하여 비첩(婢妾)의 자식들이 관직에 나아가는 데 있어서 직면하는 장애 문제를 다음과 같이 거론한다.

> 중세 이전에는 비첩의 자식은 사람으로 여기지도 않아서 사환(仕宦)의 길을 막았을 뿐만 아니라 심지어 과거(科擧)조차 못 보게 했으니, 이는 고금(古今)을 통틀어 어디에도 없는 법으로서, 오직 우리나라에만 있는 것이었다. 지금은 과거에 응하고 벼슬하는 길이 다소 열리기는 했지만 친속(親屬)으로 종을 삼는 법이 아직도 있으니, 천리를 훼손하고 인정을 거스르는 것이 이보다 더 심할 수 없다.[25]

25 『여전5』, 권24, 「목민심서9」, '형전육조' – '聽訟下': 中世以前, 婢妾所生, 不齒人類, 不唯枳之於仕宦, 甚亦塞之於科擧, 蓋古今天下, 所無之法, 唯吾東有之也, 今科宦稍通, 而親屬爲奴之法, 猶載法條, 傷天理拂人情, 未有甚於是者也.

다산은 조선에서 한때 비첩의 소생이 과거도 보지 못하고, 관직에 나아가지도 못하도록 한 것은 매우 불합리한 제도였음을 지적하면서, 신분적 차별로 인한 불평등 문제를 부각시킨다. 다산의 시대에는 신분적 차별은 다소 개선되었으나, '친속으로 종을 삼는 법'과 같이 인권을 침해하는 규정이 여전히 살아 있었기 때문에 다산은 조선의 사회적 공정성이 취약하다고 생각했다. 당시 노비에 대한 조선의 부당한 법적·관습적 상황은 그로 하여금 인권 문제에 대한 각성을 불러일으켰다. 그리하여 다산은 5대조 이하의 9촌·10촌 등의 친척은 몸값을 받지 않고 종량(從良)시키고 단문 이외의 친족은 가벼운 값으로 속량(贖良)하도록 해야 한다고 주장한다. 그리고 이러한 속량의 구체적인 정책은 고을마다 일시적으로 대응할 것이 아니라, 사회적 불평등 문제를 해결하기 위한 제도 개혁으로 접근해야 한다고 보았다.

> 이런 일은 모름지기 조정 대신들이 상세히 아뢰어서 법령이 새로 반포되어야 시행할 수 있다. 한 고을의 수령으로서는 법을 어길 수 없는 일이다. 무릇 이런 송사를 만나면 반드시 법에 따라서 명령을 내리고, 안을 세워야 한다.[26]

사회의 불공정한 문제를 인식하고 이를 해결하는 것을 수령 개인의 양심에 맡겨 둘 것이 아니라, 법령 등의 사회 제도를 구축함으로써 해결하도록 해야 한다고 다산은 강조한다. 일반적으로 유가(儒家)들은 개인의 덕과 양심으로 사회 문제를 해결하려는 내성적(內省的)인 접근

26 『여전5』, 권24, 「목민심서」, '형전육조' – '聽訟下': 此事雖大臣敷奏, 乃可申明, 一縣之令, 無以獨行, 唯遇訟決, 必令依法立案.

을 시도하는 경향이 뚜렷하지만, 다산은 사회 제도의 개혁과 정비를 통해서 부정의(不正義)한 사회 문제를 근본적으로 해결해야 한다는 사회윤리적인 입장을 표명한 것이다.

마지막으로, 왕의 아버지의 죄를 처벌하는 데 있어서 다산이 차별적인 입장을 표명하고 있는 점에 대해 검토해 보자. 다산은 왕의 아버지에 대한 처벌의 예외와 불평등 문제를 「맹자요의(孟子要義)」에서 언급하고 있다. 『맹자』 '진심장(盡心章)'에는 순(舜)임금의 아버지인 고수(瞽瞍)가 살인죄를 지었을 때, 법관인 고도(皐陶)와 순임금이 어떻게 하는 것이 합당한지에 대해 문답한 내용이 있다. 도응(桃應)은 순임금의 아버지인 고수가 살인했을 때, 법관인 고도가 고수에게 살인죄를 적용하여 사형을 집행할 수 있는지, 또 순임금은 그의 아버지 고수를 위해 어떻게 해야 하는지를 질문했다. 즉 순임금과 고도가 일반 백성과 다름없이 왕의 아버지를 불편부당(不偏不黨)하게 처결해야 하는가에 대해 물었던 것이다. 이에 대한 맹자는 "순임금이 천하를 버림을 보시되 마치 헌신짝을 버리듯이 하여, 몰래 업고 도망하여 바닷가를 따라 거처하면서 종신토록 흔쾌히 즐거워하면서 천하를 잊었을 것이다."[27]라고 대답하였다. 맹자는 고도가 법을 집행하는 것이 정당한 행위이므로 고도가 법을 집행하지 못하도록 하는 것은 불가(不可)하다고 여긴다. 맹자가 보기에 순임금이 취할 수 있는 행위는 왕위를 버리고 죄인인 아버지를 몰래 업고 도망하여 평생을 모시는 것이다. 맹자는 비록 왕의 아버지라고 하더라도 살인죄를 지었다면 국법의 공정한 집행에 따라 그에 상응하는 벌을 받아야 한다는 입장을 취한 것이다.

27 『맹자』, 「진심상」: 舜視棄天下, 猶棄敝蹝也, 竊負而逃, 遵海濱而處, 終身訢然樂而忘天下.

그러나 다산은 이 사례에 대해 맹자가 취한 답을 문제 삼으면서 다음과 같이 비판한다.

> 남의 신하로서 왕의 아버지에게 법을 집행하면서 '당신은 사람을 죽였으니, 마땅히 죽어야 한다.'고 하면, 천하에 이런 법은 없다. 왕이 하루아침에 왕위를 버리고 떠날 때에, 기뻐하기만 하고 뒤쫓지 않으면서 '당신은 떠나라. 나는 법을 굽힐 수 없다.'고 하며, 죽을 때까지 버려두고는 다시 돌아오게 하지 않는다면, 천하에 이런 의리는 없다. 자신이 천자로서, 신하가 자기 아버지에게 법을 집행해서 감옥에 가두었다는 말을 듣고는 '법이므로 내가 어떻게 하겠는가?'라고 말하고는 밤에 변장해서 담을 뛰어넘고 빗장을 부순 뒤에 몰래 도둑질하듯이 아버지를 빼내어서 간신히 생명을 건지게 한다면, 천하에 이런 일은 없다.[28]

다산의 비판의 핵심은 다음과 같다. 첫째, 고도가 신하의 입장에서 왕의 아버지를 사형죄로 처벌하는 것은 불가(不可)하며, 왕이 지위를 버리고 그 아버지를 모시고 떠날 때 잡지 않고 그대로 방임하는 것도 불가하다. 둘째, 순임금이 왕이면서 아들 된 자로서, 고도가 자신의 아버지를 사형죄로 처벌하는 것을 그대로 두고 보는 것도 불가하며, 왕의 지위를 버리고 아버지를 몰래 빼내어 도주하는 것도 불가하다는 것이다.[29] 그렇다면 이에 대한 다산의 최종적인 입장은 무엇인가? 다산

---

28 『여전2』, 권6, 「맹자요의」: 爲人臣而執吾君之父曰汝殺人當死, 天下無此法也, 其君一朝去其位, 方且恬然而不往追曰爾去矣, 吾不能屈吾法也, 任其終身而莫之反, 天下無此義也, 身爲天子, 而聽其臣之執吾父繫于理曰法也, 吾且奈何哉, 乘夜微服而踰其牆破其扃, 行竊盜之事, 而僅以脫其命, 天下無此事也.

29 다산은 「맹자요의」뿐만 아니라 「흠흠신서」에서도 이 내용을 거론하고 있다. 즉 다산은 「흠흠신서」에서 "王法을 굽힐 수 없으니, 어찌 금지시킬 수 있겠는가?"라는 입장에서 고수의 살인죄를 처벌해야 한다고 주장한 趙岐의 주장과, "앞에서는 법을 집행했다고 하고, 뒤로는 몰래 업고 달아나는 의리를 펼칠 것이니, 이것이 곧 天理

은 왕의 친속의 범죄를 처벌할 경우에는 '법 집행에 예외를 인정해야 한다.'고 보았다.

> '순이 천자이고, 고도가 옥관(獄官)인데, 순임금의 아버지 고수가 사람을 죽였을 경우에 어떻게 하겠는가?'라고 한다면, '감히 법을 집행하지 못한다.'라고 대답해야 할 것이다.[30]

다산은 왕의 아버지를 살인죄로 처벌하는 것은 불가하다고 보았다. 그는, 법관은 법을 집행하고, 왕은 그 아버지 고수를 업고 도망치면 된다는 맹자의 주장은 합리적인 해결책이 아니며, 오직 '법 적용상에 예외를 인정하는 것이 마땅한 입장'이라고 본 것이다. 즉 다산은 왕과 관련된 경우에는 법 적용상에 예외가 존재할 수 있다고 주장한다. 이는 일반 백성의 살인죄와 임금의 아버지의 살인죄를 달리 처리해야 한다는 입장이다. 이렇게 다산은 왕과 관련된 문제에 있어서는 왕의 위치를 고려한 면책(免責)이 더욱 중시되어야 한다고 강조한다. 이러한 다산의 입장은 사회적 신분의 불평등이 법 적용에 있어서도 그대로 견지되는 것으로서, 공정성을 결여한 처결이다. 다산은 자신의 처결에 문제가 있다고 인식하지는 않았던 것으로 보인다. 다만 다산이 왕의 아버지인 고수의 살인죄에 대한 처벌을 논하면서 염려한 것은, 그가 존경했던 맹자의 권위가 손상되는 것과 법 적용상의 예외가 확산될 수 있다는 문제였다. 이 점을 고민한 다산은 다음과 같이 부언한다.

이며, 時中의 뜻이다."라고 한 南軒 張栻의 주장을 모두 비판하고 있다.(『여전5』, 권30, 「흠흠신서1」, '경사요의1'－'義親議貴之義', 9면 참조.)

30 『여전2』, 권6, 「맹자요의」: 曰舜爲天子, 皐陶爲士, 瞽瞍殺人則如之何, 曰不敢執.

살펴보건대, 맹자가 말한 것은 참으로 기록의 잘못이다. 그러나 맹자 시대에 살인에 관한 법이 엄중하였음을 볼 수 있다. 지금 귀족이 살인을 한 경우에 권세로 죽음을 모면하는 것은 천리(天理)가 아니다.[31]

순임금의 아버지 고수가 저지른 살인죄에 대해 순임금이 어떤 태도를 취해야 할지와 관련하여 맹자가 주장한 내용은, 실제적으로 맹자가 그렇게 말한 것이 아니라 그의 말을 기록한 사람들의 오류라고 규정함으로써 다산은 맹자의 권위를 훼손시키지 않으려고 노력하고 있다. 맹자는 살인죄에 대해서는 왕의 아버지라고 하더라도 신분에 상관없이 죄에 상응하는 처벌을 받아야 한다는 원칙을 견지하고 있지만, 다산은 왕과 관련해서는 법 적용상의 예외가 있어야 한다는 관점을 취하고 있다. 그러나 다산은 만일 왕이 아닌 귀족이 살인을 한 경우에는 귀족의 권세로 인해 살인죄가 모면될 수는 없다고 명시한다. 이 점에서 다산은 법 적용의 예외가 확산될 경우 유발될 수 있는 사회적 문제를 염려하여, 법 적용의 예외는 왕의 경우에 한하며, 그 외 고위의 사회적 신분을 가진 자의 경우에는 예외를 둘 수 없으므로 마땅히 그에 합당한 처벌을 받아야 한다는 입장을 취하는 것이다. 그러나 다산이 왕과 관련된 사안의 경우 법 적용을 달리해야 한다고 주장함으로써 그의 정의론에 불공정성의 문제가 있다고 평가받는 것은 불가피해 보인다.

31 『여전5』, 권30, 「흠흠신서1」, '경사요의1' – '義親議貴之義': 案孟子所言, 固是記錄之差, 然孟子之時, 殺人之法之嚴, 於此可見, 今世貴族殺人, 輒得以勢而免死, 非天理也.

4. 인륜(人倫)의 문제와 정의

다산이 정의에 대해 논의하는 초점 가운데는 인륜의 문제가 중요하게 자리하고 있다. 즉 인간관계에서의 도리 문제가 정의와 관련되어 의미 있게 논의되고 있는 것이다. 우리는 앞 장에서 공정과 정의에 대해 논급하면서, 순임금의 아버지인 고수가 살인죄를 저지른 데 대해 그 아들 순임금이 어떻게 처신해야 마땅한지에 대한 다산의 입장을 검토해 보았다. 이 논의에는 왕의 아버지의 죄를 처결함에 있어서 예외를 인정해야 할 것인가 하는 차별성의 문제가 존재하고 있지만, 여기에는 또한 부모에 대한 자식의 도리라는 인륜 문제도 개입되어 있다. 다산은 고수의 살인죄의 예에서는 1차적으로 왕의 아버지의 범죄 행위에 대한 처결이 일반 백성의 범죄에 대한 처결과 달라야 한다는 입장에 근거하여 결정하고 있음을 알 수 있다. 여기서 다산은 비록 왕의 지위를 특별하게 여긴 바탕에서 고수의 죄를 논했지만, 그는 처결 방안을 제시하고, 맹자·조기·장식 등의 주장을 비판하는 맥락에서 부자간의 도리, 즉 인륜의 문제를 일관되게 언급하고 있다.

정의를 어떻게 실현할 수 있는가 하는 문제에서 정의의 의미를 충족시키는 것도 인륜이지만, 다른 한편으로는 정의와 갈등적 양상을 초래하는 것 역시 인륜이 되기도 한다. 그렇다면 다산은 인륜 문제를 어떻게 정의와 연결해서 이해하고 있었을까? 이에 대해서는 먼저 함평 백성 안승렴이 박유재를 죽인 사건을 예로 들어 논해 보자. 다산은 이 사건에 대해서 매우 상세하게 기술하고 있는데, 안승렴이 살인을 하게 된 이유와 상황을 정리하면 다음과 같다.

어느 날 박유재가 술에 몹시 취해 심하게 욕을 하며 여러 어른과 아랫사

> 람을 비난하였으나 아무도 그를 제지하지 못했다. 이때 박유재의 무도한 행위를 참지 못한 안승렴이 그에게 세차게 주먹질을 해서 급소에 치명상을 입히고 발길질을 했다. 그러고는 사촌 안의윤과 함께 박유재를 사립문에 묶어 놓고 오줌을 입에 붓고, 나막신으로 머리를 때렸다. 이 과정에서 박유재의 생명이 위독해지자, 업어서 먼 곳으로 데려가서 버리니 그다음 날 박유재가 죽어 버렸다. 관리들이 이 사건을 조사하여 안승렴은 사형을 당하게 되고, 안의윤은 가벼운 처벌을 받게 되었다.[32]

안승렴이 강상(綱常)을 무시한 이웃사람을 살해한 이 사건을 관청에서 조사하여 임금에게 올린 보고서의 내용은 다음과 같다.

> (안승렴이) 능멸하고 학대하는 짓을 제멋대로 하였으니, 눈앞에 국법(國法)이 있다는 사실을 조금도 돌아보아 꺼리지 않고서 어떻게 이렇게 할 수 있겠는가? 이러함에도 불구하고 재조사를 하여 목숨으로 보상하지 않는다면, 시골 마을에서 위세나 무력(武力)을 써서 함부로 다른 사람을 억압하는 습속을 어떻게 징계하도록 권면할 수 있겠는가?[33]

관리들은 안승렴을 살인범으로 여겨 극형으로 다스리고, 안의윤은 안승렴의 살인 행위를 방조(傍助)한 것으로 보아 경미한 처벌을 하였다. 관리들은 안승렴과 안의윤의 행위를 국법을 존중하지 않고 벌인 패악(悖惡)으로 간주하고 있다. 여기서 안승렴에 대한 관리들의 처벌은 두 가지 의미를 갖는데, 첫째는 살인죄에 상응하는 대가를 부여하는 징벌적 의미이며, 둘째는 시골 마을에서 흔히 사람들이 위세나 무

32 『여전5』, 권36, 「흠흠신서7」, '詳刑追議9' – '豪强之虐', 29~31면 참조.

33 『여전5』, 권36, 「흠흠신서7」, '상형추의9' – '豪強之虐': 而恣行凌虐, 少無顧忌, 眼有國法, 寧容如是, 此而不考覆償命, 鄉曲武斷之習, 將何以懲勵.

력을 사용해서 다른 사람의 잘못을 응징하는 습속을 예방하기 위한 계몽적·예방적 의미이다. 첫 번째 경우는 정의의 차원, 즉 살인죄에 응분의 처벌을 가하는 정의의 구현으로 볼 수 있다. 이에 비해 두 번째 경우는 사람들의 잘못된 행위를 미리 막으려는 사회교화적 의미가 드러나고 있다.

다산은 안승렴 사건의 경위와 판결 전모를 언급하면서 다음과 같이 판단한다.

> 세상에 가장 얄밉고 죽여 없애야 할 것은 도리에 어긋난 포악한 백성이다. 박유재는 술에 취해서 길에서 마구 떠들고, 몇백 호의 큰 마을에서 마구 욕지거리를 하므로 윤리가 없는 자이다. 몇백 호의 큰 마을에서 어느 누구도 감히 나서서 한마디도 못하는 상황에서, 안승렴은 과거에 은혜 받은 일도 없었고 근래에 원한도 없었으나 다만 혈기가 발동하여 공공(公共)의 일로 여겨 한 마을을 위해 도리에 어그러진 흉악한 사람을 없애서 분풀이를 했으니, 이 또한 사람을 죽인 것이지만 의로운 행동이다. 다만 그 행동이 괴상망측하고 형벌이 사나웠으며 오물을 입에 넣었으니 이는 법에 어긋난 것이며, 나막신으로 머리를 때렸으니 이는 순전히 나쁜 버릇에서 나온 것이다. (안승렴은) 폭력을 폭력으로 다스렸고, 야만스러움을 야만스럽게 공격했으니, 마침내는 의로운 싸움의 뜻이 사라지고 살인사건이 되었다. 도리에 어그러진 백성이 저지른 잘못은 가려져서 빛을 잃었고, 시골에서 위세나 무력으로 함부로 억압하는 악습은 뚜렷이 빛을 발한 것이니, 이 점이 바로 안승렴이 죽게 된 까닭이다. …… 만일 안승렴이 마을 사람들을 불러 모아서 함께 박유재를 묶고는 관아에 신고해서 징계하기를 바랐다면 상책이었을 것이다. 그렇지 않으면 이장(里長)을 부르고 나무로 작대기를 만들어서, 노인들을 공개적으로 모이게 해서 때려 죽이게 되었더라도 또한 백성을 위해 해로움을 제거했다고 해서 죄가 반드시 죽기에는

이르지 않았을 것이니, 안타깝다. 왜 이 점을 강구하지 않았는가?[34]

다산은, 안승렴을 박유재라는 악인을 응징한 의로운 행위를 한 사람인 동시에, 의롭지 못한 행위를 한 패덕한 사람으로 간주한다는 것을 알 수 있다. 즉 안승렴을 의(義)와 불의(不義)를 함께 행한 사람이라고 규정하는데, 이 문제는 인륜의 문제와 직결된다. 안승렴은 박유재가 사람들에게 반인륜적 행위를 한 것을 응징했는데, 이것은 의로움이라고 할 수 있다. 공권력이 미치기 전에 여러 사람들이 모욕을 당하고 피해를 보는 것을 막은 안승렴의 행위는 정당화될 수 있는 근거를 가진다. 이 점만을 고려하면, 안승렴의 행위는 정의롭다. 그러나 안승렴이 박유재의 반인륜적인 행위를 제어함에 있어서 채택한 방식은, 세찬 주먹질로 급소에 치명상을 입히고, 사립문에 묶고는 입에 오줌을 붓고, 나막신으로 머리를 때렸으며, 죽어 갈 때 살리려고 노력하지 않고 오히려 먼 곳에 데려가 버린 것이다.

다산이 판단하기에, 안승렴이 폭력으로 정의를 실현하려고 한 점에 있어서는 그 의로움을 잃어버리는 결과를 초래했으니, 이는 곧 반인륜적인 행위를 다시 반인륜적인 행위로 제어한 것이다. 다산은 안승렴이 박유재를 제어하는 과정에서 '오물을 입에 넣고 나막신으로 머리를 때린 행위'가 반인륜적 악습에 해당한다고 보았다. 이러한 반인륜적 행위를 고려할 때, 안승렴을 재판하여 사형을 구형한 것은 마땅한 처분이지만, 만약 이러한 반인륜적인 행위가 없었다면 판결이 사형에 이르지는 않았을 것이라고 보았다. 이러한 다산의 입장에는, 인간을 대하는 유교의 기본적인 가치관이 반영되어 있음을 볼 수 있다. 비록 악한 사

34 『여전5』, 권36, 「흠흠신서7」, '상형추의9' – '豪强之虐', 30면 참조.

람을 응징하는 행위라고 하더라도 반드시 견지해야 할 기본적인 태도가 있다는 것이다. 악랄한 방식으로 악인을 응징한다면, 이 역시 하나의 반인륜에 해당하는 폭력과도 같다고 보는 것이다. 이러한 다산의 입장은 『논어』에서 계강자(季康子)가 "무도(無道)한 자를 죽여서 바른 길로 나아가게 한다면 어떻겠습니까?"라고 물은 데 대해, "정사(政事)를 한다면서 어찌 살인을 할 수 있겠는가?"[35]라고 한 공자의 입장과 맥락을 같이한다. 공자의 주장은 불의한 방법으로 정의를 구현하는 것은 적절치 않다는 것이다. 악인을 응징할 때 반인륜적 방법을 사용한다면 이 역시 새로운 악에 해당하므로 법은 중형으로 그 정의로움을 보여주어야 한다는 것이 다산의 생각이다. 악행을 한 사람을 죽인 죄를 사형으로 물은 판결을 정당하게 여기는 그의 관점은 반인륜의 문제에 대해 엄중한 책임을 부과해야 한다는 입장이다. 이러한 다산의 입장은 정의의 목적도 인륜이 되어야 하며, 인륜을 달성하는 과정과 수단 역시도 정의로워야 한다는 것이다.

다산은 정의의 문제를 논함에 있어서 인륜을 중시하는 입장과 관련된 또 다른 경우로 황해도 곡산부사 시절 겪은 일을 예로 든다. 다산은 이 내용에 대해 '인륜을 손상하는 그릇된 의리를 법으로 허용하면 안 된다.'는 소제목을 달고 있다. 이 사건은 남편을 죽인 자를 그 부인이 살해한 일종의 복수극에 해당하는 내용인데, 그 개요는 다음과 같다.

> 황해도 수안군의 창고지기 최주변은 민성주와 놀던 중에 민성주에게 칼로 찔려 결국 한 달 만에 죽게 되었다. 이에 최주변의 부인 안 씨가 민성주

35 『論語』, 「顔淵」: 季康子問政於孔子曰, 如殺無道, 以就有道, 何如, 孔子對曰, 子爲政, 焉用殺.

를 칼로 찔러 죽였다. 이 사건을 처음으로 조사한 초검관(初檢官)인 수안 군수는 최주변이 민성주에게 찔려서 죽었고, 이에 최주변의 부인 안 씨가 남편을 찌른 민성주를 살해한 것이므로 안 씨의 행위는 곧 열녀(烈女)의 행위로 표창해야 한다고 상부에 보고하면서, 안 씨를 죄가 없다고 여기고 석방하였다.[36]

다산은 재검관(再檢官)으로 이 사건을 조사하면서 안 씨가 죄가 없는지, 열녀가 될 만한지를 문제 삼았다. 다산은 "싸움과 장난은 선과 악의 마음가짐이 몹시 다르고, 찌르는 것과 때리는 것도 범행이 급소인가 아닌가에 따라 차이가 많은데, 이 두 가지 일로 하여 그 원수를 갚아야 할 것인가 아닌가, 그 사람을 마땅히 죽여야 할 것인가, 죽임이 부당한가로 판가름 난다."[37]라고 주장하면서, 그 사건과 관련된 사람들의 행위 동기와 양상을 정확하게 살피기 위해 전면적인 재조사에 들어갔다. 다산이 조사한 결과, 민성주가 최주변을 찌른 행위는 살해 동기를 가지고 치명적인 상해를 입힌 것으로 보기 어렵다고 판단했다. 즉 다산은 민성주가 날카롭지 않은 칼로 최주변의 발을 찔러서 상처를 냈으며, 최주변이 그날 이후 한 달 가까이 건강하게 일했다는 사실을 확인했다. 다산은 최주변이 상처 치료를 소홀히하여 병을 악화시킴으로써 사망에 이르게 되었다고 보았다. 그리하여 다산은 최주변의 직접적인 사인(死因)은 민성주가 칼로 찌른 것이 아니라고 결론지었다. 다산은 억울한 피해자가 생겨서는 안 된다는 신념에 따라 『무원록(無冤錄)』의 실증적인 증상 분석을 꼼꼼하게 연구·검토하면서, 최주변이 사망에 이르게

36 『여전5』, 권39, 「흠흠신서10」, '剪跋蕪詞1'－'遂安郡崔周弁覆檢案跋詞', 11~14면 참조.
37 『여전5』, 권39, 「흠흠신서10」, '전발무사1'－'遂安郡崔周弁覆檢案跋詞': 其鬪其戲, 用意之善惡判異, 其刺其打, 下手之緊歇懸殊, 卽此二事, 其讎之當報與不當報, 其人之當死與不當死判焉.

된 직접적인 원인이 칼의 쇳독이라는 부인 안 씨의 주장은 불합리하다고 판정하게 된 것이다.

그렇다면 안 씨가 남편의 원수를 갚은 행위는 어떻게 보아야 할까? 다산은 의로운 복수에 대한 기본적인 입장을 다음과 같이 표명하고 있다.

> 부인이 남편의 원수를 갚는 것은 삼강(三綱)과 오상(五常)의 큰 뜻에서 나온 것이므로 기특한 일이 아닐 수 없고, 절조 높은 일이 아닐 수 없다. 원수라는 것은 원망스런 상대를 일컫는 것인데, 원망스런 상대도 여러 등급이 있다. 만일 민성주의 범행이 반드시 죽이려는 마음에서 나왔고 칼로 몸을 찌른 곳이 반드시 죽는 곳이라면, 부인 안 씨가 칼을 품고 원수를 갚은 것은 어찌 어진 부인의 빛나는 일이 아니겠는가?[38]

다산은 민성주의 행위가 의도적으로 살인하려는 행위도 아니며, 특히 그 행위 자체가 살인으로 이르게 한 직접적인 원인도 아니라고 판단하고 있다. 이에 다산은 '안 씨의 범행은 도리에 어긋난다.'고 규정한다. 즉 민성주를 죽인 안 씨의 행위는 도리에 합당한 열녀의 복수 행위가 아니라, 살인죄에 해당한다는 것이다. 다산은 안 씨의 살해 행위를 특히 엄중하게 여겨야 한다고 주장하는 근거를 다음과 같이 언급하고 있다.

> (최주변이 칼에 찔린 후에) 다행히 죽지 않았다면 그저 한번 웃고 끝날 일에 불과했기 때문에, 한 달쯤 고생을 했으나 참고 낫기를 기다리면서 관

---

38 『여전5』, 권39, 「흠흠신서100-」, '전발무사1' – '遂安郡崔周弁覆檢案跋詞': 妻復夫讎, 出於綱常之大義. 其事非不奇矣, 其節非不高矣, 讎者, 怨耦之稱也, 怨耦, 亦有多等, 若使成柱之犯手, 出於必殺之心, 而刀刃之著體, 在於必死之處, 則安召史之懷刃報仇, 豈非烈烈賢婦之哉.

아에 고발하지 않다가, 불행히도 죽게 되자 이에 날카로운 칼로 민성주의 목을 찌르고 다듬이 방망이로 머리와 얼굴을 어지럽게 내려쳤으니, 손놀림의 신속함과 다친 흔적의 잔인하고 악독함은 최주변이 다친 것보다 백배나 더하다.[39]

여기서 다산은 안 씨가 민성주를 죽인 방식이 특별히 잔인하고 악독한 데 주목하고 있다. 안 씨가 민성주를 죽인 것은 안 씨 스스로 남편의 원수를 갚는다는 정의의 행위 맥락에서 일어난 일이지만, 사실은 그 정의의 명분도 성립할 수 없으며, 또한 그 살해 방식도 인륜에 어긋나는 무도(無道)한 것이었다는 점에서 다산은 안 씨의 행위가 부당하다고 주장한다. 다산은 안 씨가 민성주를 살해한 방법상의 잔인함은 그의 남편 최주변이 당한 것보다 백배나 더하다고 할 정도로 악독했다고 지적하는데, 이는 응분의 복수라는 정의의 범주를 넘어서는 것이라는 점에서도 결코 사회적으로 용납되어서는 안 될 패덕(悖惡)이라고 본 것이다. 그러므로 다산은 복수를 빙자한 안 씨의 잔악하고 부당한 행태를 불의하다고 여기면서 "(안 씨처럼 잔혹하게 복수하는) 이러한 행위의 흉포함은 윤리적 이치에 더욱 어긋난다."[40]고 강조한다.

다산은 인륜을 해친 자를 징벌하는 정의가 이루어지려면 그 요건이 엄격하게 성립하여야 하며, 설령 그 복수가 정당화될 수 있다고 하더라도 그 방식이 인륜에 어긋나서는 안 된다고 주장한다. 즉 다산은 그가 절실히 희구했던 정의의 확산이 단지 인정에 호소해서는 안 된다고 보았던 것이다.[41] 이 점에서 다산은 정의로운 판결을 내려 백성들의

39 『여전5』, 권39, 「흠흠신서10」, '전발무사1' – '遂安郡崔周弁覆檢案跋詞', 13면 참조.
40 『여전5』, 권39, 「흠흠신서10」, '전발무사1' – '遂安郡崔周弁覆檢案跋詞', 14면 참조.
41 김호, 『정약용, 조선의 정의를 말하다』, 52쪽 참조.

억울함을 해소해 주기 위해서는 정확한 실증적 조사를 기반으로 하면서 관리들의 부주의와 법지식의 결여로 인한 판결의 오류를 최소화해야 한다고 생각했다. 그리고 다산은 당시 조선 사회의 열녀 추앙의 사회적 분위기에서 세세한 검토나 검증 없이 인륜이라는 명분으로 혹은 인정에 치우쳐서 남편의 죽음에 대해서 자의적(恣意的)으로 무도(無道)하게 행한 복수를 정의라는 이름으로 허용해서는 안 된다고 강조한 것이다.

5. 정의론의 특성과 윤리적 의미

다산은 인간의 보편적 존엄성을 현실적으로 담보하는 것은 기본 권리의 보장에 있다고 인식한다. 이러한 인간 존엄성에 근거한 다산의 정의론은 유학의 가치관을 뚜렷이 반영하고 있으며, 또한 한편으로는 조선 사회라는 시대적 지평이 안고 있는 한계 상황에서 그 문제를 극복하려는 의지를 표출하고 있다고 할 수 있다. 즉 다산의 정의론의 특성은 인간의 가치를 존중하면서 백성들의 기본 권리 문제를 직시한 점, 인륜(人倫)을 중시하는 정의 관념을 현시한 점, 왕권(王權)과 관련된 정의 문제에서 일정한 차별성을 인정한 점, 그리고 복수(復讐)에 대한 사적(私的) 용인과 같은 점에서 드러나고 있다. 이에 대해 상론하면 다음과 같다.

첫째, 다산의 애민(愛民)의 정의론은 관리를 비롯한 지배계층의 권리 문제에 집중하기보다는 일반 백성들의 민생과 권리 그리고 차별성의 문제에 초점을 두고 있다. 다산에게 있어서 애민은 백성들의 인간적 존엄성을 확보해 주는 것인데, 그는 요순(堯舜) 이래로 성현들이 경계한 바가 바로 소민(小民)을 보호하려는 것이라고 주장하면서,[42] 백성들이 현실적으로 봉착하고 있는 생명·재산·신분상의 억울한 피해와 차별에 주목하며 이것을 해결하기 위해 노력한다. 다산의 애민의 정의론은, 조선의 문화가 공동체주의적인 특성이 뚜렷하여 사회 안정을 위해서 개인의 권리가 경시되는 문제점을 직시한 입장이라고 볼 수 있다. 사회의 안정이란 사회 지배층이 지도하는 기존 질서의 공고화를 지향하기에, 사회질서의 견고함을 목적으로 한 규범의 요청은 일반 백성들의 기본 권리를 침해할 수 있다. 이 점에서 다산의 애민의 정의론은 사회적 지위가 열악한 일반 백성들의 존엄성을 각성하고, 개인의 기본적인 권리를 확보해 주는 공정성의 문제를 중요하게 다룬다. 다산이 인간의 존엄성에 입각하여 개인의 권리를 실제적으로 보장하려 한 핵심 초점은 생명권에 있다. 이 점에서 다산은 일반 백성들이 송사(訟事)에서 억울하게 생명을 잃는 경우를 특별하게 문제 삼았다. 다산은 당시의 유교 지식인들이 법에 대해 제대로 몰라서 백성들이 억울하게 피해를 당하는 경우가 적지 않다고 생각했다. 따라서 다산은 유교 지식인들의 사회정의에 대한 인식을 고양해야 할 필요가 있다고 보았다.[43] 다산은 특히 생명권을 박탈하는 형사적 판결에서 법에 대한 관리들의 지식 부족, 법 적용과 집행상의 불공정과 부조리, 사대부들의 권세와 권위로 인해 일반 백성들이 당하는 억울함을 해결하기 위해서 애민의 정의론을 주장했다.[44] 다산은 '사람의 생명은 천에 달려 있다.'는 입장에 의거하여, 관

42 『여전5』, 권18, 「목민심서」, '奉公六條' - '文報', 13면 참조.

43 박홍규, 「〈흠흠신서〉 다시 읽기 - 정약용의 법문화론적 법인식과 그 한계」, 『민주법학』 제51호, 민주주의법학연구회, 2013. 3., 265쪽 참조.

44 다산은 「목민심서」에서 백성들이 억울함을 호소할 수 있는 길을 확실하게 열어 주어야 한다고 주장하면서, 백성들이 소송을 통해 그들의 고충을 해결하지 못하는 이유 세 가지를 제시하고 있다. 그것은 不正한 일이 권세 있는 관리와 연관되어 있는 경우가 많으므로 백성들이 억울한 일을 말하지 못하는 것, 백성들이 글을 몰라

리들이 일반 백성에 대해 사형(死刑)과 같은 생명 박탈적 처결을 할 때 억울함이 없도록 엄중하고 합당하게 해야 한다고 강조했다. 이 점에서 다산은 특히 신분이 가장 미천한 계층인 노비들이 관리들에 의해 억울하게 죽임을 당하는 인권 문제도 공정성의 관점에서 제기하고 부당한 처결을 비판했다.

둘째, 다산의 정의론은 의(義)와 인(仁)을 함께 고려한 입론이다. 의와 인이 고려된 다산의 정의론의 입장은 '빚[債]'에 대한 그의 생각에서도 엿볼 수 있다. 다산의 정의론에 있어서 인간의 생명 문제에 대처하는 입장이 엄격성, 정당성 그리고 자애성(慈愛性)을 토대로 하고 있듯이, 채대(債貸) 즉 금전이나 곡식을 빌리고 갚는 데에도 정당성과 함께 관용이 중시되어야 한다고 다산은 주장한다. 그는 "채대에 관한 송사는 마땅히 융통성이 있어야 할 것이니, 때로는 엄중하게 빚을 독촉해 주기도 하고 때로는 자애롭게 빚을 덜어 주기도 할 것이며, 굳이 원칙만 고집할 것이 아니다."[45]라고 언급하고 있다. 빚 문제를 해결하는 데 있어서 가장 중요한 것은 '원칙' 즉 채권과 채무 관계의 분별에 따른 정당한 해결이지만, 다산은 특별히 고려해야 할 점으로 가난한 백성들의 빚을 은혜롭게 덜어 주는 '관용' 즉 인(仁)을 강조한 것이다. 이것은 재산권자의 재물 소유권을 소홀하게 여기는 관점이 아니라, 빚을 지게 되는 대다수, 즉 가산(家産)이 부족하여 생활이 쪼들리는 일반 백성의 입장을 고려한 유가적(儒家的) 인(仁) 정신의 발현이라고 할 수 있다.[46] 이는 다산

서 고소장을 직접 작성할 수 없는 것, 그리고 소송이 벌어지는 재판정에서 소송 상대방이 되는 아전이나 권세가들의 협박으로 인해 기세에 눌려서 백성들이 억울함을 제대로 호소할 수 없는 것이다.(『여전5』, 권24, 「목민심서」, '형전육조' – '聽訟上', 16~19면 참조.)

45 『여전5』, 권24, 「목민심서」, '형전육조' – '聽訟下': 債貨之訟, 宜有權衡, 或尙猛以督債, 或施慈以已債, 不可膠也.

46 다산의 정의론을 義와 仁이 공히 중시되는 입장으로 규정하는 필자의 논점은, 그간

의 정의론이 근본적으로 죄의 엄중한 처벌만을 염두에 둔 것이 아니라, 사람들이 도리를 다하면서 생업을 누릴 수 있도록 하는 인간다운 삶의 보장을 지향하고 있음을 보여 준다.

셋째, 다산은 왕의 지위가 일반 백성과는 다르다는 점에 입각하여, 왕에 대해서는 법 적용상의 예외를 용인하는 차별적인 입장을 표명하고 있다. 다산은 근본적으로 조선을 왕권사회로 보고 왕의 초월적 지위와 권리를 인정하는 입장에 선다. 「목민심서」나 「흠흠신서」 역시 유교사회의 계층구조를 인정한 바탕에서 구축된 법의식에 근거하고 있다. 예를 들면 다산은 「목민심서」에서 사회 질서의 근본인 법을 왕의 명령으로 간주함으로써, 왕을 규범적 질서의 원천이라고 인식한다. 이러한 맥락에서 다산은 왕을 절대시하는데, 이 관념은 왕과 관련된 문제는 일반 백성들의 경우와는 다르게 처리해야 한다는 차별적 의식을 드러내게 된다. 우리는 앞에서 다산이 순임금과 그 아버지 고수의 살인죄를 다루면서 '왕의 아버지를 처벌할 수는 없다.'는 결론을 내린 것을 보았는데, 이는 왕의 권리가 사실상 초법적(超法的)임을 인정한 것이라고 할 수 있다.[47] 이 점은 다산이 직분 혹은 신분에 따라 도리가 다를 수 있다

다산의 법사상의 본질이 法家的 엄정함이라고 주장해 온 여러 연구의 입장과는 다른 맥락이다. 필자의 입장과 같은 기조에 서 있는 백민정은 다산이 刑과 禮의 관계에서 오히려 예를 중점으로 삼고 있다고 주장하면서, 다산의 입장을 '禮主刑補'라고 규정하고 있다.(백민정, 「정약용의 형법사상에 반영된 禮와 德治의 문제의식」, 『한국실학연구』 제28권, 한국실학회, 2014, 274쪽 참조.)

47 그러나 김호는, 다산이 왕의 아버지와 관련된 범죄행위를 처벌함에 있어서 예외를 '명확하게' 인정한 것은, 조선 후기에 왕실의 외척과 고위 관료 등 많은 권세가들이 예외적인 지위를 누려야 한다고 주장함으로써 법적 정의가 문란해지는 경향이 있었으므로 이를 해결하기 위한 방편으로 왕에 대한 법적 예외만을 분명하게 제시한 것으로 해석하고 있다.(김호, 『정약용, 조선의 정의를 말하다』, 325~326쪽 참조.) 이러한 김호의 해석은 새길 만한 의미가 있다고 하겠다. 그러나 왕에 대한 법 적용의 예외성을 용인한 것 그 자체는 공정성 문제와 관련한 다산의 입장에 차별성을 전제하는 의식이 내포되어 있음을 드러내는 것이다.

는 유가 전통의 의(義) 관념에 충실한 연유라고 해석할 수 있을 것이다.

넷째, 다산은 정의를 주장하면서 사적(私的)인 복수(復讐)를 용인하고 있다. 당시 조선 사회에서는 사적 복수가 광범위하게 용인되고 있었는데, 다산 역시 '원수를 죽일 수 있으면 그를 죽여 하늘을 같이하지 아니한다.'고 하면서 복수를 정당화하고 있다.[48] 물론 다산은 복수의 대상이 되는 사람은 응분(應分)의 대가를 받아야 할 정확한 대상이어야 한다고 강조한다. 즉 다산은 '의살(義殺)은 복수하지 못한다.'는 입장에서 죽임을 당한 자가 대악(大惡)·불효(不孝)를 저질렀거나 패역(悖逆)·음란한 자라면 복수할 수 없다고 함으로써 인륜에 어긋나는 행위를 한 사람을 사적으로 응징하는 복수만을 인정하고 있다. 이 점에서 보면, 다산의 복수관(復讐觀)은 사적인 복수가 이루어지는 사회적 상황을 염려한 측면도 있다고 하겠지만, 여전히 전통에 의거하여 사적(私的)인 복수를 용인하는 입장을 견지하고 있음을 알 수 있다.[49]

다산의 정의론의 근본적인 문제의식은 인간의 존엄성에 대한 각성에 근거한 인권의 존중에 있다. 즉 다산의 정의론은 인간의 가치 존엄성에 대한 인식을 토대로 인간의 생명권을 포함한 기본적인 권리가 정당하게 구현될 수 있도록 지향한 입론이다. 다산은 사회적 정당성과 공정성에 대해 성찰하면서 소외된 사람들이 겪는 차별과 피해의 극복 문제를 모색하였다. 이 점에서 다산의 정의론은 열악한 사회적 조건에 처한 사람들의 생명과 재산이 부당하게 위해(危害)당하지 않고, 삶을 안정적으

48 다산의 이러한 복수 정당화에 대한 입장은 유가들이 견지해 온 오랜 전통에 입각한 것이다. 예를 들면『예기』「檀弓上」에는 공자가 부모·형제·친구의 원수에게 복수할 수 있다고 주장하는 내용이 실려 있으며,『맹자』「진심하」에도 부모·형제를 죽인 자에게 복수할 수 있다는 맹자의 주장이 언급되어 있다. 이와 같이 유가 전통에서는 제한적인 범위 내에서 복수가 허용되어 왔으며, 다산 역시 이러한 입장에 근거하고 있다.

49『여전5』, 권30,「흠흠신서1」, '경사요의1'-'義殺勿讎之義', 7면 참조.

로 영위할 수 있도록 지향하는 애민(愛民)의 정의론이라고 할 수 있다. 이것은 법을 지배하고, 일반 백성들에게 강력한 권세와 권력을 행사해온 지배층의 행태에 대한 비판을 통해서, 조선의 신분제적 질서의 폐단을 지적하고, 일반 백성들이 부당하게 겪는 삶의 고충과 인간적 존엄성의 문제를 해결하려 한 입장이다.

또한 다산은 인륜의 문제를 정의론과 연관시켜 논함으로써, 정의의 실현과정에서 인간의 기본 도리와 규범을 매우 중시한다. 이는 다산이 정의를 주장하면서 지향한 이상(理想)은 엄격한 법가적(法家的) 질서의 구축이 아니라, 윤리 문제에 대한 각성을 바탕으로 인간다운 삶을 영위할 수 있는 인륜(人倫)사회 건설에 있었다고 할 수 있다. 이 점에서 인륜은 다산의 정의론의 핵심적인 토대가 되고 있는데, 그가 정의라는 관점에서 사적(私的) 복수를 용인하기도 하고, 복수가 자행되는 사회적 실상의 문제점을 비판하기도 한 준거 역시 인륜에 있을 정도로 정의와 인륜은 긴밀한 연관성을 갖는다.

다산의 정의론은 본질적으로 조선 사회가 현시하고 있는 사회적 약자와 소외된 사람들의 인권의 실상을 비판하고, 그 개선을 문제 삼았다는 점에서 중요한 의미가 있다. 즉 그의 정의론은 비록 시대적인 제약을 내포하고 있기는 하지만, 인권의 강조 등을 통해 사회 진보를 지향한 가치 있는 입론이라고 평가할 수 있다.

제9장

불교사상 비판의 논점과 윤리적 특성

제9장

불교사상 비판의 논점과 윤리적 특성

불교 심성론 비판과 심성의 선악 문제 • 불교 수양론 비판과 행사의 문제 • 불교 윤리관 비판과 유교윤리 • 불교사상 비판의 특성과 불교 친화의 양상 • 불교사상 인식과 비판의 윤리적 특성

다산은 유학자들이 이단사상(異端思想)으로 간주하면서 경계했던 '불교사상(佛教思想)'에 대해서 어떠한 입장을 취했으며, 그 윤리적 특성은 무엇인가? 본 장에서는 이 의문에 대해 해명하고자 한다. 즉 불교사상에 대한 다산의 입장과 그 논점의 윤리적 특성을 탐구하려는 것이다. 다산은 불교사상을 하나의 주제로 분류하여 집중적으로 논하지 않고, 단지 산발적(散發的)이고 소략(疏略)하게 언급하고 있다. 다산의 저작(著作)에는 불교사상에 대한 체계적 논의가 보이지 않는다는 점은 그의 불교사상을 연구하는 데 있어서 난점으로 작용한다고 할 수 있다. 이러한 어려움을 반영하듯이 연구자들 중에는, 다산을 '경사(經師)이면서 선사(禪師)'라고 규정하는 사람도 있고,[1] 다산이 '불교를 이단(異端)으로 간주하였다.'고 주장하는 사람도 있다.[2] 이렇

1 다산학연구원 편, 『이을호전서2』, 예문서원, 2000, 552쪽 참조.

2 오경후, 「朝鮮後期 佛教史 撰述과 '大東禪教考'」, 『韓國思想과 文化』 제35집, 한국사상문화연구원, 2006. 12., 102쪽 참조.

게 불교에 대한 다산의 입장을 상이하게 보는 연구자들이 있다는 것은 그의 불교윤리사상을 더욱 심도 있게 탐구해야 할 필요가 있다는 것을 암시한다.

본 장에서는 다산의 시문(詩文)에 나타나 있는 불교에 대한 정서나 「대동선교고(大東禪教考)」에 드러나 있는 것과 같이 불교를 우리나라의 전통 역사와 문화의 일부로 인식하는 그의 입장에 대해 본격적으로 주목하려는 것이 아니라, 그의 '불교사상'에 대한 입장을 중점적으로 논하고자 한다. 따라서 본 장에서는 다산이 불교사상에 대하여 견지하고 있는 비판론의 특성을 불교 심성론·수양론·윤리관을 중심으로 해명하고자 한다. 이 탐구과정에서 주자학과 불교사상에 대한 다산의 입장을 상관적으로 논할 것이며, 또한 불교사상에 대한 다산의 윤리적 입장을 해명할 것이다. 그리고 다산의 불교사상에 대한 비판론을 '불교'에 대한 친화(親和)의 양상과 관련해서도 검토할 것이다.

1. 불교 심성론 비판과 심성의 선악 문제

다산은 불교사상의 심성론은 유학의 심성론과 본질적으로 차이가 있으며, 또 주자학의 심성론 형성에 영향을 미침으로써 유학의 심성론을 굴절(屈折)시킨 측면이 있다고 지적한다. 다산은 맹자의 심성론이 유학의 정통적 심성론이라고 보고, 주자학의 심성론은 많은 측면에서 맹자의 심성론에서 이탈했다고 간주하면서 이의 비판에 주력하는데, 이 맥락에서 불교 심성론의 문제가 적지 않게 논의된다.

다산은 주자학 심성론에서의 '본연지성(本然之性)'의 내원(來原)을 거론하면서 불교사상을 문제 삼는다.

> 본연지성(本然之性)이란 말은 원래 불서(佛書)에서 나온 것으로, 우리 유학의 천명지성(天命之性)과는 얼음과 숯불처럼 서로 섞일 수 없는 것이니, 말할 바가 못 된다.[3]

다산은 성에 대한 불교사상과 유학사상의 입장이 판연히 다르다고 강조한다. 그는 본연지성과 천명지성의 개념을 대비하여, 본연지성은 불가(佛家)의 영향을 받은 성 개념으로, 천명지성은 유가(儒家)의 고유한 성 개념으로 간주한다. 다산은 "천(天)이 명(命)한 것을 성(性)이라 하고, 성을 따르는 것을 도(道)라고 한다. 그러므로 성이 하나이면 도(道)도 하나이다. 성의 근본은 천에 있다."[4]라고 함으로써, 성은 천[上帝]으로부터 부여된 것이기에 '천명지성'이라 함이 타당하다고 주장한다. 다산이 상제와 관련시키면서 지지하는 천명지성 개념은 주자학자들의 본연지성과는 그 의미가 다르다. 그러므로 불교에서 연원한 본연지성의 개념을 주자학자들이 즐겨 쓰고 있으나 그 함의(含意)가 유가의 정통적 성론과 다르며, 또 옳지도 않다는 것이다. 다산은 "오정(吳程)이 본연(本然)에 대해 말한 것이 있다. 그러나 본연이라는 명칭은 본래 『능엄경(楞嚴經)』에서 나온 말이다."[5]라고 주장한다. 본연지성에 있어서 '본연'이라는 명칭의 유래가 불교의 『능엄경』이라고 함으로써[6] 다산은 주자학의 심성론의 중심 개념인 본연지성이 불가의 경전에 근거한 것임을 지

3 『여전1』, 권16, 「자찬묘지명」: 本然之性, 原出佛書, 與吾儒天命之性, 相爲氷炭, 不可道也.

4 『여전2』, 권5, 「맹자요의」: 天命之謂性, 率性之謂道, 故一性則一道, 性之本在天也.

5 『여전2』, 권5, 「맹자요의」: 吳程有本然之說, 然本然之名, 本出於楞嚴經.

6 『楞嚴經』은 禪宗의 所依經典으로서, 그 진술방식이 비교적 구체적이면서도 단편 중심이어서 조선의 승려들은 물론 儒家들도 많이 읽었는데, 특히 본연의 심성인 如來藏에 대해서 구체적으로 언급한 것이 많다. 즉 이 경전에서는 여래장을 '眞見', '妙明', '眞性' 등으로 다양하게 지칭하면서, 모든 법의 근본이 되는 심성에 대해 설명하고 있다.

적하였다.

다산은 또 맹자의 성선(性善) 개념을 중심으로 불교와 유학의 성을 비교한다.

> 불가에서는 명심견성(明心見性)이라고 하여 그 천언만어(千言萬語)가 모두 이 성을 찬미했으나 그 본의는 맹자의 성선설과는 매우 다르다. 저들이 말한 것은 본체의 허령기묘(虛靈奇妙)한 것이고, 맹자가 말한 것은 선을 좋아하고 악을 싫어하는 것이, 물이 아래로 내려가는 것과 같다는 것이다. 어찌 취지가 같은 말이겠는가?[7]

불교에서 '견성(見性)'은 본연의 성을 본다는 것이며, 이 성은 인간에게 본유적(本有的)으로 갖추어져 있는 '실체적 선(善)'이라고 해석하는 것이 불교의 성에 대한 다산의 입장이다. 다산은 불교에서의 성이 본체를 의미한다고 규정하기에, 불교의 심성론은 유가 심성론의 정통인 맹자의 그것과는 판연히 다르다고 비판한다. 즉 맹자의 입론에 의거하면 성선(性善)은 낙선치악(樂善恥惡)의 기호(嗜好)로서, 비실체적 경향성의 의미를 가질 따름이다. 그러나 불교에서의 성은 이미 마음에 본체로 갖추어진 실체적 의미를 갖는 것이므로 비실체적인 경향성을 의미하는 맹자의 성론과는 다르며, 이 점에서 옳지 않다는 것이다.

다산은, 주자가 맹자의 성론을 해석한 것은 '결정론적(決定論的)인 것'으로 성을 규정하는 입장이라고 단언하고 그 부당함을 지적하였다. 다산은, 맹자의 성론의 핵심은 '성은 마음의 기호(嗜好)'라는 것이므로 성

---

7 『여전2』, 권5, 「맹자요의」: 佛家號爲明心見性, 其千言萬語, 皆所以贊美此物, 然其本意, 與孟子性善之說, 相去萬里. 彼所言者, 本體之虛靈奇妙也, 此所言者, 謂其能樂善恥惡, 如水之就下也, 豈同趣之言乎?

이란 선이나 악으로 고정되고 결정된 것이 아니라 단지 선을 좋아하고 악을 싫어하는 성향과 같다고 규정한다. 비유하자면 이는 마치 '물이 아래로 흐르는 것'과 같은 성향이라고 할 수 있다는 것이다. 성을 기호로 보는 다산의 입장에서는, 마음을 밝게 해서 실체적 성을 보기만 하면 부처가 될 수 있다는 불가의 심성론은 타당하지 않다. 다산이 주자학의 본연지성 개념을 불교의 성론과 관계 지으면서 비판하는 것은, 도덕 선천성의 결정론적 입장을 거부하는 맥락에 근거한다. 이 점에서, 다산의 불교 심성론 비판은 단지 불교 논리 자체의 문제에 한정되는 것이 아니라, 주자학의 문제점을 지적하는 맥락에서 운위되는 측면이 많다고 할 수 있다.

다산은 또 불교의 심성(心性)에서의 선악(善惡) 문제를 '청정(淸淨)'과 '기혈(氣血)'의 개념을 중심으로 비판한다.

> 불씨(佛氏)는 '여래장성 청정본연(如來藏性 淸淨本然)'(『능엄경』)이라고 했다. 이는 본연의 성이란 순선무악(純善無惡)하여 터럭만 한 찌꺼기도 없고 맑게 빛난다는 것이다. 그러나 특히 기혈(氣血)에 의해서 본연이 물들게 되므로 죄악에 빠지게 된다고 한다. 송대(宋代)의 여러 선생들은 모두 이 불설(佛說)을 따랐다. 그러나 만약 우리들의 영체(靈體)를 기호로서 논한다면 낙선치악(樂善恥惡)하고, 권형(權衡)으로서 논한다면 가선가악(可善可惡)해서 위태롭고 불안하다. 어떻게 순선무악하다고 할 수 있겠는가?[8]

8 『여전2』, 권2, 「심경밀험」: 佛氏謂如來藏性, 淸淨本然[楞嚴經], 謂本然之性, 純善無惡, 無纖毫塵滓, 瀅澈光明, 特以血氣新薰之故, 陷於罪惡, 有宋諸先生皆從此說, 然吾人靈體, 若論其嗜好, 則樂善而恥惡, 若論其權衡, 則可善可惡. 危而不安, 惡得云純善而無惡乎?

다산은 여래장(如來藏) 개념을 통하여 불교에서 운위하는 청정과 본연의 의미를 검토하고, 이를 선악과 관련해 논하고 있다. 화엄종(華嚴宗)의 불성론에서는 불성을 '여래장 자성청정심(如來藏 自性淸淨心)'으로 보는데, 이 청정심은 제법(諸法)의 본원을 의미한다. 이 불성론에 따르면 중생과 부처의 차이는 단지 청정심을 깨닫느냐 깨닫지 못하느냐에 있다. 즉 세속의 범부들 역시 부처와 마찬가지로 이 청정심의 체현이지만, 망집(妄執)을 일으켜 청정심을 깨닫지 못하기 때문에 중생이 된다는 것이다.[9] 이러한 여래장 자성청정심의 입장에서는 성불(成佛)의 관건이 '반관심성(返觀心性)', '각심(覺心)'에 있다. 다산은, 불가에서는 이 자성청정심을 오로지 선하다고 보기 때문에 악을 저지르는 계기를 전적으로 기혈(氣血)에 귀속시키게 된다고 비판한다. 기혈을 악의 근원으로 보는 이러한 불가의 설은 주자학자들에게 그대로 수용되어 기질을 악의 유발 근원으로 인식토록 하였다는 것이다.

그러나 다산은 마음이라는 영체(靈體)는 기호(성)와 권형(權衡)의 측면에서 각각 낙선오악(樂善惡惡), 가선가악(可善可惡)하다고 할 수 있으므로 심성을 선(善) 결정적인 본체로 규정할 수 없다고 본다. 성은 의지에 따라서 다양하게 발현될 수 있는 성향으로 이해해야만 한다. 그러므로 인간에게 악을 가능케 하는 것은 마음에서 유발된다고 다산은 강조한다. 즉 다산은 "큰 악과 사특한 것이 마음에서 일어나서 식색 안일(食色 安逸)과 전혀 상관없는 것이 있으니 이 같은 것은 장차 누구를 탓하겠는가?"[10]라고 함으로써, 마음과 악의 관련성 문제를 부각시킨다. 가령 도학(道學)이나 문장(文章)을 가지고 스스로 높은 체하

9 賴永海 저, 金鎭戊 역, 『佛教와 儒學』, 운주사, 1999, 70쪽 참조.

10 『여전2』, 권2, 「심경밀험」: 有大惡巨慝, 起於自心, 而與食色安逸, 絶不相涉者, 若是者, 將焉咎之?

는 사람이 있어, 그를 칭찬하면 좋아하고 비난하면 성내는데, 이것은 기질과 관계가 없다는 것이다. 그러므로 다산은 불교에서 마음이 온전히 선하다고 주장하는 것은 오류라고 강조한다. 이에 다산은 "'허령(虛靈)한 것은 순선(純善)하므로 악을 할 리가 없다.'는 것은 불씨(佛氏)의 말이다. 오직 성만이 순선하고 나머지는 그렇지 않다."[11]라고 지적한다.

다산이 "내가 불서(佛書)를 보니 천언만어(千言萬語)가 모두 심체(心體)의 아름답고 좋은 점을 찬탄하였는데, 우리 유가에는 이런 법이 없다."[12]라고 언급한 것은 유가와 불가의 심성론의 차이를 지적한 것이다. 본래의 심성을 더러움에 물들지 않고 차별도 짓지 않는 것으로 규정하고 이를 직관하기만 하면 부처가 될 수 있다고 보는 선불교(禪佛教)는 유교윤리와 본질이 다른 사상이라고 다산은 인식한다. 그가 지적하는 바와 같이 분명히 선불교와 유교의 윤리사상은 다르다. 그런데 앞에서 본 것처럼 다산은 '불교에서는 본연의 성을 순선(純善)하다.'고 규정하고 있다. 그러나 불교의 청정성은 '선(善)'이라고 단선적으로 개념화될 수 있는 것이 아니다. 불교에서 말하는 자성 청정심은 본래 선악의 이원적 대립성(二元的 對立性)을 넘어서는 것이다. 다산이 불교의 심성론을 비판하면서 이 청정한 본연의 성품을 '선'이라고 단정하는 것은 선악 이원(二元)의 상대주의에 근거하여 불교의 성론을 규정한 입장이라고 할 수 있으므로 엄밀하게 본다면 이는 불교사상의 본질과는 결이 다른 주장이라고 볼 수 있다.

---

11 『여전2』, 권2, 「맹자요의」: 凡以虛靈之體, 謂純善無可惡之理者, 佛氏之論也, 惟性純善, 餘不然也.

12 『여전2』, 권6, 「맹자요의」: 余觀佛書, 其千言萬語, 皆贊歎心體之美好, 吾家無此法也.

2. 불교 수양론 비판과 행사(行事)의 문제

다산은 불교의 심성론적 문제가 불교 수양론의 문제로 그대로 직결되고 있다고 본다. 수양론은 심성의 본질·조건·능력에 관한 입장에 따라 구체적인 이론과 방법이 구조화된다고 할 수 있는데, 이 점에서 유학과 불교의 수양론은 심성론의 특성과 연동된다고 할 것이다. 다산은 불교의 심성론이란 심성에 온전한 실체적 선이 갖추어져 있다고 단정하는 입장이라고 보고, 이렇게 심성의 실체적 선을 전제한 수양은 내적 성찰(省察)과 관조(觀照)에만 머물게 되는 문제점이 있다고 인식한다.

> 『맹자』의 측은 · 수오 · 사양 · 시비는 마음에서 움직여 행위에까지 이르지 않은 것으로서, 인의예지(仁義禮智)의 단서가 될 뿐이다. 인의예지는 행동으로 드러나 인이 되고, 의가 되고, 예가 되고, 지가 된 것이다. 그런데도 인의예지를 마음속에 있는 성이라고 생각하고 오히려 측은 · 수오 · 사양 · 시비를 인의예지에서 드러난 것이라고 하니, 이는 심성을 너무 중시한 것으로서, 안연(顔淵)이 인(仁)을 물은 데 대해 공자가 사물(四勿)로 대답한 뜻과 다르다. 이로 인해 구산(龜山) 이후 여러 사람들이 정좌(靜坐)를 통해 드러나기 이전의 기상을 체인(體認)하는 것을 성학(聖學)의 종지(宗旨)로 생각하였으며, 양시(楊時)를 비롯한 많은 사람들이 끝내 선(禪)에 물드는 잘못에서 벗어나지 못한 것도 이 때문이라고 아니 할 수 없다.[13]

---

13 『여전1』, 권18, 「상엄원서」: 孟子惻隱羞惡辭讓是非, 是動於內而未及於行爲, 只爲仁義禮智之端緒而已. 仁義禮智是見於行事, 已爲仁爲義爲禮爲智者也, 而乃以仁義禮智, 認爲在內之性, 反以惻隱·羞惡·辭讓·是非, 爲發於仁義禮智者, 此皆看心性太重, 與孔子以四勿答顔淵問仁之義不同矣. 此所以龜山以下諸子, 以靜坐看未發前氣像, 爲聖學宗旨, 而程門諸人晩來無一人得免涉禪之失者, 恐未必不由於此也.

다산은 '정좌(靜坐)'의 수양법에 대해 거론하면서 불교의 선(禪)을 비판한다. 양시(楊時)와 같은 유학자들이 정좌를 성인 되는 공부로 중시한 이유는 '드러나기 이전의 기상', 즉 '본래의 성품'을 각성하는 미발(未發) 시의 수양이 의미 있다고 인식하기 때문이다. 그러나 미발(未發)의 수양이 정좌에 치우침으로써 '선(禪)에 물드는 잘못'을 범하게 되면 이는 오히려 수양에 있어서 치명적인 문제가 된다는 것이다. 그는 측은·수오·사양·시비의 마음을 일으켜 실천을 통해서 인의예지의 덕을 이룰 수 있도록 하는 것이 수양의 참된 의미라고 강조한다. 그러므로 만일 정좌만을 중시하고 사단(四端)의 마음이 도덕적 문제 사태에서 구현되지 않는다면 이는 미발 시의 수양의 의미를 제대로 이해하지 못한 것이라고 한다. 따라서 다산은 "미발이란 희로애락(喜怒哀樂)의 정(情)이 발(發)하지 않았을 뿐이니 어찌 고목사회(枯木死灰)처럼 아무 생각없이 선가(禪家)의 입정(入定)과 같이 할 수 있겠는가?"[14]라고 반문한다. '선가(禪家)의 입정(入定)'은 철저하게 마음을 관조하는 선(禪)의 수행법이다. 다산은 불교의 선(禪)은 자기 본성을 통찰하는 견성성불(見性成佛)을 중시하므로 실제 삶에서의 가치 실천의 문제를 본질로 삼지 않는다고 본다. 선(禪)을 부처 되는 가장 확실한 방법으로 간주하는 선학(禪學)의 가르침과는 달리, 유학은 바람직한 가치를 실제적인 인간관계에서 실천할 수 있도록 하는 수양을 중시하는 윤리라고 다산은 규정한다. 따라서 불교의 선(禪)은 참된 유도(儒道)를 방해한다는 것이다. 그러므로 유학의 정좌(靜坐)의 수양은 결코 입정(入定)이어서는 안 되며, 철저하게 도덕의 실천을 염두에 둔 수양법이어야 한다는 것이다. 이와 관련하여

---

14 『여전2』, 권4, 「중용강의보」: 未發者, 喜怒哀樂未發而已, 豈遂枯木死灰, 無思無慮, 若禪家之入定然乎?

다산은 또 불교의 입적(入寂)을 거론한다.

> 특히 불씨(佛氏)는 마음에 대해 논할 때마다 항상 적감(寂感)으로 말했다. 정문(程門)의 여러 사람들 또한 '양가(兩家)의 설(說)이 일치하여 부합된다.'고 하면서 그들이 미발(未發)·이발(已發)을 논할 때 오직 이 구절을 인용해서 증거로 삼고 있다. 그러나 성문(聖門)의 치심법(治心法)은 신사(愼思)에 있지 입적(入寂)에 있지 않으며, 계신공구(戒愼恐懼)에 있지 묵존(默存)에 있지 않다.[15]

다산은 정주학자(程朱學者)들이 불가의 수양법에 점염(漸染)되었음을 지적하고 있다. 그는 불가의 수양법은 본래 견성(見性)을 위주로 하므로 '입적(入寂)'과 '묵존(默存)'을 중시하지만, 유가의 수양법은 행사적(行事的)인 닦음의 문제가 본령이므로 성현들의 치심(治心)의 수양으로 '신사(愼思)'와 '계신공구(戒愼恐懼)'가 중시된다고 한다. 성문(聖門)의 치심법(治心法)은 유교에서의 성인 되는 공부, 즉 수양 방법을 말한다. 신사와 계신공구는 실사(實事)에서 덕을 이루고 도덕 문제를 해결하기 위한 유가의 실제적인 수양법이다. 도덕적 문제 사태와 무관(無關)한 미발의 수양 공부는 유가 도통에도 부합하지 않으며, 본질적으로 인격 수양에 실질적인 의미를 갖지 못한다는 것이다.

다산은 심성 본연의 청정(淸淨)에 침잠하는 것과 같은 입적(入寂)과 묵존(默存)의 선(禪) 수양법을 '명경지수설(明鏡止水說)'에 빗대어 비판한다.

15 『여전2』, 권4, 「중용강의보」: 特以佛氏論心, 每以寂感爲說, 程門諸公以爲兩家之說, 沕然相合, 其論未發已發, 專以此句爲證. 然聖門治心之法 有愼思無入寂, 有戒恐無默存.

명경지수설은 불가에서 나온 것이다. 이는 심체(心體)의 허명적연(虛明寂然)이 마치 수경(水鏡)과 같다는 말이다. 그러나 이는 아무런 사려(思慮)가 없고 계신공구의 공부도 하지 않은 채 조금도 동요됨이 없게 된 후에야 이러한 경지가 있다는 것이다.[16]

불교의 명경지수설은 외물(外物)과 실사(實事)로부터 단절된 채로 마음의 적연(寂然)만을 도모하기 위한 것이므로 유학의 본령과는 차이가 있다는 것이다. 다산은, 불교와 달리 유학의 성인(聖人)은 미발 시에 계신공구하여 사리(事理)를 궁구하고, 반드시 사물(事物)과 의리(義理)를 헤아려 그 권형(權衡)과 척도(尺度)를 바르게 함으로써 중(中)을 취한다고 본다. 이러한 행사적 수양론의 입장에서, 다산은 "명경지수를 허명(虛明)이라고는 말할 수 있으나 중(中)이라고는 말할 수 없다."[17]라고 불교 수양론을 비판한다. 이는 허명적연(虛明寂然)만을 강조하고 실사에서의 선악을 고려하지 않는 명경지수는 좌선(坐禪)일 뿐이니, 이를 통해서는 실제적 도덕 사태에서 희로애락의 감정이 발하는 것과 사려·판단하는 것이 결코 중절(中節)할 수 없음을 지적한 것이다. 다산은 도덕 상황이라는 실사(實事)를 염두에 두고 마음을 닦아 나가는 실천적 수양법을 강조하면서, 계신공구는 또 상제(上帝)의 존재와 명령을 각성하고 받아들이는 수양법이므로 불가의 수양법과 판연히 다르다고 인식한다.

다산은 묵존(默存)의 정좌(靜坐)에만 집착하는 수양의 문제점을 거론하면서, "행사로써 덕성(養性)의 요체를 삼지 않으면 그 폐단은 장차 공

16 『여전2』, 권4, 「중용강의보」: 明鏡止水之說, 起於佛書, 謂心體之虛明寂然, 如水鏡也, 然此須無思無慮, 不戒不懼, 一毫不動而後有此光景.
17 『여전2』, 권4, 「중용강의보」: 明鏡止水, 謂之虛明則可, 謂之中則不可.

적(空寂)에 빠져 결국 선승(禪僧)이 하는 일이 되고 말 것이다."[18]라고 경계하였다. 즉 그는 마음에 침잠하는 불교의 수양법인 적정(寂靜)은 실제적인 도덕적 문제 사태에서의 실천에 중점을 두지 않는 공허한 것이라고 비판한 것이다. 이러한 맥락에서 다산은 맹자가 일생 동안 의(義)를 모으고 선(善)을 쌓아 호연지기(浩然之氣)를 배양하는 수양을 하고, 치심(治心)·양성(養性)의 수양을 하는 것은 모두 인(仁)과 의(義)를 중심으로 해야 한다고 말한 것[19]은 마음 수양에 있어서 선(善)의 실천을 중시했기 때문이라고 본다.

다산은 유학의 치심선성(治心繕性)은 항상 행사에 있으므로 "행사를 버리고 인륜을 떠나서 마음의 지어지선(止於至善)을 구하는 것은 옛 성인의 본래의 법이 아니다."[20]라고 지적한다. 그는 묵좌(默坐)와 정관(靜觀)도 반드시 자신과 타인이 접촉할 때 자세히 점검해야 성의(誠意)·정심(正心)할 수 있다고 인식한다.[21] 이렇게 인간 사이의 관계적 의미와 과정을 중시하는 다산에게 불교의 묵존적(默存的) 수양은 마음의 고요함을 추구하는 데 머물 뿐, 인간의 도리를 실천하는 데 있어서는 소극적으로 보일 수밖에 없다. 요컨대, 다산은 불교의 수양법은 주자학의 미발(未發) 수양법이 도덕 사태에서의 가치 실천 문제와 무관한 수양으로 경도(傾倒)될 수 있는 단초를 제공한 사상이라고 판단한 것이다.

---

18 『文山集』, 권11, 「茶山問答」: 不以行事爲養性之要, 則又其弊將淪於空寂, 畢竟做得禪和子事業而已.

19 『문산집』, 권11, 「다산문답」: 則孟子平生得力, 在乎集義積善, 以養其浩然之氣, 故其論治心養性之法, 皆主仁義而言之. 仁義者, 集義積善之名也. 治心之法, 行善爲上.

20 『여전2』, 권1, 「대학공의」: 除行事去人倫, 而求心之止於至善, 非先聖之本法也.

21 『여전2』, 권1, 「대학공의」: 默坐反觀, 亦必所我與人相接之際, 一一點檢, 乃有依據, 可誠可正, 反觀其未發前氣象, 將何補矣?

3. 불교 윤리관 비판과 유교윤리

불교사상에 대한 다산의 비판은 불교와 유학의 윤리관과 관련된 몇 가지 문제에도 표명되고 있다. 예를 들면 다산은 윤회(輪廻), 불살생(不殺生), 인(仁), 경(敬) 등과 같은 주요 윤리적 가치들을 중심으로 불교와 유교사상을 상관적으로 논하고 있다. 먼저 다산이, 불교윤리의 핵심이라고 할 수 있는 윤회에 대해 인간과 인간 이외의 존재의 특성을 문제 삼으면서 거론한 점을 검토하고자 한다.

> 불씨(佛氏)는 인간이나 만물의 성(性)이 같다고 생각하므로 사람이 죽어서 소가 되기도 하고 개가 죽어서 사람이 되기도 하여 끝없는 윤회로써 생생무궁(生生無窮)하다고 한다. 소문충(蘇文忠)이 이 말을 혹신(酷信)하여 「적벽부(赤壁賦)」와 「조주한문공묘비음기(潮州韓文公廟碑陰記)」를 지을 때 그 말을 사용했는데도 사람들이 이를 알지 못한 것은 송대(宋代)의 현인(賢人)들이 이러한 병폐를 많이 범했기 때문이다.[22]

불교의 윤회에 대한 다산의 비판은 불교의 성론을 중심으로 전개된다. 다산은 인간의 존재적 위상을 어느 사상가보다 강조한다. 즉 그는 인간이 가장 귀한 존재라고 하면서 "천하 만민(萬民)의 사람이 각기 배태(胚胎)한 그 처음에 허명(靈明)스러운 마음이 부여되어 만류(萬類)를 초월하여 만물을 향용(享用)하고 있다."[23]라고 규정한다. 그리고 인간 이외의 존재는 인의예지(仁義禮智)의 사덕(四德)을 전혀 부여받지 못

22 『여전2』, 권4, 「중용강의보」: 佛氏謂人物同性, 故人死爲牛, 犬死爲人, 輪回環轉, 生生不窮, 蘇文忠酷信此理, 其作赤壁賦潮州韓文公廟碑陰用其說, 而世莫之察, 蓋宋賢論性, 多犯此病.

23 『여전2』, 권4, 「중용강의보」: 天下萬民, 各於胚胎之初, 賦此靈明, 超越萬類, 享用萬物.

했다고 단정하고, 인간은 모든 존재 중에서 유일하게 윤리적 존재라고 인식한다. 다산은 "오늘날 건순 오상(建順 五常)의 덕을 사람이나 만물이 함께 얻었다고 말한다면 어느 것이 주(主)고 어느 것이 노(奴)이겠는가? 이는 차등이 없는 것이니 어찌 상천(上天)의 생물(生物)의 이(理)가 본래 이와 같다고 할 수 있겠는가?"[24]라고 함으로써 인(人)·물(物)의 차등성(差等性)을 강조한다. 그렇기에 불교에서 인간과 만물의 성이 동일하다는 입장에 근거하여 사후(死後)에 사람이 동물이 되기도 하고, 동물이 사람이 되기도 한다는 윤회설은 결단코 수용하기 힘든 윤리라고 비판하는 것이다. 그러나 불교에서의 윤회는 '업(業)의 윤회'를 의미하므로 다산이 언급하듯이 사람이 곧바로 소가 되거나, 개가 곧바로 사람이 된다는 식의 윤회 개념은 불교윤리의 본질을 다소 비껴간 것으로 볼 수 있다.

다산이 불교의 윤회를 비판하면서 거론하는 불교의 성론 비판은 '성즉리(性卽理)'에 근거하여 인간과 만물의 성이 동일하다고 보는 주자학적 성론을 비판하는 입장과 연결되어 있다. 인간은 허명(靈明)한 마음을 가졌기에 실제적인 삶에서 인의예지의 가치를 실천할 수 있으나, 만물은 영명한 마음을 가지지 않았기에 인의예지를 인식할 수도 없고 실천할 수도 없다고 다산은 주장한다. 이렇게 인간과 동물의 차이를 명확하게 인정하는 다산은, 인간과 다른 존재의 삶의 가치와 존재적 고유성이 사후(死後)에 생(生)을 바꾸어 가면서 교호(交互)될 수 없다고 강조한다. 그는 사후에 사람이 소가 되거나, 소가 사람이 되는 이른바 '존재 변전(變轉)'의 윤회를 용납할 수 없는 것이다.

---

24 『여전2』, 권4, 「중용강의보」: 今乃云健順五常之德, 人物同得, 孰主孰奴, 都無等級, 豈上天生物之理, 本自如此乎?

다산은 인간과 동물의 본성의 차별성에 입각하여 '진성(盡性)'에 대해서도 거론한다. 그는 『중용(中庸)』의 '천명지위성(天命之謂性), 솔성지위도(率性之謂道), 수도지위교(修道之謂教)'의 구절에 대하여 주자가 '성(性)'을 인간을 포함한 모든 존재에 해당하는 것으로 해석한 점을 비판한다. 다산은 이 구절에서의 성은 주자가 해석하는 것과 달리 오직 인간의 성만을 지칭하는 것으로 이해한다.[25] 다산은 인간의 성과 다른 존재의 성이 같다고 주장하는 입장은 유교윤리의 본질을 잘못 해석한 것이며, 불교사상의 인물성동론(人物性同論)과 같은 오류를 범하는 것이라고 지적한다. 그러므로 그는 주자학에서 인간 이외의 존재를 인의예지의 덕을 가진 윤리적 존재로 해석하는 점을 불교의 성론과 연결시키면서 비판한다.

> 개[犬]·소[牛]·사람[人]의 같은 면을 찾으면서 호랑이와 이리[狼]에게 인(仁)을 강요하고 승냥이와 수달에게 예(禮)를 요구하며, 그들로 하여금 수도(修道)·수교(受教)하게 하며 모두 대중(大中)의 경지로 돌아오게 하려는 것은 그 성과를 기대하기 어려운 일이다. 인(人)·물(物)의 성이 같다는 것은 불씨(佛氏)의 말이다.[26]

다산은 주자학에서 인물성동론(人物性同論)을 전제로[27] 인간에게 해당하는 윤리적 규범을 다른 존재에게도 요구하는 것은 불가(不可)하

25 『여전2』, 권4, 「중용강의보」, 4면 참조

26 『여전2』, 권3, 「중용자잠」: 別求犬牛人之同處, 討仁於虎狼, 責禮於豺獺, 欲使之修道受教, 咸歸大中, 其亦難乎其有成矣, 人物同性者, 佛之言也.

27 주자는 『中庸集註』 제1장에서 "五常의 덕을 萬物도 또한 함께 얻었다."라고 주석함으로써 인간을 포함한 모든 존재의 본성에 공히 도덕성이 갖추어져 있음을 인정하는 입장을 취하는데, 이는 주자학자들 사이에서 人物性同論을 주장하는 근거가 되었다.

며, 이러한 주자학의 입장은 인(人)·물(物)의 성이 같다는 불교의 설과 맥락을 같이하는 것이라고 지적한 것이다. 이는 곧 불교의 사유가 주자학과 상통하는 오류를 안고 있는 부조리(不條理)한 것이라는 비판이다. 그리고 다산은 진인성(盡人性)과 진물성(盡物性) 두 가지 개념으로 진성(盡性)을 구별하여, "진인성(盡人性)은 사람을 다스려 지선(至善)의 경지에 이른 것이며, 진물성(盡物性)은 상하(上下)·초목(草木)·조수(鳥獸)가 모두 무성(茂盛)한 것이다."[28]라고 함으로써, 인간에게 있어서는 윤리적 온전성을 구현하도록 하는 것이 진성이며, 물(物)에 있어서는 생명을 잘 발양시켜 무성하게 생장하도록 하는 것이 진성이라고 주장한다. 인간은 천(天)으로부터 부여받은 자기 도리를 충실하게 실천해야 하며, 다른 존재의 경우에는 인의예지와 같은 덕의 실천이 아니라, 생명을 크게 번성케 하는 것이 참된 삶의 방향이라는 것이 다산의 진성론의 입장이다. 그러므로 다산은 유학의 위천지육만물(位天地育萬物)도 소림선승(少林 禪僧)들의 면벽(面壁)의 선(禪)으로 할 수 있는 것이 아니라 인간은 인간에게 합당하게, 인간 아닌 존재는 그들에게 합당하게 그 본성을 온전하게 실천토록 하는 것[29]이라고 주장한다.

다산은 또 불교의 불살생(不殺生) 규범을 유교윤리의 핵심인 인(仁)과 비교하면서 문제점을 지적한다.

> 두 사람이 인(仁)이 된다. 사람과 사람이 서로 접촉해야 비로소 인(仁)이라는 명칭이 생긴다. 사물에 있어서는 인(仁)이 합당하지 않다. 불가(佛家)에서 살생(殺生)을 금하는 것은 사물에 대해 인(仁)하는 것이며, 묵자(墨子)

---

28 『여전2』, 권3, 「중용자잠」: 盡人性, 治人而止於至善也, 盡物性, 上下草木鳥獸咸若也.
29 『여전2』, 권2, 「심경밀험」, 34면 참조.

의 겸애(兼愛)는 남을 친애(親愛)하는 것이다.[30]

다산은 인(仁)을 마음의 선천적인 덕이 아니라 사람과 사람이 접촉하는 가운데서 구현되어야 할 덕으로 이해하므로, 인(仁)은 '오직 사람 사이에서만 구현될 수 있는 가치'라고 규정한다. 그러나 불가의 불살생은 사물에 대한 것이며, 사물에 대해서는 인(仁)을 하는 것이 합당하지 않다고 다산은 주장한다. 이 점에서 다산은 '인간 아닌 생명체를 죽이지 말라.'는 의미인 불살생의 불교 규범은 인(仁)으로 해석할 수는 없다고 지적한 것이다. 불교의 불살생 규범에 대한 다산의 이러한 비판에는 검토의 여지가 있다. 불교의 불살생에 대한 그의 비판은 '사물에 있어서는 인(仁)이 합당하지 않다.'라고 하는 전제에 근거하는데, 다산이 승낙하는 이 전제는 유학의 윤리체계와 온전히 합치하는 것이라고 볼 수는 없다. 유학의 윤리체계에서 보면, 물(物)에 대해서도 인(仁)이 적용된다. 예컨대 인(仁)의 마음은 "천지(天地)에서 한없이 만물을 낳는 마음이며, 사람에게 있어서는 포근하게 다른 사람을 사랑하는 마음이고, 물(物)에 대해서는 이롭게 하는 마음"[31]이라고 할 수 있는데, 이는 곧 유교의 인(仁)은 물(物)에 대해서도 적용된다는 의미이다. 그러므로 다산의 불교 불살생의 해석과 관련하여 인(仁)의 의미를 규정한 것은 인간 중심적인 사유의 양상을 드러낸다고 하겠다.

다산은 또 불교의 선(禪)과 유학의 경(敬)의 윤리에 대해서도 그 차별성을 부각시킨다.

---

30 『여전2』, 권6, 「맹자요의」: 二人爲仁, 人與人相接, 方可有仁之名, 於物不當仁也. 佛氏之禁殺, 是仁於物也, 墨氏之兼愛, 是親於人也.

31 『退溪全書』, 권7, 「進聖學十圖箚幷圖」: 在天地則坱然生物之心, 在人則溫然愛人利物之心.

불씨(佛氏)는 향(嚮)하는 바 없이 성성(惺惺)한 것이 선(禪)이라고 하였으며, 이천(伊川)은 상제(上帝)를 마주하여 성성(惺惺)한 것을 경(敬)이라고 하였다.[32]

불교의 선(禪)과 유학의 경(敬)은 상제에 대한 전제(前提)와 각성(覺醒)에서 차이가 있다고 다산은 생각한다. 정이천(程伊川)이 주장하는 경은 상제를 의식하면서 이루어지는 마음의 각성과 집중을 의미한다. 경은 상제에 대해 진실되고 삼가는 마음으로 도리를 각성해 가는 것이라고 할 수 있기에, 어떤 대상을 전제하지 않고 본연의 심성을 각성하려는 선(禪)과는 그 본질이 다르다고 다산은 강조한다. 상제에 대한 경은 인간관계에서 도리를 온전히 다하는 것이다. 그러므로 경은 오직 실사(實事)에서의 실천을 지향하는 것이므로 마음의 직관에 주력하는 선(禪)과는 다른 개념이라고 다산은 인식한다.

4. 불교사상 비판의 특성과 불교 친화의 양상

다산의 불교사상에 대한 논의는 비교적 간명하게 전개되고 있고, 또 주자학과 연계되는 맥락에서 많이 등장하고 있다. 다산이 불교사상 비판에서 주요한 논점으로 삼는 것은 심성론·수양론·윤리관의 3가지 축이다. 다산은 주자학에 있어서도 이들 초점에 대한 논의에 문제가 있다고 보면서, 주자학에 미친 불교사상의 영향을 지적하기도 하고 유교윤리에 입각하여 불교윤리를 비판하기도 한다. 그러므로 다산의 불교

32 『여전2』, 권2, 「심경밀험」: 佛氏無所嚮而惺惺, 所以爲禪, 伊川以對越而惺惺, 所以爲敬.

사상 비판의 특성은, 불교를 절멸(絶滅)시키기 위한 준엄한 문제의식으로 무장되어 있지 않은 점과, 유학사상의 입장에서 불교사상을 검토하는 점 그리고 주자학 비판을 보완하는 맥락에서 불교사상을 논의하는 점이라고 할 수 있다. 이 점에 있어서 다산의 불교사상 비판은 주자학 비판을 위하여 부수적(附隨的)으로 수행되는 측면이 상당히 있다고 할 것이다.

다산이 불교사상을 철저하게 적대하지 않으면서 비판하는 경향은, 사회적 변화의 추이와도 상관이 있다고 할 수 있다. 예컨대 조선 초기의 유학자들이 유교 지배질서를 구축하기 위해 그간 위세를 떨쳐 온 불교에 대해 엄정한 비판을 시도했으나, 다산의 시대에 이르러서는 불교와 관련된 상황에 많은 변화가 있었다. 즉 주자가 배불(排佛)한 중요 근거였던 '불교는 부모도 없고[無孝] 임금도 없는[無忠] 가르침'이라는 논리가 약화되기 시작했는데, 전란(戰亂) 과정에서 승군(僧軍)이 충(忠)을 실천한 점과 『부모은중경(父母恩重經)』을 통해서 불교에서도 효(孝)를 중시하는 경향을 드러냄으로써, 불교에 대한 유학자들의 비판적 입장이 완화될 수 있었다.[33] 그리고 주자학적 이념의 사회적 지도력이 약화되고, 장례(葬禮) 문화 등에 불교가 큰 영향을 끼치게 되었으며, 일부 승려들은 화엄 교학(華嚴 教學)과 선수행(禪修行) 등을 바탕으로 유학자들과 교류하기도 했다.[34] 이러한 상황은 유학자들로 하여금 불교에 대해 조선 전기의 엄격한 대처와는 다른 유연한 대응을 가능케 하였는데, 다산에게도 그러한 유연한 대응의 경향이 엿보인다. 다산이 사상적인 측면에서 냉철하게 비판하려고 했던 유파는 주자학

33 김방룡, 「조선시대 불교계의 儒佛交涉과 철학적 담론」, 『유학연구』 제25집, 충남대학교 유학연구소, 2011.12., 147쪽 참조.
34 김방룡, 위의 논문, 151쪽 참조.

이었기에 그는 주자학의 모순을 지적하고 비판하는 데 힘을 기울였으며, 많은 경우 주자학 비판의 선상(線上)에서 불교사상을 거론하였으므로 불교사상 그 자체를 전면적으로 적대하는 대상으로 여기지는 않았던 것이다.

그런데 다산은 '불교사상'에 대해서는 비판적인 입장을 취하는 반면, 우리나라 불교의 역사와 전통에 대해서 인정하고, 불교인들과 교류하며, 선(禪)의 차문화(茶文化)를 향유하는 등 불교적 정서와 문화를 수긍함으로써 '불교'와 친화(親和)한 측면이 있다. 예컨대, 다산은 귀양살이를 하는 동안 불교인들과의 교유(交遊)를 통하여 심리적으로 상당한 위로를 받았는데, 그는 유배지에서 승려 혜장(惠藏)·초의(草衣)뿐만이 아니라, 보은산방(寶恩山房)·백련사(白蓮社)·대둔사(大芚寺) 등에서도 많은 선도(禪徒)들과 교유하며 지냈다. 또한 다산은 『대둔사지(大芚寺志)』를 편찬했는데, 거기에 수록된 「대동선교고(大東禪敎考)」는 『삼국사기(三國史記)』의 불교 기사를 토대로 엮은 우리나라 고대불교사(古代佛敎史)로서, 고대 삼국의 불교 역사와 신라 말까지 국내외에서 활동한 승려들의 전기(傳記)를 정리한 것이다.

이러한 정황들을 고려하면서 이을호는 다산이 불교에 호응한 바를 평가하여, '경사만년개작좌선(經師晩年皆作坐禪) 그대로의 아련한 모습'[35]이라고 언급하였다. 그런데 이을호는 더 나아가 "다산은 경사(經師)이면서 동시에 선사(禪師)이다."[36]라고까지 말했다.[37] 그러나 이러한 표

35 다산학연구원 편, 『이을호전서2』, 527쪽.

36 다산학연구원 편, 위의 책, 552쪽.

37 이을호는, 다산이 「大學公議」에서 親民의 설을 채택하고, 孝弟慈의 三德說을 제시하며, 주자 『大學章句』의 錯簡說을 반대하는 것은 陽明의 입장을 취하는 것으로 이해한다. 이을호는 象山과 陽明을 '心學의 禪師'라고 지칭하는데, 양명의 입장을 적지 않게 수긍하는 다산에 대해서도 '禪師'라고 규정한 것이다.(다산학연구원 편, 위의 책, 552쪽 참조.)

현은 다소 무리한 것이라고 생각된다. 왜냐하면 우리가 앞에서 검토한 바와 같이, 다산은 선학(禪學) 중심의 불교사상에 대해서 일관되게 비판적인 견해를 표명하기 때문이다.

「대동선교고(大東禪教考)」를 찬술한 것에 대해서도 다산이 '선사(禪師)'로서 혹은 '내불외유(內佛外儒)'로서 불교교리를 수용한 것으로 해석하고자 한다면, 그 타당성을 확보하기 위해서 더 정밀하고 풍부한 전거(典據)가 필요할 것이다. 그러므로 "조선 후기 다산의 불교사 찬술의 목적이 적어도 조선사에 대한 독자성과 문화전통의 우수성을 확립하는 일에 국한되어 있었다. 때문에 우리나라의 불교문화에 대한 소개와 재구성을 강조했을 뿐 불교의 종교적 측면은 여전히 이단(異端)으로 자리잡고 있었다."[38]라는 오경후의 평가가 더욱 타당할 것이다. 그렇다고 하더라도 다산이 '불교사상'에 대해서와는 달리 '불교문화'에 대해서는 친화적(親和的) 입장이었음을 인정해야 한다.

다산이 불교에 대해 친화적이었다 함은, 불교사상을 긍정하는 것은 아니지만 불교문화를 일정하게 향유(享有)하고, 불교도(佛教徒)들과 친근한 교유(交遊)의 정(情)을 느끼고 있었음을 의미한다. 그러나 이러한 그의 태도를 두고 '다산은 불가(佛家)의 진리나 교리를 충분히 이해하고 수용하였다.'[39]고 이해하는 맥락에서, 그의 입장을 '불교 수용 태도'[40]라고 정의할 수 있을지는 더 고민해 볼 필요가 있다.

어떻든, 다산이 당쟁과 유학의 세속주의를 목도하고, 주자학적 사유와 유학적 지배질서의 문제점을 지적하면서, 유배지에서 불교를 더욱

---

38 오경후, 「朝鮮後期 佛教史 撰述과 '大東禪教考'」, 『韓國思想과 文化』 제35집, 한국사상문화연구원, 2006. 12., 102쪽.
39 정종구, 「茶山의 佛教觀」, 『茶山學報』 제1집, 다산학연구원, 1978, 19쪽.
40 정종구, 위의 논문, 21쪽.

친밀하게 접하고 이해하게 된 것은 부정할 수 없다.[41] 불교에 대한 다산의 이러한 친밀성에 대해 김용조는, "그것은 불교에 대한 인식의 변화와 사상적으로 유(儒)·불(佛)의 접근이 전제되지 않으면 불가능한 것이다."[42]라고 함으로써 '유·불의 접근'이라는 차원에서 이해하고 있다. 다산이 불교도와 교유하고, 불교역사서를 편찬했지만 그것이 다산의 불교사상에 대한 판단과 평가를 전회시킨 것은 아니었다고 할 수 있다. 비록 불교에 대한 다산의 거부감이 상당히 희석되고, 불교에 대해 친화적으로 보이는 것은 사실이지만, 불교사상에 대한 다산의 입장은 분명하게 비판적이었다.

불교사상에 대한 다산의 비판적 입장은 불교를 비판한 다른 유학자들의 경우와 비교해도 명확하게 드러난다. 예를 들면 정도전,[43] 권근,[44] 이익[45] 등 조선의 유학사상가의 경우에는 불교 윤리규범의 가치를 어

---

41 윤영해, 「한국에서 불교와 유교의 만남과 그 관계변화」, 『韓國佛教學』 제19집, 한국불교학회, 1994, 311쪽 참조.

42 김용조, 「朝鮮後期 儒者의 佛教觀」, 『경상대 논문집』 제22집 2호, 경상대학교, 1983, 239쪽.

43 鄭道傳의 경우 불교가 人倫을 저버리는 것을 문제 삼는 등 불교사상을 체계적으로 비판하지만, 동시에 불교윤리에 대해서 어느 정도 긍정하기도 한다. 즉 정도전은 다음과 같이 불교윤리를 평한다. "불교의 설이 그 최초에는 因緣과 果報를 논하여 어리석은 백성을 속이고 꾀는 데 불과하여, 비록 虛無를 宗으로 삼아 人事를 저버렸지만, 그래도 善을 행하면 福을 얻고 惡을 행하면 禍를 얻는다는 설은 있어, 사람들로 하여금 惡을 징계하고 善을 권장하며, 몸가짐을 戒律에 맞춤으로써 放肆해지는 데까지는 이르지 않게 하였다. 그러므로 人倫은 비록 저버렸으면서도 義理를 모두 상실하지는 않았다."(『三峰集』, 「佛氏雜辨」, '佛氏禪教之辨', 331면.)

44 權近의 경우에는 여러 측면에서 불교를 비판하지만 慈悲와 利他行에 대해서는 인정하는 입장을 취하고 있다. (이정주, 「權近의 佛教觀에 대한 再檢討」, 『歷史學報』 제131집, 역사학회, 1991, 67쪽 참조.)

45 李瀷은 기본적으로 불교에 대해서 비판적인 입장을 견지하지만, 俗儒들이 입으로는 孔孟의 도를 말하나 실상은 조금도 崇奉하는 뜻이 없고 오직 名利와 벼슬에만 급급하고 있으나, 山寺에서 佛經을 익히며 參禪하는 승려들은 지성으로 부처를 존경하여 죽어도 후회함이 없으니 가상한 일이라고 평하면서 불교에 대해 긍정하기도 하였다.(김용조, 「朝鮮後期 儒者의 佛教觀」, 234쪽 참조.)

느 정도 인정하고 있으나, 다산은 불살생(不殺生)·자비(慈悲)·이타행(利他行) 등의 불교윤리에 대해 긍정적 언사를 표명하지 않고, 선학(禪學)의 심성론과 수양론의 문제점을 집중적으로 비판하였다. 즉 다산은 지눌(知訥)의 돈오(頓悟) 이후 점수(漸修)를 통해 성불(成佛)할 수 있다는 돈오점수(頓悟漸修)의 불교사상 등을 고려하지 않은 채 좌선(坐禪)의 적정(寂靜)을 집요하게 문제 삼는데, 이 점에 있어서는 불교의 견성적(見性的) 선수행(禪修行)을 비판하는 데 집중하여 점수(漸修)의 닦음이나 이타적(利他的) 실천행위를 염두에 두지 않는 듯한 경향이 드러난다고 할 수 있다.

5. 불교사상 인식과 비판의 윤리적 특성

다산의 '불교문화' 즉 불교의 차문화(茶文化)·역사·불교도(佛教徒) 등에 대한 태도는 이단(異端)에 엄정하게 대응하는 방식이 아니라 상당히 유연하고 개방적이다. 다산의 이러한 태도를 우리는 '불교에 대한 친화양상'으로 이해했다. 그간 수행된 다산의 불교관에 대한 연구를 보면, '불교사상'에 관한 그의 입장을 중점적으로 평가하기보다는, 불교문화에 의거하여 평가하거나 혹은 불교문화를 중심으로 하고 불교사상을 보론적(補論的)으로 검토하면서 평가한 경우가 많았다.

그러나 본 장에서 다산의 불교사상을 집중적으로 검토한 바와 같이, 불교사상에 대한 그의 주장은 '비판적 입장'이라고 규정할 수 있는데, 이는 어느 정도 예외는 있지만 대체로 일관된 것이었다. 비록 다산이 불교사상에 대해서 노골적인 적대감을 드러내지 않으면서 비교적 간단하게 비판하고 있으나, 불교윤리의 핵심적 가치들은 유학의 근본정신과는 그 의미가 확연하게 다르고 또 문제가 많다는 것이 그의 주된 입장이다.

다산이 불교윤리사상에 대해 일관되게 비판적인 입장을 취하는 중요한 이유 중의 하나는 그가 주자학과 불교사상의 관련 문제에 주목하기 때문이다. 다산은 유학의 본령을 굴절시키고, 조선 사회의 모순과 문제를 초래한 사유로서 주자학을 거론하고 이에 대해 예리하게 비판한다. 즉 다산의 주요 비판 대상은 주자학이었으며, 불교사상은 주자학의 사유 형성에 일정한 영향을 미친 토대적 사유로 인식하였다. 이러한 맥락에서 다산은 주자학의 심성론·수양론·윤리관 등의 문제를 비판함에 있어서 불교사상의 해당 초점을 끌어내고 문제 삼는 것이다. 그러므로 다산의 불교사상 비판론은 독립적인 주제하에 불교사상의 문제점을 전면적이고 체계적으로 거론한 것이 아니라, 유교윤리와 비교하거나 주자학을 비판하는 과정에서 보론적(補論的)으로 수행된 특성이 있다. 즉 다산은 유교윤리와 불교윤리의 차별성, 불교사상이 주자학에 미친 영향, 주자학자들이 불교사상에 경도된 양상, 주자학과 불교사상의 유사성 등을 문제 삼으면서 불교사상을 비판한 것이다. 그리고 다산이 불교사상을 비판함에 있어서, 유학의 입장을 강화하거나 주자학을 공박하려는 의지가 뚜렷하여 불교사상을 다소 협의의 맥락에서 이해하려 하거나, 유학의 입장에서 불교의 윤리를 독해함으로써 불교사상의 고유한 윤리적 의미를 간과하는 듯한 경향을 부분적으로 드러내기도 하였다.

⇝ 참고 문헌

[원전류]

『定本 與猶堂全書』, 다산학술문화재단, 2012.

『與猶堂全書』, 한국고전번역원 영인본, 2002.

『國譯 與猶堂全書』, 전주대학교 호남학연구소 역, 1986.

『譯註 孟子要義』, 이지형 역, 현대실학사, 1994.

『譯註 牧民心書 Ⅰ~Ⅵ』, 다산연구회 역, 창작과비평사, 1988.

『譯註 欽欽新書』, 박석무·정해렴 역, 현대실학사, 1999.

『栗谷全書』, 성균관대학교 대동문화연구원 영인본, 1986.

『朱子語類』, 中華書局, 1981.

『茶山과 文山의 人性論爭』, 실시학사경학연구회 편역, 1985.

『文山集』, 한국고전번역원 영인본, 2011.

[단행본]

금장태, 『다산 실학 탐구』, 소학사, 2001.

______, 『心과 性: 茶山의 〈孟子〉 해석』, 서울대학교출판부, 2005.

김영일, 『丁若鏞의 上帝思想』, 경인문화사, 2003.

김옥희 외, 『茶山 丁若鏞의 西學思想』, 다섯수레, 1997.

김형효, 『원효에서 다산까지』, 청계, 2000.

김형효 외, 『다산의 사상과 그 현대적 의미』, 한국정신문화연구원, 1998.

김호, 『정약용, 조선의 정의를 말하다』, 책문, 2013.

다산학연구원 편, 『李乙浩全書』 2, 예문서원, 2000.

방인, 『다산 정약용의 '주역사전' 기호학으로 읽다』, 예문서원, 2014.

백민정, 『정약용의 철학』, 이학사, 2007.

예문동양사상연구원 편, 『다산 정약용』, 예문서원, 2005.
장복동, 『다산의 실학적 인간학』, 전남대학교출판부, 2002.
장승구, 『정약용과 실천의 철학』, 서광사, 2001.
한국사상사연구회, 『실학의 철학』, 예문서원, 1997.
________________, 『조선 유학의 개념들』, 예문서원, 2002.
한국철학사연구회, 『다산 경학의 현대적 이해』, 심신, 2004.
한형조, 『주희에서 정약용으로: 조선 유학의 철학적 패러다임연구』, 세계사, 2002.
홍원식 외, 『심경부주와 조선유학』, 예문서원, 2008.
황준걸 저, 최영진 외 역, 『동아시아 유교경전 해석학』, 문사철, 2009.

[논문]

김방룡, 「조선시대 불교계의 儒佛交涉과 철학적 담론」, 『유학연구』 제25집, 충남대학교 유학연구소, 2011. 12.
김진호, 「다산 정치사상에 대한 '민권 이론' 비판」, 『국학연구』 제23집, 한국국학진흥원, 2013. 12.
김철호, 「朱子의 善惡論 연구」, 한국학중앙연구원 한국학대학원 박사학위논문, 2005. 12.
김형찬, 「완결된 질서로서의 理와 미완성 세계의 上帝」, 『철학연구』 제30집, 고려대학교 철학연구소, 2005. 9.
박홍규, 「흠흠신서 다시 읽기: 정약용의 법문화론적 법인식과 그 한계」, 『민주법학』 제51호, 민주주의법학연구회, 2013. 3.
백민정, 「정약용의 형법사상에 반영된 禮와 德治의 문제의식」, 『한국실학연구』 제28권, 한국실학학회, 2014.
성태용, 「다산학에 있어서의 몸 기름과 마음 기름」, 『다산학』 제2호, 다산학술문화재단, 2001.
송영배, 「정약용철학과 성리학적 리기관의 해체」, 『철학사상』 제13호, 서울대학교 철학사상연구소, 2001. 12.

오경후, 「朝鮮後期 佛敎史 撰述과 '大東禪敎考'」, 『韓國思想과 文化』 제35집, 韓國思想文化學會, 2006. 12.

오문환, 「다산 정약용의 근대성 비판: 인간관 분석을 중심으로」, 『정치사상연구』 제7집, 한국정치사상학회, 2002.

유권종, 「다산 인간관의 재조명」, 『철학』 제72집, 한국철학회, 2002.

유초하, 「정약용철학의 上帝 개념에 관한 이견들과 그에 담긴 오해들」, 『한국철학논집』 제20집, 한국철학사연구회, 2007. 8.

윤영해, 「한국에서 佛敎와 儒敎의 만남과 그 관계변화」, 『韓國佛敎學』 제19집, 한국불교학회, 1994.

이광호, 「〈중용강의보〉와 〈중용자잠〉을 통하여 본 다산의 誠의 철학」, 『다산학』 제7호, 다산학술문화재단, 2005.

이상익, 「丁若鏞의 倫理思想에 대한 朱子學的 反論」, 『東方學志』 제119집, 연세대학교 국학연구원, 2003. 3.

이철승, 「유가 철학에 나타난 인간 본성론의 구조와 현실적 의미」, 『동양철학연구』 제36집, 동양철학연구회, 2004.

이희평, 「다산의 天人相關에 관한 一考: 上帝의 主宰權과 自主之權을 중심으로」, 『한국철학논집』 제3집, 한국철학사연구회, 1993. 12.

장복동, 「정약용의 도덕철학에서 악의 문제」, 『동양철학연구』 제37집, 동양철학연구회, 2004.

장승구, 「조선 후기 실학자의 심론」, 『한국철학논집』 제26집, 한국철학사연구회, 2009.

장승희, 「다산 정약용의 誠 수양과 도덕교육」, 『도덕윤리과교육』 제35집, 한국도덕윤리과교육학회, 2012. 5.

정선여, 「'大東禪敎考'를 통해 본 정약용의 古代佛敎史 인식」, 『韓國思想史學』 제38집, 2011. 8.

정순우, 「다산에 있어서의 천과 상제」, 『다산학』 제9호, 다산학술문화재단, 2006.

정인재, 「서학과 정다산의 성기호설」, 『茶山學』 제7호, 다산학술문화재단, 2005.

정종구, 「茶山의 佛教觀」, 『茶山學報』 제1집, 다산학연구원, 1978.
최해숙, 「다산 정약용의 인간관에 대한 고찰」, 『동양철학연구』 제45집. 동양철학연구회, 2006.
함규진, 「다산 정약용의 政論: 주자학적 政論과의 비교를 중심으로」, 『한국실학연구』 제14집, 한국실학학회, 2007.

↠ 글의 출처

제1장 「성선론의 논거·논증과 실천윤리적 특성」은 한국유교학회 논문집 『유교사상연구』 제41집(2010년 9월)에 「정약용의 성선론 분석」이란 제목으로 실렸던 글을 수정·보완했음

제2장 「선악의 가치적 특성과 위선의 문제」는 한국유교학회 논문집 『유교사상연구』 제47집(2012년 3월)에 「정약용의 선악론」이란 제목으로 실렸던 글임

제3장 「덕의 실천과 윤리 문제」는 한국윤리학회 논문집 『윤리연구』 제70집 1호(2008년 9월)에 「정약용의 덕론」이란 제목으로 실렸던 글을 수정·보완했음

제4장 「인심도심론의 윤리적 특성」은 대동철학회 논문집 『대동철학』 제48집(2009년 9월)에 「정약용의 인심도심론의 윤리적 특성」이란 제목으로 실렸던 글을 수정·보완했음

제5장 「자유의지론의 문제와 윤리적 특성」은 대동철학회 논문집 『대동철학』 제38집(2007년 3월)에 「다산 정약용의 심성론에서 자유의지론의 문제와 윤리적 특성」이란 제목으로 실렸던 글을 수정·보완했음

제6장 「도덕적 자율성과 상제의 문제」는 대동철학회 논문집 『대동철학』 제54집(2011년 3월)에 「정약용의 윤리사상에서 도덕적 자율성과 상제의 문제」란 제목으로 실렸던 글임

제7장 「수양론의 특성과 윤리교육적 문제」는 한국윤리교육학회 논문집 『윤리교육연구』 제25집(2011년 8월)에 「다산 수양론의 특성과 도덕교육적 의미」란 제목으로 실렸던 글을 수정·보완했음

제8장 「정의론의 윤리적 특성」은 한국유교학회 논문집 『유교사상문화연구』 제61집(2015년 9월)에 「정약용의 정의론」이란 제목으로 실렸던 글임

제9장 「불교사상 비판의 논점과 윤리적 특성」은 한국유교학회 논문집 『유교사상문화연구』 제49집(2012년 9월)에 「정약용의 불교사상 비판론」이란 제목으로 실렸던 글임

색인

한국어

ㅈ